高校教育教学管理现状与创新发展研究

崔 婷 著

北方文艺出版社
·哈尔滨·

图书在版编目（CIP）数据

高校教育教学管理现状与创新发展研究 / 崔婷著.
哈尔滨：北方文艺出版社，2024.12. -- ISBN 978-7
-5317-6454-0

Ⅰ．G647.3

中国国家版本馆CIP数据核字第202474UY77号

高校教育教学管理现状与创新发展研究
GAOXIAO JIAOYU JIAOXUE GUANLI XIANZHUANG YU CHUANGXIN FAZHAN YANJIU

作　　者 / 崔　婷	
责任编辑 / 邢　也	封面设计 / 琥珀视觉
出版发行 / 北方文艺出版社	邮　　编 / 150008
发行电话 / （0451）86825533	经　　销 / 新华书店
地　　址 / 哈尔滨市南岗区宣庆小区1号楼	网　　址 / www.bfwy.com
印　　刷 / 河北昌联印刷有限公司	开　　本 / 710mm×1000mm　1/16
字　　数 / 240千	印　　张 / 15.25
版　　次 / 2024年12月第1版	印　　次 / 2024年12月第1次印刷
书　　号 / ISBN 978-7-5317-6454-0	定　　价 / 85.00元

前　言

随着经济高速发展、互联网普及、信息化进程不断推进，人类进入高速发展的时代，其发展速度超过任何一个历史时代。人工智能化、高校教育教学管理的精英化逐渐转向大众化，人们逐渐认识到高校教育带来的社会变化及影响，也在不断地创新发展高校教育教学管理的育人管理、教育理念、课程管理、学生管理、教师管理和行政管理等各项内容。

在当今信息化、全球化的时代背景下，高校教育教学管理面临着前所未有的挑战与机遇。随着科技的飞速发展，教育理念和教学模式不断更新，对高校教育教学管理提出了更高的要求。高校作为培养高素质人才的重要基地，其教育教学管理质量直接关系到人才培养的质量和社会发展的需求。然而，当前高校教育教学管理在理念、体制、机制等方面仍存在一些不足，如管理理念滞后、管理体制僵化、管理机制不完善等，这些问题在一定程度上制约了高校教育教学质量的提高。

为了应对这些挑战，高校教育教学管理必须进行创新发展。创新发展不仅是时代的要求，也是高校自身发展的必然选择。通过引入新的管理理念、创新管理体制、完善管理机制，可以推动高校教育教学管理的现代化、科学化和规范化，提高教育教学质量，培养出更多具有创新精神和实践能力的高素质人才。

本书的研究，旨在促进高校教育教学管理的创新发展，提高教育教学质量，推动高校教育教学管理的现代化进程，为我国高等教育事业的发展做出积极贡献。

目　录

第一章　绪论 ………………………………………………………… 1
  第一节　高校教育教学育人管理概述 …………………………… 1
  第二节　高校教育现代化的历史进程 …………………………… 8
  第三节　现代高校教育教学育人管理的发展与改革 ………… 20

第二章　高校教育教学育人管理现状分析 ……………………… 33
  第一节　高校教育理念创新发展的现状分析 ………………… 33
  第二节　高校课程管理创新发展的现状分析 ………………… 42
  第三节　高校学生管理创新发展的现状分析 ………………… 46
  第四节　高校教师管理创新发展的现状分析 ………………… 49
  第五节　高校行政管理创新发展的现状分析 ………………… 53

第三章　现代高校教育理念的创新发展 ………………………… 55
  第一节　现代教育理念的概念与思想内涵 …………………… 55
  第二节　现代教育理念下的高校教学观、教师观和学生观 … 59
  第三节　现代高校教育理念创新发展的策略 ………………… 65

第四章　高校教学管理变革与创新 ……………………………… 74
  第一节　高校教学管理机制 …………………………………… 74
  第二节　高校教学的常规管理 ………………………………… 78
  第三节　高校教学管理模式变革 ……………………………… 87
  第四节　高校教学管理的信息化创新 ………………………… 89
  第五节　高校教学管理中的新媒体管理 ……………………… 93

第五章　我国高校教育教学创新实践与发展 ……… 98

第一节　高校教育教学方法创新 ……………………… 98
第二节　高校教育教学方法创新评价 ………………… 102
第三节　高校教育教学创新的思路 …………………… 106
第四节　高校教育教学创新的策略 …………………… 122

第六章　高校学生管理创新 ……………………………… 129

第一节　当前高校学生的特点 ………………………… 129
第二节　高校学生管理的问题与原因分析 …………… 132
第三节　高校学生管理的改进对策 …………………… 137
第四节　高校学生管理的模式创新 …………………… 145

第七章　高校教师管理创新 ……………………………… 148

第一节　高校教师的发展现状与工作特点 …………… 148
第二节　高校教师在学校发展中的地位 ……………… 149
第三节　高校教师管理制度与教师发展 ……………… 155
第四节　高校教师管理的创新探索 …………………… 166

第八章　高校教学质量管理创新 ………………………… 176

第一节　教学质量管理概述 …………………………… 176
第二节　高校教学质量管理体系的构建 ……………… 181
第三节　高校教学质量管理的创新措施 ……………… 186

第九章　高校大学生创新能力的创新教育 ……………… 189

第一节　大学生创新教育的内涵 ……………………… 189
第二节　创新教育的目标和任务 ……………………… 197
第三节　大学生创新教育的内容 ……………………… 199
第四节　创新高校教育的方法 ………………………… 204
第五节　大学生创新教学的原则 ……………………… 212

第十章　高校大学生教育教学的信息化建设创新 ... 219
第一节　当代大学生教育教学信息化现状探析 ... 219
第二节　当代大学生教育教学信息化建设路径 ... 231

参考文献 ... 235

第一章 绪论

高校开展教育教学管理工作，要加快推进教育现代化，建设教育强国，办好人民满意的教育。育人管理是高校教育教学管理的核心任务，我国高校教育教学育人管理在高校教育现代化的不断改革和创新中内容更加丰富。本章分为高校教育教学育人管理概述、高校教育现代化的历史进程、现代高校教育教学育人管理的发展与改革三个部分，主要包括高校教育教学育人管理的概念及内涵、高校教育教学育人管理的内容、高校教育现代化的内涵及要素、高校教育现代化的历史演进、高校教育教学育人管理机制的形成及改革等。

第一节 高校教育教学育人管理概述

一、高校教育教学育人管理的概念及内涵

（一）高校教育教学育人管理的概念

高校教育教学育人管理是指高校对大学生的知识传授、思想启迪、道德养成和文化传承的管理全过程，需要高校中教学、管理和服务等部门的成员参与到学生培养的工作中来，统筹协调、共同管理，实现对高校大学生的培养目标。

（二）高校教育教学育人管理的内涵

高校教育教学育人管理体现了现代高校教育的使命和价值，它是新时期我国社会主义核心价值体系与传统高校教育中的优秀思想的结合，着眼于学生的更长远的全面发展要求，关注学生德育的实效。对高校而言，在现代制度建设的过程中，育人管理是依据组织运行和教育规律，采用全新理论视域和研究方法以及实施路径开展工作，实现高校教育特定目标的重要手段之一。这一手段

可以动员高校内外一切可能的力量参与进来，形成教育的合力，进而形成高校教职员工和学生的自觉管理。

二、高校教育教学育人管理的内容

（一）教书育人

1. 高校专职教师育人

教书育人是最主要的育人途径，各科教学渗透德育，寓德育于各科教学之中，是为人师者的首要育人职责，教师要"传道、授业、解惑"。只会传授知识，只能是"教书匠"，只有既教书又育人，立足于素质教育，才能算是合格的人民教师。

教师是高校育人过程中的主体之一，他们不仅是知识的传播者，也是心灵的塑造者。专科生、本科生在高校学习的时间一般是3~5年，这短短的几年很可能成就学生一生的命运，所以教书育人工作有着不可估量的作用。

2. 高校辅导员育人

高校辅导员是学生思想政治工作的骨干力量，专职从事学生思想教育和行为管理工作，是教师队伍的重要组成部分。辅导员是学生思想政治教育的骨干力量。高校思想政治教育者还有专职教师、行政管理人员等。高校的辅导员肩负重大责任，在关键时刻，能够发挥出重要作用。在日常管理中，学生事务、教学事务、人身安全、校内外安全，以及节假日安全，任何时候出现问题，辅导员必须第一时间到达现场，这也是辅导员的职责所在，因此高校辅导员的压力也非常大。教育部规定专职辅导员带班人数一般不低于200，但是高校有时会结合自己学生的实际情况，在这个人数上下浮动或者采取一定的鼓励机制。

高校辅导员的学历层次一直也在提高。高校在最初阶段，专科毕业就可以胜任辅导员工作，但2000年以后以本科就职为主，多数高校的辅导员达到研究生及以上的学历，一些公办院校更是有很多博士生辅导员。教育部要求辅导员必须是中国共产党党员，有利于开展思想政治教育工作，有利于高校教育教学育人管理的开展，有利于抓好学生思想政治教育，有利于学生成长，有利于立德树人，有利于为国家培养人才。

辅导员的学历层次提高，更能发挥思想政治教育课程的主导作用，再结合实际，可兼职教授一些思想政治理论课，以便更好地了解学生情况，更好地发挥高校育人管理职能。结合实际，充分发挥思想政治教育的实效，更好地为学生服务，有利于学生健康成长，有利于高校思想政治教育的展开和进行。

充分发挥辅导员的思想政治作用，灵活转变角色，而不仅仅做一些事务性工作。因为辅导员一直在学生一线，肩负多种角色。民办高校辅导员更是扮演了多种角色：年级组长、支部书记、兼职老师，甚至有时充当保安、楼爸、楼妈、保姆、警察、心理咨询师、交通员、火警、卫生委员等。但辅导员是学生思想政治工作的骨干力量，专职从事学生思想教育和行为管理工作，是教师队伍的重要组成部分，而不是任何事务工作都要管，切勿本末倒置，应正确发挥高校辅导员的职责。

（二）管理育人

1. 管理育人的内涵

高校管理人员在承担学校的管理服务工作过程中对受教育者实施一系列有目的、有计划、有组织的管理行为，从而对受教育者的知识、品质以及行为习惯等综合素质方面所起的育人作用。把管理同教育结合起来，在教育中有管理，在管理中有教育，强调管理过程中所发挥的育人功能。高校管理育人能够促进高校教育教学管理工作的完善，形成高校良好的校风学风，提高教育质量和人才培养质量，最终促进高校的人才培养。

2. 高校管理育人的必要性

（1）高校管理育人存在的问题

高校管理育人实效受制于高校管理人员的专业技术和管理经验水平，而实际情况中，高校管理人员的相关业务水平较低，直接影响着管理育人实效的质量；高校绩效管理量化不利于鼓励全员育人；管理人员的管理意识与思想失衡、综合素质水平不高是阻碍高校管理育人实效的主要因素；管理制度缺乏科学系统性，导致管理与育人分离开来，同时，缺乏强调学生民主参与管理的制度。

（2）高校管理育人的意义

管理育人对高校教育而言是极其重要的一个部分，管理育人工作的落实是高校教育有效性以及高校管理的基础。但是我国高校正处于快速发展的阶段，在这一阶段部分高校没有很好地落实管理育人工作，致使高校教育的质量受到了影响。在这种情况下，寻找高校快速发展下的管理育人新途径并总结归纳，对于整个高校管理育人工作的落实都具有极为重要的现实意义。

首先，高校管理育人工作的落实，可以有效地为高校中各项工作的具体实施提供强有力的保障。高校管理者以及管理活动的进行主要是通过行政管理、后勤管理以及教学管理三个方面对学生产生影响。通过这三个与学生息息相关的各项规章制度的制定，可以有效地规范学生的行为，约束学生的思想，对高校的教书育人起到重要的辅助作用。

其次，管理育人工作的落实可以提升高校管理职能的有效性。在实际的管理当中，管理有效性往往取决于人的思想素质水平，这其中既包括管理者的思想水平也包括被管理者的思想素质。因此高校管理育人工作的落实可以显著提高相关人员的思想素质水平，进而大幅促进高校管理工作的有效性。

在高校快速发展下管理育人工作可以通过创建舒适环境、完善落实规章制度、坚持以人为本的育人观以及针对学生心理问题及时疏导来有效落实。但是这四点绝对不是落实高校管理育人的所有途径，而其他更为有效的管理育人方法则需要高校管理人员不断思考、继续创新。

3.高校管理育人的途径

（1）用环境造就人

环境对人的影响是巨大的，因此高校的管理工作者在进行管理育人的策略探讨时应该重视环境效益。环境对人的影响是潜移默化且影响深远的，对学生的管理教育来说，一面洁白的墙壁、一条整洁的街道以及干净卫生的校园就是教导学生做人律己最好的老师。如若一个校园无法做到管理严格、纪律严明、监管有力，进而导致校园内部污迹斑斑、凌乱不堪，这种校园环境又会对学生造成怎样的影响？学生心中必然会对校园环境产生反感与抵触的情绪，在负面情绪的影响下，学生的心理必然会受到影响。

实际上人与环境之间的作用是相互的，人们在创造舒适整洁的环境时，环境也会反馈给人以正面积极的情绪。在这种情况下，高校的管理工作者就应该积极主动地引导学生维护和改善自身的生活环境，在对环境变革的实践当中成就自我。

（2）以完善的制度育人

高校管理过程中的任一环节都需要依据合理性、科学性来制定各项规章制度，进而保证学生行为的合理性以及其中高校做出的引导作用，因此制定完善的高校规章制度，并且在高校管理中严格落实，对于高校的管理育人工作具有巨大的积极作用。首先，高校管理人员应该对校内的规章制度等条例进行积极的宣传以及细致的讲解，否则会有学生在不知情的情况下，违反校规校纪的情况发生；其次，校方还应该让学生明确校规的重要性，帮助学生培养遵守规章制度的思想意识，并且利用奖惩措施来严格落实高校规章制度的实施工作。

通过对高校学生优秀行为的奖励表彰以及对违反校规学生的惩罚，高校可以很自然地树立起积极向上的正面校风，促使影响高校管理工作的负面风气快速消退。对高校的规章制度而言，只要制度的设定合理，并且宣讲与落实工作执行完善，就可以帮助学生培养良好的行为习惯，营造舒适的学习以及生活氛围，进而树立积极正面的校风。除此之外，高校的规章制度同样对高校的管理人员以及其他岗位人员起作用，促使教师以身作则，间接影响学生的行为规范。目前，制度育人仍然是高校管理育人工作的主要渠道。

（3）坚持以人为本的育人观

可以说创新是社会进步的强劲动力，当下现代社会快速发展的同时高校也在快速发展，在这种背景下对高校的管理教育提出了更高水准的创新需求，需要高校管理人员同时具备创新精神以及创新能力。就创新精神而言，它使人的主体性得以最充分的发挥，同时也使人类潜能得到最大限度发挥。

高校管理教育的核心以及灵魂就是以人为本，从本质上来看，在高校管理教育的过程中，针对各个环节进行以人为本的考量以及贯彻，一方面是对当前教育理念的修正与升华，另一方面也是对教育意义的真正回归。

（4）疏导是管理育人的有效方法

高校学生存在的问题会从行为以及思想两个方面表现出来。针对行为问题，高校应该严格落实相关制度从严而治，但是对于学生的思想，高校同样应该引起足够的重视并对学生的思想进行疏导。行为是思想的外在表现，因此学生的思想问题往往不易察觉，但却是学生问题的根本所在，在高校管理育人的过程中学生可能会不理解高校的部分做法，导致思想出现偏差。对于思想出现问题的学生，教育者应该积极主动地给予学生正确的引导，对于学生心中的疑问及时开解与疏通，进而帮助学生树立正确的人生观，明确学习目的。

（三）服务育人

服务育人是指服务人员向服务对象提供服务的过程中，通过优质服务和良好服务者形象，塑造一个真、善、美的育人环境，从而对学生的思想道德、价值观、人生观的形成起到暗示性和潜移默化的作用。服务育人涵盖学校办学的方方面面，涉及学校所有岗位的职工个体。服务育人的直接作用是在为学生提供某种物质需求的同时也提供必要的精神需求，高校后勤服务育人要求高校后勤工作为学生提供优质服务的同时，促进学生健康发展。高校后勤是直接为大学生服务的部门，为学生提供住宿、膳食、开水供应等一系列基本生活保障，后勤工作的好坏也直接关系着学生的生活质量，间接影响学生的学习效率。服务人员的态度、行为等都直接影响着学生的身心发展，对他们的道德情操、治学态度和社会责任感的培养起到直接的渗透作用，对他们的思想道德产生潜移默化的积极影响。从这个角度讲，后勤服务是"没有讲台的课堂"，后勤工作者是"不上讲台的老师"。

"服务育人"在高校后勤服务工作中是一种新型的人际关系，涉及服务人员与被服务人员，而服务人员应当以高度的责任感和良好的职业道德，尽心竭力、任劳任怨地为学生办实事，真心实意地为学生解决困难。通过热情周到、彬彬有礼的服务来赢得学生的认同，通过朴实无华的思想品格和积极向上的精神风貌感染学生。要实现真正意义上的服务育人，必须牢固树立"学校无小事、事事皆育人，学校无闲人、人人皆育人"的育人理念。

（四）环境育人

环境育人的内涵是指在校园环境中，包括内部环境和外部环境、物质环境和人文环境、硬环境和软环境、隐性环境和显性环境等在内的一切环境，通过外部诱导、感染等方式对大学生进行无声的教育。硬环境是指高校的物质环境，包括教学楼、图书馆、操场、文化广场等可见的环境；软环境包括物质的外在环境和精神的校园文化环境、人际环境、网络环境、制度环境等。校园是师生工作、学习、生活的场所，不同于党政机关单位，高校由于其办学时间长短不一，办学条件参差不齐，所在地域各有不同，对于不同专业有不同的培养目标等，这些都导致在校园建设方面风格各异，因此，校园在建设当中要注重因地制宜，突出特色，注重保持地方区域的特色，也要彰显本校的办学宗旨和特点，积极借鉴优秀高校的办学理念。除了物质环境的建造，文化环境的建设也会成为影响学生心智和情操培养的重要因素，一个学校的精神环境发展不可能一蹴而就，需要历史的积累、文化的积淀。在传统的大学校园中，有古老的建筑、历史名人遗迹等，这些都会增添高校的文化气息。因此，校园文化的建设离不开它长久以来的文化积淀，校园文明、和谐、向上的人际环境，优美、舒适的自然环境，高雅、美观、充裕的设施环境，都对学生的成长起着"润物细无声"的滋养作用。物质环境、人际环境、制度环境、舆论环境及网络环境等都具有可创造性和育人功能。

高校担负着国家培养人才的重任，校园则是学生成长的基地，一个学校的校园建设体现了它的历史底蕴和精神风貌。不管是物质景观的建造，还是校园文化气息的感染，都在于学校历史、文化、传统的积淀。这对于学生的教育属于隐性课程，比如，校园文化长廊、校标、校训的设置等。不管是各高校的广场名人雕塑还是房屋构建，都体现出一个学校的特点和特色，再加上人文情怀的支撑、科学明确的办学理念、健康向上的校园精神氛围等，这些都增加了校园环境建设的文化品位和艺术含量，使学校的一草一木能感染、陶冶学生，这样就会形成高校优秀的文化氛围和浓厚的学习风气。如此无时无刻、无处不在的教育，会熏陶和感染学生，在潜移默化中实现教育效果，达到育人目标，培育出合格的建设人才。

（五）实践育人

实践育人的内涵是指通过社会实践活动或校园的文化活动，把理论知识与实际相结合，培养学生的理论应用能力与驾驭知识的能力，让学生能够熟练地掌握所学知识，不管是校园内的活动还是社会的实践活动，都要以培养学生为目的。所谓实践育人是指："遵循大学生成长成才规律和教育活动规律，以学生在课堂教学中获取的理论知识和间接经验为基础，以开展与学生专业发展和成才成长密切相关的各种实践活动为途径，以增强大学生服务国家、服务人民的社会责任感、勇于探索的创新精神、善于解决问题的实践能力为基本目标的一种教育实践活动。"实践出真知，创新生于实践。实践是检验真理的标准。当代大学生最缺乏实践，实践环节、实践活动对学生的成长起着无可替代的作用。让学生在实践中受教育、长才干，把所学到的知识运用到实践中，由理论知识的内化到行为习惯的外化，这才是教育的最终目的。

教育部在《关于进一步加强高校实践育人工作的若干意见》中强调指出，要把社会实践活动与课堂教学放在同等重要的位置，推动大学生广泛参加社会调查、生产劳动、志愿服务、公益活动、科技发明和勤工助学等活动。高校必须加强实践育人的宣传和实施力度，使实践观教育思想渗透到学生的日常生活和学习中，逐渐加深学生对实践育人教育思想观念的转变，同时以学校实践基地为载体，实现学校实践育人的教育目的。只有通过引导青年学生参加社会实践，特别是生产劳动，才能在实践中培养学生的实践毅力和意志品质，提高学生通过艰苦奋斗把理想变为现实的能力。因此，高校的实践教育是其他任何教育都无法替代的。

高校是育人的法定场所，要充分发挥学校的教育功能，实现学校教育的全优化，必须是教书育人、管理育人、服务育人、环境育人、实践育人多管齐下，各个方面既有相对独立的职能作用，又综合立体，相辅相成，从而获得全员育人、全方位育人的效果。

第二节 高校教育现代化的历史进程

一、高校教育现代化的内涵及要素

高校教育现代化作为高等教育领域最为深刻的革命性变化，是伴随中国现代化的改革与发展逐渐形成的。其内涵依赖高等教育与中国经济社会改革开放的双向互动，以大学演绎的三大职能为轴点不断丰富而得以深刻。虽然学界对何谓高校教育现代化莫衷一是、各执一词，但从高校教育现代化的历史演变与现实出发，仍然能够寻觅到高校教育现代化概念的发展逻辑，纵向上表现为现代化—教育现代化—高校教育现代化，横向上包括高校教育现代化的宏观和微观层面，所以从两个维度对高校教育现代化进行全面的阐述。

（一）高校教育现代化的内涵

对概念深入浅出的剖析是分析纷繁复杂事物本质的一条主线，对"高校教育现代化"的解读必须明确何谓"现代化"。基于"现代"的理解和国际上对"现代化"含义形成的共识，立足中国本土实践，"现代化"是一种发展中国家向发达国家借鉴取"经"，同时发达国家向发展中国家交流的双向沟通型的国际竞争。"现代化"作为人类文明的前沿性变化，其行为路径先是经济要素的突破性变化和变革，随之影响其他文明要素的变革与创新，明确教育在现代化的基础地位和关键作用，所以教育现代化构成国家现代化的基础。

而教育现代化表现为"传统教育向现代教育转变的过程，这一过程表现为教育在经济社会现代化过程中转型和变迁。在其本质上，可以概括为教育系统的一系列现代要素以及组合方式发生的由低级到高级的突破性变化或变革的过程，是教育现代要素逐步占据主导性、支配性地位的过程"。中国的"教育现代化"目前正处于第二次教育现代化阶段，由工业化时期的教育转变为知识经济时代的教育，是一种转变为高阶教育的阶段，并且这一时期普及高等教育、终身学习成为教育发展的新理念、新模式。

在解读"现代化"的含义时，明确教育在"现代化"的基础地位和关键作用；在解读何谓"教育现代化"时指明中国目前正处于教育现代化阶段，在这一阶段普及高等教育、终身学习成为教育发展的新理念、新模式。

国外缺乏"高校教育现代化"的直接和具体表述，故没有明确揭示"高校教育现代化"的内涵，而"高校教育现代化"一词是伴随中国改革开放建设中国特色社会主义现代化的实践产生的，"高校教育现代化"的基本属性结合 2013—2017 年高等教育国际论坛的主题为线索进行梳理，2013 年和 2014 年高等教育国际论坛主题以高等教育宏观层面——高等教育与社会的现代化发展关系为主，明确高等教育治理现代化成为全面深化高等教育改革的总目标。2015—2017 年从高等教育的微观层面着眼，由教学到课堂最后落脚点在育人。5 年来高教界以"教育现代化"的概念为出发点对高等教育展开全面、系统性的探讨和研究，从宏观走向微观，从高等教育的外部环境到内部要素、结构，以明确高校教育现代化的构成要素是高等教育的普及化、高等教育的高质量、高等教育的善治结构（或称高等教育治理体系和治理能力现代化）、高等教育的国际化、高等教育的信息化和高等教育的学习化社会，核心在于人的现代化，人是高校教育现代化的主体和主题，高校教育现代化的构成要素都是围绕实现人的现代化而展开的。

（二）高校教育现代化的构成要素

1. 普及化

2020 年，我国高等教育毛入学率 54.4%，完成了世界层面最大规模高等教育体系的目标，正在向高等教育普及化阶段迈进。教育在现代化的基础地位和关键作用使中国特色社会主义现代化建设格外注重发挥教育的功能和作用。高等教育作为教育的关键部分和重要组成，为社会提供充足的人力资源，极大地提高社会人力资本价值，推动社会发展的现代化；同时，在个人层面，普及化的高等教育不仅要完成受教育者的全面发展与职业需求，更加注重对受教育者个性化发展的培养。所以高等教育的普及化在提供数量积淀的同时，符合人们对高等教育的客观需要，成为高校教育现代化的第一构成要素，也是基础性要素，立足于普及化高等教育研究大学生核心素养的培育。

高等教育普及化丰富了高校教育现代化的形态和内涵，构造更加和谐的高等教育整体结构，为保障我国高等教育大众化向高等教育普及化完美过渡，需要我们做到以下两点：

（1）树立全面开放的高等教育理念。全面开放的高等教育理念是指全体公民都有机会、有权利接受高等教育，全面无差别的公平教育理念。高等教育普及化不仅仅是表现在高等教育的规模和数量上，还需要与之相匹配的价值观，这是我国由高等教育大众化向高等教育普及化过渡的关键，只有突破观念障碍，才能更好地接受新的高等教育理念，实现高校教育现代化。

（2）构造面向全体国民的高等教育体系。国家和政府要加强对贫穷落后地区人民的教育关注和资金支持，全面解决社会弱势群体的教育问题。

2.高质量

高校教育对培养创新型人才和更好实现科学研究职能的重视，预示高校教育现代化不仅代表庞大的数量规模，更是质量层面的追求，知识创新的回归点在于杰出人才的培养，不单单是物质性的科研成果展现。高校教育的高质量理解为人才培养的高质量，这里的"高质量"不同于高校教育大众化阶段的"高质量"，是高校教育普及化阶段的"高质量"，即能够满足受教育者在学校教育的个性化发展，在适龄阶段接受高等教育后拥有一种自我发展和自主学习的素质，能够在复杂的现实社会中拥有生存、发展、创新性的能力。

3.现代化

高等教育个性化、高等教育师资队伍现代化、高等教育大众化向普及化转化等，是高校教育现代化的基本特征和内涵，同时也是组成高校教育现代化的基本要素，但从本质上来说，这些高校教育现代化各要素的作用对象都同时指向了"人"，"人"的现代化是高校教育现代化的核心，也是高校教育现代化的目标和重要推动者。

（1）人的现代化

"人的现代化"于20世纪60年代被提出，20世纪80年代，我国开始进行研究。2010年，《国家中长期教育改革和发展规划纲要（2010—2020年）》（以下简称《纲要》）提出"到2020年，基本实现教育现代化，基本形成学习型社会，进入人力资源强国行列"的战略目标。《纲要》表达的是我国公民的热切期望。

至此,"人的现代化"思想开始深入人心。《中华人民共和国国民经济和社会发展第十三个五年规划纲要》明确提出,"把提升人的发展能力放在突出重要位置",全面培养高素质人才,使全体人民能够共享高校教育现代化的发展成果。

第一,人的素质现代化。我们培养的不仅是体格健硕的"人才",更是德行统一的高素质人才。这里的素质现代化主要指的是人的思想素质、专业技能和高尚的行为实践,在高校课堂开展德育课程,进行德育讲座,注重学生的实习实践,培养其专业技能,重视建立优质的教师队伍,为人民能够不断提升自身素质提供人力支撑。

第二,人的思想观念的现代化。人具有创新意识、法治意识、价值观意识、科学意识等,在教育培养过程中注重启发培养学生的意识,迸发思想碰撞的火花,培养具有现代化思想观念的新时代学子。

(2)教育队伍现代化

教师承担着培养社会主义接班人的重要任务,2018年9月10日,在全国教育大会上,习近平指出:"教师是人类灵魂的工程师,是人类文明的传承者,承载着传播知识、传播思想、传播真理,塑造灵魂、塑造生命、塑造新人的时代重任。"这段话体现了教师在人才培养过程中的重要作用。作为教师,需要有热爱教育的意识、教书育人的理念和提高自我专业化水平的进取心。

第一,坚持育人为本的教育理念,开展创新型教学,培养学生的创新精神和探索精神,引导学生把握时代脉搏,关注国家大事,树立正确的价值观,做合格的社会主义接班人和建设者。

第二,建立健全高校教师培养制度,对于刚刚引进的高校青年教师,要进行必要的岗前培训,或者举办优秀教师分享会、教学示范课等来增强教师的专业化水平和教育教学水平。

第三,继续加大教育开放力度,促进教师师资队伍国际化水平的提高,主持跨国教师学术交流会,鼓励教师访学、留学,也欢迎国外教师来华交流,培养具有国际化视野的新型教师队伍。我国要建设一批引得来、水平高、留得住、教得好的高等教育师资队伍,为高校教育现代化发展添砖加瓦。

(3)治理体系和治理能力的现代化

高校教育治理体系和治理能力建设属于高等教育改革领域的相关内容,是高校教育现代化组织层面的解读。要实现高校教育的高质量,没有现代化的高校教育组织体系建设和能力是无法达到的。

高校教育治理体系现代化是在改革高等教育办学和管理体制中提出的，需构建开放多元的办学体制。宏观上，明确政府的职能，协调中央与地方的权限、社会组织与公民的参与式治理；微观上，确立党委的政治权力，依据高校以行政团队为主的行政权力、教师或教授为主的专业权力和以学生群体为代表的民主权利在人才培养中的不同作用，明确三者之间的权限划分，形成共同治理体系，提高大学事务决策的科学性、监督的多元性，完善高等教育治理体系，保障相关利益者的合理诉求。

高校教育治理能力现代化即治理主体达成治理目的的能力，涉及治理主体的区分。伴随大学在社会中心地位的日渐增强与知识生产方式的变化，更多的利益相关者通过不同的途径参与到大学治理中，形成多种类型的高等教育治理主体，包括治理需要参与到治理体系中的社会组织、公民团体以及学生与教师等传统主体。

4. 国际化

高校教育现代化从内涵分析，以国际高等教育的最高水平和最先进状态为参照物，本身体现一种国际竞争；外部环境日益紧密，文化交流更加频繁；知识经济的萌发对人才素质提出更高要求，这使不同国家的高等教育需要走出国门，加强与世界的沟通交流，以此提高本国高等教育全面建设的质量，而高等教育国际化成为发展中国家和发达国家实现高等教育高质量和先进发展水平的必然选择。

按照逻辑定义的规则解读"高校教育国际化"的内涵，进一步解释如何理解上述"高校教育国际化"概念中的关系、影响或范围，通过高校教育的国际交流与合作，开放本国的高校教育系统，促进不同国家的高校教育在教育理念、办学模式、成功经验、硬件设施及人才和信息等资源的共享和交流，提高高校教育的发展质量，使交流双方的高校教育走向国际性的活动和过程。

5. 信息化

我国高校教育现代化是在"互联网+"时代和世界高校教育现代化发展背景下的旨在推进高等教育健康发展、提高培养质量的改革与创新活动，必须立足我国国情，促进高等教育信息化纵深推进，才有利于推进高校教育现代化发展，在大数据的基础上建立全球资源共享的高等教育大系统，从而建立可以满足人们新期待的高等教育。高校教育信息化是一种通过信息技术来推动高等教育发展，为人才培养提供技术支撑的现代化手段。

第一，加强高校教育信息化体系建设，促进高校之间数据共建共享，建立深度融合的高校教育与信息化协调发展的教育教学平台，深入挖掘教育大数据，致力于建立互联网全覆盖的校园网络系统，统筹建设一体化、智能化的教育教学和管理服务平台，为高等教育长远发展服务。

第二，建设高校教育信息化人才队伍，开展有关信息化讲座和信息技术相关课程，使学生掌握好信息化应用，掌握世界信息化前沿信息。

第三，更合理地应用慕课、VR（虚拟现实）、视频微课等信息化课程，提高教育教学效率，突破高校教育发展的时间、地点等限制，提高高校教育教学水平，促进高校教育领域的信息化变革，提高教育教学质量，促进教与学的深刻变革，从而更快地建设成"处处能学、时时可学、人人互通"的学习型社会。

6. 终身学习化

终身教育理念的传播与发展开拓了高等教育发展的新局面，高等教育终身化成为指导我国高校教育现代化发展的重要思想，也是我国建设全民学习的学习型社会的要求与创建全民教育大系统的目标。

高等教育终身化的教育思想在20世纪60年代得到了各国的推崇，而我国当时由于各种原因，"终身教育"并未深入实践，直到改革开放后终身教育才得到推广，现如今，我国致力于建设学习型社会，2010年，《国家中长期教育改革和发展规划纲要》重申终身教育思想，推行开放大学、社区教育。十九大报告指出，"2020—2035年，基本实现社会主义现代化"。此时，我国高等教育将得到重大发展，致力于建设服务全民的终身学习的高等教育体制，人人树立"活到老，学到老"的教育思想，是现代化教育思想的一种体现。

建立社会考试系统，大力发展社会考试，高等教育将以灵活多变的方式向广大的社会成员开放，为终身教育发展奠定基础。

培养优质教师，对教师进行岗位培训和实践检验，使教师践行终身学习的教育理念，在高等教育教学过程中，注意培养学生的自学能力，习得获取知识的能力与技巧，这可以运用到以后的学习和工作生涯中。

鼓励终身教育发展，尝试建立全民学习的教育大系统，树立终身学习的教育理念，使教育覆盖社会生活的各个方面，贯穿于人发展的各个阶段，满足人民对不同层次与不同种类的教育需求。

二、高校教育现代化的历史演进

（一）中国现代高校教育的萌芽阶段

1. 中体西用开启高校教育现代化的思想萌芽

19世纪末是中国近代高校教育发展的重要时期，当时中国拥有三类新式学堂：方言学堂、技术学堂以及军事学堂。在洋务派的推动下，清政府主动废科举、兴学堂，才正式开启了中国高校教育现代化历程。为了达到"师夷长技以制夷"的目的，洋务派主办高校并采取"中体西用"的主要指导思想与原则，通过学习西方的技术技能来实现我国经济社会的发展。

一般而言，中国近代高校教育真正发端于19世纪末20世纪初。1895年设立的天津中西学堂头等学堂是近代高校教育史上第一所正式的新式高等学府，清末新政后，新式高等学堂获得发展，1902年，晚清重臣张百熙发展京师大学堂，同时，操办全国教育大计，主持制定中国近代第一个学制——壬寅学制，把高校教育分为三级，高校教育结构初见模型。

2. 多元化孕育高校教育现代化的实践开端

民国初年，为了彻底改造我国的传统封建文化，否认"中体西用"理念，提倡"民主""科学""共和"，这些思想为高校教育真正现代化奠定关键的思想基础，我国高校教育局面也发生了巨大改变。我国高校教育由旧式学院转变为新式高等学堂，成为高校教育现代化的开端与起点。

1922年，参照美国学制，我国制定了《学校系统改革案》，中国的高校教育逐渐成形。

1912—1949年的近40年，是高校教育多元化发展的繁盛时期，蔡元培在"思想自由，兼容并包"的思想下革新北大，爱国教育家张伯苓创办南开大学，爱国人士陈宣恺和陈朴生创办中华大学，海外华侨陈嘉庚创办厦门大学，从民国初年到抗日战争中的20年间，教会新建了18所教会大学，共同为我国现代大学的多元化发展做出贡献。在此期间，我国开始较全面地接受西方"学术自由、大学自治"等理念并付诸实践，促进高校教育的思想多元化发展。

抗日战争时期，是对我国高校教育的一次精神淬火。战争一开始，日本侵略者就对我国教育进行疯狂扫荡，意图"毁我国本，动我国基"，高校教育遭到严重破坏。据统计，从战争爆发到1938年8月底，我国108所高校中，91所遭到破坏，10所完全毁坏，25所因战争而陷入停顿。我国高校为了保存实力，多次内迁，开始"文军长征"，无数文弱学子，决心刻苦学习，更有甚者以羸弱之躯亲赴沙场，保家卫国。

为了革命的需要，中国共产党成立了以培养干部和专门人才为主的学校，为战争培养军事、政治、经济和文化等方面的人才，如中国工农红军大学、高尔基戏剧学校、中央农业学校、中国人民抗日军政大学等，既为当时的革命培养了大批人才，也探索了一种较为实用的人才培养方式。14年抗战，我国高校教育在艰苦卓绝的环境中基本遵循综合型与研究型的教育体系与模式，继续向前发展。

（二）高校教育现代化的起步调整阶段

新中国成立后，针对旧中国的旧教育、旧学校如何适应我国经济社会发展和国情的问题，第一次全国教育工作会议进行了一系列讨论，提出改造旧教育、建立新教育的问题，接纳旧教育中的合理因素，发展和借鉴苏联理念，确立推陈出新、百花齐放的教育方针以及教育为人民服务的思想。

1949年后，为了适应国家建设的需要，对高校教育提出新的要求，要培养通晓基本理论与实际运用的专门人才，比如，工程师、技师和医生等专业人才。提出并采取了一系列高校教育改革的重要措施。

第一，改变高校教育理论脱离实际的问题。新中国教育要为经济社会发展和国防服务，高校教育内容要符合实际需要，兴办专科学校，开设专修班、培训班等，以此来促进社会发展。其中之一就包括重视工农知识分子的培养，高校要把培养工农人才作为重要任务。

第二，教育要为无产阶级服务，与生产劳动相结合，强调党领导教育。

第三，高等学校要培养社会所需的专门人才。1949—1956年，虽然由于学习苏联专才教育导致我国人才培养较为狭隘，但是高校教育培养目标仍然强调学术人才，也为我国培养了大批经济社会发展服务的专门人才。

（三）高校教育现代化的恢复发展阶段

改革开放以来，我国变化最大的当属经济发展方式，全党的工作重点转移到社会主义现代化建设上来。教育也变成了为社会主义经济建设服务，由于之前工作的失误，人才培养严重断层，不能满足经济建设和国家发展需要，我国开始应时代所需，大力发展教育，高校教育获得恢复和发展。

1. 国际化拓展高校教育发展空间

改革开放后，我国进入了社会主义现代化建设的新时期，1983年，邓小平同志提出"教育要面向现代化、面向世界、面向未来"，首次明确提出教育现代化的理念，标志着中国高校教育现代化的发展进入了一个全新的历史时期。面向现代化意味着教育发展要同国民经济发展要求相适应，这就要求高校教育工作者要根据社会政治经济文化发展的要求来调整高校教育内容。面向世界指的是要开阔视野，虚心向国外学习，追赶世界高校教育先进国家的步伐。面向未来，意味着将高校教育放在一个长远的规划中，用历史的眼光看问题。

1978年，十一届三中全会后，改革开放成为我国的一项基本国策，高校教育逐渐面向世界，我国高校逐渐加大与世界各国高校交流的广度和深度，我国对外留学生人数也有明显增加。培养的研究生数量和出国留学的学生数量都有所增加，1978—1999年，我国出国留学人数虽有波折，但基本处于上升态势，这也反映了我国致力于打造可以"走出去"和具有"国际化视野"的高级人才。

我国高校教育国际化趋势已经不可阻挡，中国高校教育应与国际接轨，可以通过互派留学生、定期派遣访问学者或者教师学习他国先进理念，也欢迎世界各国高校来中国参观学习，加强与各国高校教育的合作与交流融合。

2. 加快推进科学教育培养创新人才

中国教育曾经以制度化的形式明确地提出建设"三步走"战略部署，形成中国特色，面向21世纪的社会主义现代化教育基本框架，根据我国社会主义现代化建设的现实情况做出科教兴国的重大战略决策，为我国培养更多高素质创新型人才，高校教育逐渐恢复发展。

20世纪70年代后期到90年代初，从国家层面定位，我们的高校教育要赶上世界发达水平，必须要靠科学和教育。随之，20世纪90年代，科教兴国战略提出并实施，全面落实科学技术是第一生产力，把科技和教育放在重要位置，全面提高全体国民的科学文化素质。推进科学教育使人类生活和社会发展产生历史性巨变，"正是科学由一种亚文化上升为主流文化，并进入大学教育领域，才开始其现代化转向。科学教育只是一个短暂的阶段，但也预示着高校教育新阶段的到来"。高校教育作为科教兴国的重要环节，高校教育的科学发展责无旁贷，高校教育必须要培养具有科学精神的创新型人才，加强科研成果的技术转化，建立发达的、科学的高校教育体系，使科学教育为我国经济和社会发展提供助力。

3. 办学体制多元化完善高校教育培养体系

高校教育办学是高校教育体制改革的关键，也是高校教育体制改革的基础，改革开放后，百业待兴，为了社会发展，我国提出以经济建设取代阶级斗争，指出要建设社会主义市场经济体制，为了使高校教育与国家经济社会发展相适应，高校教育的办学体制必须与国家政治经济体制相适应，因此我们需要改变过去计划经济体制下的高校教育办学管理体制，完善高校教育培养体系，满足经济社会发展对高水平人才的需求。我国开始大力改革高校教育体制，实行多层次和多形式的高校教育办学。

高校教育办学层次多元化。自1978年我国恢复研究生招生以来，我国形成了专科、本科、研究生教育三个办学层次，高校教育办学层次走向多元化，并形成了学历教育与学位教育相结合的高校教育办学模式，极大地促进了高校教育办学层次的多样化。

高校教育办学形式多元化。国家及有关部门鼓励和支持社会力量兴办高校教育，积极鼓励高校教育办学主体和高校教育经费来源多元化。国家教委对民办高等学校的法律地位、管理和调整方式等问题都做出了明确规定，承认民办高校的合法性。国家也通过法律的形式对社会力量举办高等学校给予肯定，为社会力量参与高校教育办学提供了法律依据。这在一定程度上刺激了社会力量办学的积极性，促进了高校教育办学形式多元化发展，促进了在职培训、自考、电大、夜大和企业办学等多种办学形式的快速发展。

（四）高校教育现代化的跨越式发展新阶段

21世纪以来，高校教育从质量和规模上都实现了质的飞跃。在质量上，面向21世纪的"211工程""985工程""双一流建设"等高校教育发展重大战略，致力于提高高校教育发展水平；在规模上，高校教育开始扩招，且收获颇丰，高等学校数量、教师队伍、经费投入、教学基础设施等方面都发生了较大变化，我国由高校教育精英化阶段进入大众化阶段。2018年高校教育毛入学率已经达到48.1%，2020年全国高校毛入学率达到54.4%，全国共有普通高校2738所。这充分标志着我国高校教育大众化向高校教育普及化过渡。

1. 大学生规模扩大推进高校教育大众化向普及化发展

我国制订了颇具雄心的建设计划和投入机制，高校教育投入不断增加，自1999年高校扩招以来，高校教育的招生人数大幅度增加。2000年，全国普通高校教育招生人数已经达到了220.6万人，在校生556.1万人，到2017年，全国普通高校教育招生人数已经达到了761.5万人，在校生2753.6万人，是2000年普通高校教育招生的3.45倍，是2000年普通高校教育在校生的近5倍。2020年全国普通高校共招生967.45万人，在校生3285.29万人。

我国高校教育发展的实践表明，高校教育数量扩大，人民群众对高校教育的需求日益得到满足，人民的受教育水平显著提高，高校教育改革取得了巨大成效，高校教育现代化发展取得长足进步。

2. 高校师资队伍建设为高校教育现代化提供重要支撑

高校扩招以来，我国高校教育规模迅速扩大，急需投入大量优质教师，我国高校开始加强本国教师培养，或高薪引进他国优质人才，加强师资队伍建设。据统计，2018年，全国普通高等学校共有专任教师163.32万人，普通高校研究生及以上学历教师占比为73.65%，到2020年，全国普通高等学校共有专任教师183.30万人。高校师资力量明显增强，学历明显提高。我国"双师型"优质教师人数也不断增加。这些高水平师资为我国高校教育现代化发展提供了重要的人才支撑。

3. 内涵式发展提高高校教育人才培养质量

扩招是为了满足人民对高校教育的需求，为我国经济社会发展提供人才，但高校扩招增加了高校教育规模，也带来了一系列的问题：师资力量、教育质量与基建等方面无法达到广大学子的需求，严重影响了高校教育办学质量。目前，我国高校教育现代化发展开始由原来注重规模扩大的外延式发展转向注重质量提高、结构优化的内涵式发展，以此来解决高校教育现代化发展中存在的问题。为了促进高校教育的内涵式发展，提高人才培养质量，党和国家先后采取了一系列措施。

第一，决定实施"质量工程"，并计划加强对教学工作的领导和管理，加强专业调整，深化教育教学改革。

第二，提高高校科研水平，优化高校办学结构，提高人才培养质量，增强高校教育服务社会的能力，促进高校教育内涵式发展。

第三，国务院印发的方案提出了"三步走"的总体方案，即 2020 年和 2030 年总体目标，以及到 21 世纪中叶基本建成高校教育强国长远目标，我国高校教育现代化的近期目标和长远目标指向明确、航标准确、激奋人心。2017 年，党的十九大在北京召开，习近平同志指出中国发展进入新时代的重要定位并指出"努力让每个孩子都能享有公平而有质量的教育。加快一流大学和一流学科建设，实现高校教育内涵式发展"。党的十八大以来，以习近平同志为核心的党中央新一代领导集体，深知"民为邦本、本固邦宁，把人民需求作为改革出发点，发展中国特色、世界水平的现代教育"。

目前我国不断深化高校教育改革，革新高校教育理念，以人才培养能力为核心，深入推进高校教育管理体制和管理能力的改革，完善高校办学质量评估制度和校园文化建设评估制度，加强高层次人才的引进力度，促进高校产学研共同发展等方案，取得了累累硕果。我国高校教育规模世界第一，结构也得到进一步优化。

中共中央、国务院相继印发了《中国教育现代化 2035》和《加快推进教育现代化实施方案（2018—2022 年）》，《中国教育现代化 2035》是我国积极参与全球教育治理、履行我国对联合国 2030 年可持续发展议程的承诺，为建设高校教育强国所做的战略部署与总体规划。《加快推进教育现代化实施方案 2018—2022 年》聚焦未来 5 年发展的战略愿景，解决当前人民最关心最迫切的问题，建设公平而高质量的教育，以高质量教育支持高质量发展，确保高校教育现代化建设更好地开局、腾飞。

回顾我国高校教育现代化一个多世纪的发展历程，我们发现高校教育发展有其自身的发展规律，但受经济发展水平所处阶段及政治制度的影响，也受国家和地区的传统和现存文化的影响，因此高校教育现代化发展必须同我国的政治经济发展相适应，与我国国情相契合。100 多年来，我国高校教育曲折发展，党和政府不断调整高校教育相关机制，在这一观念的指导下艰难前行，树立并强化高校教育主动适应经济和社会发展、高校教育是国家事业等基本观念，探索符合我国国情的现代化高校教育人才培养模式。合理处理人才培养与经济发展的关系，全面考虑这些因素，从我国的实际出发，遵循高校教育自身的基本规律，根据社会政治经济文化的变化做出适当的调整，既不能由于我国国情的特殊性而妄图改变高校教育规律，也不能看到他国高校教育发展的迅速性而全盘吸收。要善于总结经验教训，科学地审时度势，走具有中国特色的高校教育现代化发展道路。这也正是我们梳理高校教育现代化发展历程的目的。

第三节　现代高校教育教学育人管理的发展与改革

一、高校教育教学育人管理的发展

（一）高校育人政策变迁

高校育人管理不是一成不变的，而是根据国家和社会的发展不断做出调整，始终处于变动不居的状态。此后，中共中央、国务院以及教育部相继颁布了《中共中央关于进一步加强和改进学校德育工作的若干意见》和《中共中央、国务院关于进一步加强和改进未成年人思想道德建设的若干意见》等文件，为高校育人工作提出了具体的指导，对我国社会主义事业的人才培养起到奠基的意义。进入21世纪后，我国颁布了具有里程碑地位的《国家中长期教育改革和发展规划纲要（2010—2020年）》，其中德育被赋予了关乎"国运兴衰"的更高地位。尤其在党的十八大以及十八届三、四、五中全会后，"立德树人作为教育的根本任务"一再得到强调。上述政策的变迁说明，高校全员育人机制的形成具有强大的政策基础作为支撑，并会受到政策变化的显著影响。

1. "三育人"的提出

"三育人"产生于20世纪80年代初。改革开放以来，面对高校教育大众化的快速发展形势，我国从高校发展的实际出发，出台了一系列的育人政策。原国家教委颁布《中国普通高等学校德育大纲（试行）》，提出"教书育人、管理育人、服务育人"的要求，为我国高校全员育人创新机制的构建指明了方向。这是新时期加强和改进大学生思想政治教育的纲领性文件，其明确提出了"高校要形成教书育人、管理育人和服务育人的良好氛围和工作格局"。高校教育的关键是人才的培养，大学所有的课程和活动开设都是围绕育人这个主题开展的。"三育人"的本质是一种整体育人观念，高校教师队伍和干部职工要把自己的本职工作与育人相结合，注重提高教学质量、管理水平、服务能力，以高效率的办事能力和严谨的工作作风感染每一位学生，不仅要使学生在课堂上学习专业知识，也要在校园中感受到被教育。高校要重视育人为本、德教为先的理念，发挥学生的主体作用，引导学生全面发展。

2."五育人"的扩展

随着国际形势的变化、我国对外开放程度的深入，高校思想政治教育工作也面临许多新情况和突出问题。在增强思想政治教育的实效性上，许多专家学者进行了大量的理论研究，高校的教育工作者也进行了不少实践探索，但是大多集中在"三育人"方面，但在研究和实践领域又提出了"环境育人"的观点。随后，2012年1月，教育部、中宣部、文化和旅游部、团中央等七部委又联合发文《关于进一步加强高校实践育人工作的若干意见》，"实践育人"又被提到了应有的高度。育人是个系统工程。"五育人"是在以往"三育人"的基础上增加了实践育人和环境育人，使高校"育人"工作更加全面，形成"五位一体"的格局，可以提升育人效果。高校"五育人"工作的重点和核心是学生的思想政治教育。要把加强学生的思想政治和道德品质贯穿在学校的一切工作之中，形成全员育人、全程育人、全方位育人格局，增强育人的综合效能，帮助学生解决思想、学习、生活以及成才、就业等实际问题，全面关心学生的健康成长，促进学生全面发展。

（二）高校育人实践的探索

高校育人管理机制是高校为贯彻落实中央精神的政策要求，深化内涵建设、持续改善教育教学效果、持续优化人才培养质量的现实需要，也是形成良好校风学风、建设良好育人环境的必要途径，是高校教育工作者必须持续深入探究的重要课题。高校育人机制体现了"全员参与"的大德育观，是整合和动员了校内外各方力量的系统性工程。在这一机制运行的实践探索中，要注意培养全体人员以及各个有关部门的育人意识，使其能够主动承担育人职责，相互配合合作，实现协调、和谐的工作关系。在《关于进一步加强和改进大学生思想政治教育的意见》中提出，构建"学生思想政治教育合力系统"，而后《全国大学生思想政治教育工作测评体系（试行）》也将全员育人作为测评指标与之呼应。作为一种教育实践，各个高校在队伍保障、物质保障、环境保障、组织保障、制度保障等方面进行了积极的探索。在此过程中，出现了物质、资金、信息、人力等资源影响下育人效果参差不齐，育人工作流于"政策倡议、口号呼喊、表面执行"等形式。事实上，育人管理机制是高校在长期的历史发展进程中对优秀传统的吸收、整合和沉淀，体现着自身的特点和价值观，难以被模仿和复制，且具有一定的稳定性。

在"互联网+"时代，无论是政策还是实践，高校育人都已实现了跨越主体身份的互动，更打破了原有在人员、时间、空间等方面的界限，实现了高校育人管理机制的多样化，将解决育人的理论难题和实践困境有机地结合起来。

二、高校教育教学育人管理的改革路径

高校教育教学育人管理的实质是将思想政治工作融入教育教学全过程与学生成长过程，是从时间角度育人，对学生提出要求，也是对教育管理者的要求。

（一）明确育人理念

在育人理念上，着力实现"需求侧"和"供给侧"协同联动。关注学生关心什么，了解学生的实际需求，解决学生的实际困难，解决学生中个体和共体的难点和热点问题，坚持以问题为导向，增强解惑能力。关注学生"需要什么"，提高精准程度，满足学生成长成才所需，将思想引领和价值取向结合，将各类奖助学金、评优推优、发展党员、建档立卡、特殊困难、一般资助、勤工俭学、"助理辅导员"、创新创业活动参与、心理健康咨询深度融合、大学生社会实践活动、校园文化建设、班级文化建设等相结合，不断加强思想政治教育活动，融入各种社会实践活动中去，不断提高育人高度和力度，不断提高协同能力，不断解决思想和实践结合创新的问题，力争达到统一，达到育人的效果。

2020年年初，在抗击新型冠状病毒疫情的斗争中，我们的医护人员冲到最前线，他们是"最美逆行者"。我们要鼓励在校大学生努力学好科学文化知识，做一个对社会有用之人，做一个有担当、有责任的社会主义接班人和建设者。

（二）构建育人管理体系

1. 全过程育人体系

在育人体系上，着力实现育人目标、内容、渠道、队伍的相互协同。

目标协同重点放在将知识目标、能力目标、社会主义核心价值观目标有机整合起来，发扬新一代大学生有担当、有责任的新风尚，学习科学技术、熟悉文化知识、掌握先进的科学技术本领，践行社会主义核心价值观体系，以培养德智体美劳目标体系为统领方向，注意区分不同专业、不同层次的学生不同的职业发展的差异性和共性。

内容协同重在加强爱国主义情怀，坚定信念，培养和发扬"工匠精神"，

加强高校思想政治教育，提高认识，提高站位，提高大学生综合素质，培养大学生人文情怀，关注中国传统文化的吸收和利用，增加知识的储备，坚定社会主义方向，提高大学生综合能力的培养和综合素质的提升。

渠道协同重在逐步推进思想政治教育与日常思想政治教育的结合，加强课程思政和思政课程的建设，关注线上和线下的结合教育，以及社会、学校、家庭相互协同，多渠道、多途径、多方位加强育人效果。

队伍协同重在抓紧辅导员和思想政治队伍的建设，行政管理队伍、专职教师队伍，利用好课堂育人。就业指导人员、心理咨询师、教务教学管理人员和行政管理人员相结合，多方联动，形成合力作用，最大化发挥育人效果。

在选择职业时，应结合自己实际，结合国情，结合市场需求，不盲目追求。有效利用重大活动、开学典礼、毕业典礼、党团活动，了解历史，开展校园文化活动，丰富校园文化知识，推进中华传统文化教育，要有责任，有担当精神，要加强开展"不忘初心、牢记使命"主题教育活动，为了学生成才、成长而育人，要与时俱进，不断思索，不断学习，全社会要养成育人氛围。

2. 加强文化育人质量提升体系

2017年12月，中共教育部党组织印发《高校思想政治工作质量提升工程实施纲要》，明确提出加强文化育人质量提升体系。注重文化育人，提高大学生文化素养，提升大学生文化涵养，加强中国优秀传统文化教育，加强中国革命历史教育，弘扬中国革命传统精神，加强井冈山精神教育，学习"红船"精神，学习"延安"精神，学习革命先烈的精神，弘扬和践行社会主义核心价值观。推进中国红色革命教育，认识到今天的幸福生活来之不易，用中国传统文化熏陶学生，培养大学生人文情怀，让中国五千年的文化精髓植入学生的生活中，抓好学风建设，繁荣文化校园，建设人文校园，建设优美环境，保护环境，爱护环境，爱护青山绿水，爱护校园，爱护国家。

3. 加强学风校风建设

开展丰富多彩的文化生活，加强社团建设，围绕本年度大纪念活动，展开丰富的人文天地活动，开展读书笔记活动，开展中国传统节日活动，丰富学生生活内容，展现当代大学生的魅力。加强班级文化建设，加强学风建设，以班级建设带动各项活动，增强人文教育，爱国主义教育，加强集体主义感，推行爱国、爱校、爱家、爱社会主义活动。注重集体参与，培养团结、拼搏、奋斗精神。在班级形成一股爱学习、追求学习的气氛。开展知识兴趣小组，不定期举办人文活动，发挥主人翁精神，让每个人都动起来，在活动中进行思想政治教育，把育人的理念融入实践中，效果会更好。

4.加强高校教育组织协同

（1）加强高校内部人员之间的相互协同

高校中的各类主体可以从管理、实施、接受和支持几个方面加以划分。在整个高校大学生教育工作开展过程中，要始终加强教育主体对自身角色的认同感，不断加强教育者的协同意识，明确自身教育责任，实现高校内部人员之间的协同，提高高校大学生教育的效果。

首先，在高校党委领导下，加强党政和共青团相关领导干部的管理主体协同。在高校中，党政干部一般负责制订高校大学生教育相关的工作计划与协调实施等，而共青团干部一般与党政干部相互协作，共同开展教育工作并对其进行一定的补充。党政干部和共青团干部基本上通过相互协商的方式，来提高成员为解决高校大学生教育过程中所面临问题出谋划策的积极性，切实让每个成员在教育过程中认识到自己位置的重要性，从而能够更好地加强工作上的协同配合。

其次，教师与辅导员作为实施主体，在高校大学生教育工作中的相互协同必不可少。教师作为高校大学生教育过程中的主导者，需要在教育过程中充分正确地利用主导地位，在加强对大学生基本理论知识传播的基础上，积极组织与大学生教育相关的活动，并鼓励大学生参与其中，引导大学生做到知行合一，不做违反诚信道德规范之事。辅导员亦是如此，要充分利用辅导员的亲和力与学生之间的良好关系，深入大学生的内心，引导大学生自觉树立诚信意识，规避失信行为，为高校大学生协同教育工作的顺利进行贡献力量。

最后，其他人员作为高校大学生协同教育的支持主体协同。所谓其他人员，包含高校的其他职能部门人员，如后勤人员、财务人员、保卫处人员等，也包括家庭教育中的家庭成员和社会教育中的相关人员，如父母、社区人员、企业人员等。支持主体要协同配合其他主体的教育工作，并在高校大学生教育过程中，能够做到真正重视大学生的教育，为高校大学生教育工作提供支持。

（2）加强高校内部部门之间的相互协同

高校大学生教育的开展，需要高校内各部门的相互配合才能顺利进行，并实现既定的目标。加强部门之间的协同，需要各个部门有着相互协同且通力合作的协同意识，才能在充分发挥自身部门职能的基础上，实现各部门默契和谐的协同育人关系，最终形成系统的大学生教育中各部门相互协作的模式。加强部门之间的通力合作与协同配合，有利于各部门真正将引导大学生自觉遵守诚信道德规范作为高校大学生协同教育工作的出发点和落脚点。

高校各个部门都承担着不同的职责，各部门需要通力合作，在履行各自职责的基础上完成高校大学生教育工作。

首先，加强高校党委领导管理与行政职能支持相协同。党委部门是高校大学生教育工作的核心部门，通过加强系统内部协调和上下协同，对高校大学生协同教育工作提出各项提议并积极组织相关工作的开展，发挥决策与管理职能。

行政职能部门则是高校大学生教育工作的支持与执行主体，其既需要支持党委部门的工作，也需要有效执行管理部门分派下来的相关教育工作。党委部门和行政部门不能因为分工不同而被割裂开来，应该加强相互之间的联系互动与协同配合。以引导大学生自觉遵守道德规范为中心任务，坚持高校党委指出的大学生协同教育工作的开展方向，各行政职能部门坚定高校党委的领导，落实大学生协同教育工作，同时接受高校党委的管理与监督。

其次，加强各行政职能部门之间的协同。虽然每个行政职能部门的主要职责不尽相同，但是都有培养大学生形成良好道德素养的教育责任。开展高校大学生协同教育，亦是要充分发挥行政职能部门的育人作用。例如，通过对本校大学生的实际状况进行调查，共同参与大学生教育的课题研究。马克思主义教研部、思想政治教育教研室等部门可以提出专业的教育观点，教务处、学生工作部等部门可以从学生学业成绩入手，提出观点和看法，而后勤部、财务部和保卫处等部门则可以从学生日常生活出发，提出自己的见解和看法。这样不仅使不同部门之间相互了解与学习，促进了部门之间的互动交流，而且能够更全面地开展大学生教育工作，提高部门之间的协同意识，推动高校大学生教育取得实际成效。

最后，加强学校与院系之间的协同。学校和院系有着各自的功能与职责划分，但是共同承担着大学生教育工作。因此，学校要在高校大学生教育中突出发挥整体协调与管理的主导性作用，将教育任务分解到位，为院系教育工作的落实做好规划，同时在跨院系与跨学科之间做好协同和衔接。各院系要结合自身的学科特点与教育特色，将教育工作落到实处，对高校大学生协同教育工作发挥有效的推动作用。

（三）形成育人管理的环境保障

环境是育人最微妙的领域，良好的环境对人的影响是无形的，可以实现对人的熏陶和感化。中央 16 号文件中要求全社会来支持高校的育人工作，并要建立健全学校、家庭、社会协同互动制度，构建多角度、多方面、多层次的育人体系。这说明，高校全员育人创新机制需要一个强有力的保障体系，涉及高校内外部的人、财、物和信息。

1. 争取各级政府提供重要支持

我国的高校教育体系中，公立高校是主体，政府是最为重要的外部治理主体，从这一角度说，育人也是政府的责任。但政府不可能直接作用于学生群体，所以政府育人功能的实现是通过为高校提供良好的环境保障来实现的，这是政府在高校教育人才培养中责无旁贷的职责。高校育人创新机制需要动员所有高校的利益相关者参与，所以需要政府提供相应的经费予以保障。而且，育人与解决困难学生的上学问题结合在一起，影响整体育人的效果，政府及其教育行政部门应积极与高校配合，形成奖、助、贷、勤的长效制度体系。政府在育人方面的作用还体现在能够引导毕业生及其家长转变就业观念上。政府可以利用自身资源丰富，特别是信息掌握全面的优势帮助他们认清就业的形势，下调其虚高的就业期望值，积极配合学校开展就业工作，全面减轻各个育人主体的压力。

2. 动员社会因素积极配合

人的发展离不开社会环境。高校学生作为成年人与社会接触的机会明显增多，因此，社会环境也是高校育人创新中不容忽视的一环。社会中相关人员的参与使高校的"育人"深度和广度有所增加，功能也有所增强。学校可以根据学生的专业以及自身的条件，及时为学生提供社会实践的机会，更好地肩负起育人的职责。同时，全社会也应为学生营造良好的氛围，提供各类资源支持，如各新闻媒体、出版社、文艺部门等都应注重营造积极健康的社会环境。社会中的素材，如事件、话语信息等都可能对学生的人生观、价值观和世界观产生影响。"校友"是另外一种具有巨大潜能的社会因素，一个优秀的校友往往能够在育人中起到榜样的作用。高校应充分利用这一资源，开展校友访谈、校友风采展，邀请创业或知名校友回校举办论坛等形式，对在校生的发展起到示范和引导作用。

3. 联动家庭与学校

由于狭义的教育是指学校教育，所以家庭的教育往往遭到忽视，家长也有意无意地漠视了自身的育人责任。事实上，家庭育人的作用不仅重要而且持久，并能够深入学校教育无法顾及的地方，必须予以高度的重视。那么，要实现高校育人，家庭（或家长）首先要认同高校对学生的培养方式，认同高校的规章制度和奖惩手段，这是开展"家校合作"的前提和基础。在二者关系之中，高校要起到引导家庭的作用。在联动中，家庭要从传统的"支持者"角色转变为"引导者"，育人不仅仅是高校单方面的事，学生无论是在学校中还是走出学校后，与其关系最为密切的就是家庭。首先，家庭教育是其他教育的基础，具有启蒙性和终身性，对学生潜移默化的影响不可替代；其次，家长要意识到学校教育是一种阶段性教育，而自身的教育对于学生具有一贯性；最后，高校其他人员在与家长合作过程中，自身也是受教育的过程。家校联动从本质上说就是在家长和学校之间建立沟通的渠道，加强二者联系以便形成育人的合力。只有双方共同努力，才能形成"高校全员育人创新机制"的有力支撑框架。

高校教育专家伯顿·克拉克将高校教育作为一个系统予以考察，而高校、家庭和社会就是其中对育人有着重要影响的三大子系统。三者只有相互配合，资源协调共享，才能够更好地共同承担责任，带动全员育人创新机制的不断完善。

（四）优化高校育人管理机制的程序与形式

高校育人创新机制程序与形式的优化是指在原有机制的基础上，通过更加理性化的制度规范不同参与者的行为，调动其工作积极性，在程度和形式上实现不同主体的利益平衡。学生、教师、管理者、教辅人员不同群体构成独特的亚文化，因此，他们对育人创新机制的程序与形式也有着不同的要求。只有通过对这些亚文化不断吸收、整合、沉淀，才能形成稳定性较高的程序和形式，引导学生进行校园生活的建构。

1. 坚持党委对育人工作的统一领导

高校育人创新机制不是无源之水、无本之木，与我国高校的领导体系密切相关。实践证明，该体制适应了我国高校教育现代化的发展要求，并对育人起到了不可替代的作用。因此，2014年10月15日，中共中央办公厅印发《关于坚持和完善普通高等学校党委领导下的校长负责制的实施意见》，要求必须毫不动摇、长期坚持并不断完善这一制度。在深化高校教育领域改革这一新常态下再次重申这一领导体制的重要意义在于，强调党委在高校，特别是在育人工作中的领导地位，这是赢得青年学生的能力的体现。从"高校全员育人创新机制"的分工来看，高校党委的任务在于，把握"育人"的整体方向和要求，制定长期目标和发展规划，并将其与学校总体发展目标相结合，使其成为全体人员工作与生活的意识自觉。同时，校党委要建立起一支在育人工作中持续发挥作用的、专业性高、素质强、成员稳定的政工干部队伍。而院系党委具体负责学生的思想政治工作，是育人的主阵地，应充分发挥党团组织在"互联网+"时代的作用，利用网络虚拟组织和空间，深入参与育人。

2. 落实以校长为首的行政管理系统的全面负责

我国高校中，以校长为首的行政管理机构是重要的组织子系统之一。校长作为高校行政的"首席"，其一举一动都具有潜在的"榜样"作用；而行政职能部门的工作人员的思想和行动往往会以一种价值标准和人格范型的形式间接地影响学生的价值判断和行为选择。这要求，一方面，管理部门和管理者要转变工作作风，以平等的身份与学生交往，加强廉政建设，提高办事效率，使学生感受到良好的品质和人格魅力；另一方面，高校要加强管理制度的建设，在面对问题与冲突时，做到有章可循、程序正当，特别是在学生事务方面，应依据章程、制度等来保障学生的权益，以达到育人的效果。

高校的行政管理人员的育人功能也非常重要，应该充分发挥行政管理育人功效。不仅是管理学生事务，也包括引导学生的自我管理，它是全员育人的要求，也是全员育人所要取得的成效。发挥行政人员的长处，结合自身素质、管理能力，积极参与管理，参与育人职能，对学生的成长起重要作用。学校各部门行政管理人员都应负起责任，教育不是一两个部门或者一两个老师的责任，而是需要全体人员的共同努力，每一个教育者都有责任对学生进行教育和培养。学校每个成员的一言一行在无形中都会给学生留下印象，所以说行政管理人员也要参与学生管理。近几年已有民办院校开始实行行政部门值班，假期参与学生管理，参与招生咨询，负责接待，这都是参与学生管理工作的具体体现。

3. 激励教师育人的积极性

教师作为高校育人管理创新的主体需要被激励。教师群体不同于其他群体的特点在于，他们通过学术精神、学术人格来体现生活理念、态度和理想以及价值追求、行为的伦理规范等，在教学和科研活动中实现育人的功能。但是，除辅导员教师和思想政治课教师外，其他学科教师的育人功能是隐性的。这种隐性特征导致"专业教师在工作中对自身的育人价值被忽略"，因此需要通过激励将其动员起来，以便更好地发挥效用。从高校教育发展的实践看，所有制约性因素最后都归结到教师资源的配置上，这是当前我国教育制度创新面临的重大问题。所以，高校育人管理创新必须抓住教师队伍这个核心，激发其职业活力、专业创造力和育人热情。

马斯洛的需要层次理论指出，个体既有低层次的物质需求，也有高层次的精神需求。高校教师的教书育人工作既能够保证物质需要的满足，也能保证精神需要的满足。在此过程中，引入竞争机制，能够不断增强教师队伍的动力和活力，但要注意遵循以下激励原则：一是精神与物质相结合原则，不必赘言；二是适时适度原则，即激励超前或不足会导致无足轻重，滞后或过度则都会导致不满；三是公平公正原则，缺少公平公正会造成紧张和不安情绪，影响人们的行为动机，甚至导致其积极性下降。

4.将学生作为育人共同体的要素

学生既是育人的主体也是育人的客体，在高校教育教学育人管理中具有双重身份。因此，高校应引导学生自我教育、自我管理，改变当前只强调知识和技能的培养思路，为学生提供从事合作活动、创新活动、爱好培训的机会和场地。将学生纳入育人共同体，一方面有助于高校将学生发展需要放在首位，创新工作理念和办学方式，提高人才培养质量；另一方面有助于使学生在实践中熟悉和了解学校的情况，同时锻炼自身的人际交往等能力。

将学生由一个单纯的受教育者转变为育人者有多种方式。例如，在管理部门设立学生助理岗位，在后勤服务部门设立学生"监督员"等。院校可以根据自身的条件来不断发展出学生育人的新方法和新途径，发挥其教育主体的作用。此外，高校中，学生育人还体现在朋辈共同成长上。学生在高校内部形成了一个小"共同体"，可以培养共同行动的意识和行为。在这个小"共同体"中，"每个人的自由发展是一切人的自由发展的条件"。学生在其中找到适合自己的活动、工作和角色，不断发展自己的志趣和爱好，更加个性化；同时也积累共同生活的经验，掌握道德规范，更好地实现社会化。当前，高校学生的集体活动、学生之间的交往有所减少，因此，组织并开展丰富的第二课堂活动，促进学生的全面发展，是知识经济时代的育人要求。

5. 培养后勤人员育人的主体意识

高校教育与基础教育一个显著的不同之处在于，高校不仅是学生学习的场域，更是生活的场域。后勤作为学校的重要组成部分，其人员与学生打交道的时间和频率往往是校内最高的。因此，其"服务育人"的意义和价值不容忽视，甚至更为重要。后勤人员的工作与学生生活息息相关，需要他们在饮食、住宿、医疗等方面进行精心安排，并及时听取学生的意见和建议，不断改进服务质量。高校的软硬件环境也是常见的育人手段，能够实现在生活中对学生人生观、价值观和世界观的陶冶。

近年来，各高校通过不断合理规划校园布局，整治校园环境，不断使校园变得更加整洁美观。通过不断改善教学楼、教室、自习室、图书馆等学习场所的硬件设施，并对相关场所进行精心布置，凸显学术气息，这一做法有利于培育浓郁的学习氛围。对于校园中的公共场所实施绿化，保证学生的身体素质，营造进取、向上的学习氛围。建设安全的网络环境，构建高效的沟通平台，以达到凝聚和教育的目的。通过对高校教育教学育人管理的解构与重构发现，高校组织是一个开放的系统。后勤等教辅人员不能"想当然"地将育人的责任推到其他群体身上，只有他们努力提供高质量的服务，才能为全员育人创新机制的有效运行提供有力支撑。

高校育人管理创新中，不同的人员只有分工的不同，并不存在职责的不同。所有人员育人的成败关键在于，是否能够帮助学生将道德知识转化为道德实践，内化为道德品质。所以高校内外部与育人相关的人员不仅只追求完成模式化的工作，更要创造性地开展育人工作，并将其作为工作的重点内容之一。

6. 构建对话式的全员育人创新机制

"对话"是高校育人的一种全新理念。在我国传统高校的育人机制中，学生事务的职能系统主要包括学校分管领导、学校学生管理部门、院系分管领导、院系学生工作办公室、学生辅导员（班主任）和学生干部。在这种直线职能制的结构设计中，其他机构、部门及其人员很难介入，甚至学生自身都被异化为被管理的对象。但当前，移动网络与新媒体在育人工作中的应用，打破了这种部分群体对话语权的垄断，高校全员育人创新机制开始以"服务"和"协调"作为核心词，以便形成不同主体之间的对话模式。这种模式不仅不会削弱原来机构及其工作人员的职权，反而因为行动方式的变化而导致权力的加强。

对话模式强调高校全员育人创新机制中关于"服务、引导、沟通与协调"等方面。通过沟通将与学生有关的各方，如学生管理职能部门、教务部门、人事部门、后勤部门、科研部门以及教师、家长、其他相关者和社会人员联系起来。在这一模式中，全员育人创新机制的发生路径发生多元化的转型，使原本直线职能式向扁平化的结构发展，减少不同机构的管理跨度，同时也实现了主体之间及时的直接沟通，减少了信息传递中失真的危险，如此一来，育人效果彰显，这种成就感在无形中也会激发各个参与主体进一步参与的热情。

高校是由具备高深专业素养的不同人员构成的共同体，他们普遍具有先进意识、理性的道德选择能力和自立自觉的行动能力。在对话模式下，高校中的所有部门、教师以及学生群体自身，高校外的家长、社区及其他社会有关人员都切实成为育人的主体。他们通过合作、协商而形成伙伴关系，通过共同目标的认同来实现对学生的正向影响。其中，需要注意的是，学生事务职能部门及其管理者仍是这种多元主体对话中的"首席"，这是其工作职能决定的，但又与传统的工作范畴有所不同。该部门在全员育人创新机制中要起组织和主导作用，鼓励、发动、吸收和支持其他人员来参与育人工作，促进育人机制的健康运行。对于其他成员，如教务、人事、后勤、科研、保卫等，其本质上是因学生的存在而存在的，应自觉、主动地承担起与自身工作职能范畴相匹配的育人任务。他们思考和定位自身的职责，对育人创新机制的介入表现出日常性和积极性的特点。教师的本职工作就是教书育人。当前的机制中，师生之间缺少对话，教师在课堂外几乎在育人方面没有发挥任何的作用。如果教师无法走进学生的世界，那么学生如何感受言传身教呢？通过师生对话，教师可以充分展示自身的人格魅力，不仅成为学生学习的导师，也成为其生活和思想上的导师。可以说，教师的知识、人格和修养使他们在对话模式中具有极大的优势，只要方式运用得当，必将对育人创新机制大有裨益。

在对话模式中，学生与其他主体之间不存在必然的合作性。我国高校中存在"官方性质"的学生组织，如团委、学生会，由于这种正式组织带有较强的政治色彩，所以功能异化较为严重。要消除这种正式组织在对话中的障碍，必须加强其自为性，同时以学生社团这种自组织主体为辅，发挥学生自我教育和自我管理的功能。这不仅可以促进学生群体自身之间的交流，也通过丰富的校园文化生活，使学生群体与其他群体开展交流对话，加深彼此之间的了解，在育人创新机制中发挥组织和协调学生思想和行为的作用。家长是育人最可信赖和依靠的力量。他们对学生的个性、性格与爱好最为熟悉和了解，学生也对家长存在天然的依赖和遵从，因此，家长的育人作用独特而不可替代。其他主体在与家长对话中应注意方式和方法，考虑彼此的心理特征和接受能力。

现代高校作为社会中的开放型组织，与社区、社会相关机构和人员的对话也是育人创新机制运行的重要一环，这些主体与家庭（家长）共同构成了高校育人的外部环境。世界处于普遍联系之中，社会精神文化与制度体系对高校学生的思想和行为具有决定性意义，因为它是构成学生公民素质的主要因素。社会与社区通过与高校、家长和学生直接对话，营造有利于学生成长的环境，制定有利于学生发展的政策措施，以此配合高校的育人工作，形成创新机制中的协作。

对话模式体现了高校作为现代社会轴心机构保障多元主体利益的特征。该模式作为高校全员育人创新机制的实现路径，必须建立在组织成员和社会各方自觉认知并凝聚共识的基础上，认同感的产生有利于形成主体的权威性，并增进主体的责任性，激发育人的参与动力。

第二章 高校教育教学育人管理现状分析

在分析我国高校教育发展增速的同时,还要分析高校教育理念、课程管理、学生管理、教师管理和行政管理的创新发展现状。只有从多角度分析并采取有效措施,才能使我国的高校教育教学育人管理适应当前社会发展的需求,培养全面发展的大学生人才。本章分为高校教育理念创新发展的现状分析、高校课程管理创新发展的现状分析、高校学生管理创新发展的现状分析、高校教师管理创新发展的现状分析、高校行政管理创新发展的现状分析五个部分。主要包括:高校教育理念的发展变迁和创新发展现状,高校课程管理中高校教师的课程理论培训、课程评价制度等创新发展现状,高校学生管理的创新发展现状,高校教师主体管理、聘用管理和保障管理等创新发展现状,高校行政管理现状等内容。

第一节 高校教育理念创新发展的现状分析

一、高校教育理念的发展变迁

理念始终存在于制度变迁的整个过程中,它能在一定程度上解释制度为何变迁,并且能够体现制度与价值的统一性。在历史制度主义中,理念有两种含义:第一,背景性理念。此种理念也称为情境性理念,是指将理念融于制度之中,有利于行动者展开行动。第二,工具性理念。其有利于行动者自身利益的实现,政策范式是工具性理念的表现。因此,高校教育理念与思想的变化是高校教育教学改革制得以演进的重要内部动因。

(一)世界高校教育理念

高校教育哲学能够为高校教育发展提供方向性指导,会对高校教育未来的发展规划产生影响,也会对高校教育机构的发展产生影响。布鲁贝克就大学如何确立自身地位提出了两种路径，即以认识论为本和以政治论为本的高校教育哲学。在认识论看来，大学的存在是为了追求知识，了解深奥的世界，是一种"闲逸的好奇"，是一种纯粹追求真理的高校教育哲学理念，追求知识是最终目的。政治论强调大学的存在不只是为了追求知识或者出于一种好奇，而是对国家、对社会的发展有着重要影响，它能够把社会需求当成自我发展的动力。除了"认识论"与"政治论"两种哲学理念外，还存在一种"资本论"的理念。如果说"认识论"是将学术作为大学的价值追求，"政治论"是将国家利益作为大学的价值追求，那么"资本论"则是将市场需求作为大学的价值追求。高校的发展会受到办学宗旨的影响，而办学宗旨又是基于高校教育理念形成的。不同时期，高校办学宗旨的确立、建设、改革和完善都会基于此时期的指导理念，即高校教育哲学来开展。自然，高校教育教学的改革和发展也会受到指导理念的影响。

新中国成立前，由于当时我国正处于特殊的历史时期，高校教育领域内充斥着多元思想，如欧美的存在主义哲学、实用主义哲学、进步主义哲学、理性主义哲学等，因此高校内部也就呈现各种思想理念兼容并包并不断碰撞的状态，同时正是因为思想上的多元和包容，我国高校教育走过了一个辉煌的时代，涌现出了许多大师。新中国成立后，在国内国外局势的影响下，"以苏为师"成为指导我国发展的思想，马克思主义哲学和无产阶级专政哲学全面替代了以往多元化的哲学体系。在高校教育中，专业化的苏联高校教育哲学本质上就是政治论的哲学。故而，在此观念的指导下，我国进行了院系调整、课程设置、教育试点等工作，并且高校也成为政府的附庸，办学需遵守政府的指令。政治论的高校教育哲学有利于新中国成立初期高校教育的快速改造与稳定，但也带来了思想上的僵化，逐渐产生政府权力过大、高校"无权"以及高校发展缺乏弹性、速度过快等问题。尽管从事实上来看，新中国成立初期高校也确实得到了发展，但不久就被"大跃进""文化大革命"等运动损害，处于一种无人管制的状态。在政府权力过于集中、高校附属于政府、缺乏办学自主权的时期，高校工作大多只是政府对高校的监管和检查，与现在所说的并不一样。改革开放的目的是兴利除弊、解放思想禁锢。在改革开放的背景下，我国高校教育哲学也发生了扭转，逐渐建立起一种兼容并包、符合教育规律、以人为本、不断创新、以马克思主义哲学为核心的多元高校教育哲学体系。这种高校教育哲学体系具有"认识论""政治论""资本论"高校教育哲学理念的特性，三者共同影响着我国高校教育的发展，表现在高校教育中为"学术自由""办学自主"，注重"效率""成本""规模"等。

（二）中国高校教育思想

当前人们普遍将教育理念作为具有广泛含义的教育思想来使用，并没有明确界定理念与思想的区别，因此本研究对高校教育思想与高校教育理念不加区分。每一种思想的产生和发展都会受到环境的影响，中国的高校教育思想必然也会受到我国国情的影响。一般来说，思想专指的是某个人的思想或者某个流派的思想，如在教育学中我们常常研究的孔子、杜威、永恒主义、存在主义等教育思想。在现代社会中，教育已然上升为国家事业，其社会性越发突出，教育是具有内外部规律的。既然教育与社会诸多方面相关联，那么教育思想也就不仅仅局限于人，还应包含国家层面的教育思想。

我国70多年来的高校教育思想可分为三个阶段：以政治建设为中心的高校教育发展思想（1949—1977）、以经济建设为中心的高校教育发展思想（1978—2011）、以人民为中心的高校教育发展思想（2012年以来）。这三个思想阶段正是在具有整体意义的高校教育理念指导下形成的，而我国高校教育教学改革的发展也是以此为基础变化的。第一阶段我国不论是从政策文件、教育方针、制度建设以及各种高校教育实践上都将政治建设放到了中心位置，尤其是"文革"期间更为显著，高校也只是一种内部的改革。随着改革开放，经济建设成为国家的中心任务，教育具有生产力的性质也逐渐显现出来，高校教育与经济日益密切，因此随之的一系列法律政策也都是为了适应国家经济建设而颁布的。任何事物都有两面性，经济的确在某种程度上促进了高校教育的发展，但我们也不可否认其对高校教育质量产生了一定程度的损害。在这个阶段，国家和社会加大了对高校教育质量的关注，也做出了一些具体实践，如本科教学评估、高校章程建设等，高校教育教学改革也被提上了日程，国家、社会逐渐重视高校教育教学的作用，党的十八大标志着我国进入了中国特色社会主义新时代，党的十九大确立了以人民为中心的发展思想，高校教育的发展思想也转变为"以人民为本"。我国高校教育的发展就是要依据当前中国的现实情况，为实现中国梦和"四个服务"不断努力，办具有中国特色的世界一流高校教育和学校。此目标实现的关键在于是否具有高质量的、能够满足人民需求与社会需求的高校教育。在这种高校教育思想下，高校教育教学的力度便需要不断加强，从形式和内容以及法律制度等方面也都会得到进一步的完善，由此来确保高校教育的质量。

政策是理念进入制度变迁的载体，通过制定政策，抽象的理念便会转化成一些具体行为，理念有助于推动政策的执行，进而影响制度环境。随着理念的变化，我国颁布了一系列的法律政策，高校职能也发生深刻变化。法律政策最能体现出一个国家和社会对高校教育的认识与态度，同时也对高校教育教学改革的演进有着关键性作用。

高校教育理念与思想影响高校教育法律政策的制定，而法律政策是高校教育教学改革构建和发展的基石。改革开放后，我国市场经济得到快速发展、国际化也逐渐加深，西方国家的哲学思想再次涌现，我国在坚持马克思主义理论的基础上，吸取主要部分，形成多元化的高校教育哲学体系。因此，在这种情况下，中共中央于 1985 年开始进行教育体制改革，颁布的《关于教育体制改革的决定》成为我国教育发展的关键节点，与之相应，我国高校教育开始了重大变革。随后颁布的文件也都一直强调政府放权和高校办学自主权的加强，这是高校教育理念中"高校自治""学术自由"的表现。随着 20 世纪 90 年代依法治国提上国家日程，我国开始了法治建设，教育领域也逐渐出台一系列法律法规。此后，不管是法律还是政策文本中都强调依法治教。在法治思想的影响下，我国高校权利逐步落实，并且越来越具体化，如高校可以自行完善内部结构，加强民主管理。影响我国教育改革和发展的还有两部重要文件，也是高校教育发展的关键节点——《中国教育改革和发展纲要》（1993 年）和《国家中长期教育改革和发展规划纲要（2010—2020 年）》（2010 年）。这两部《纲要》是在分析当下我国教育所面临的问题时所制定出的该阶段的发展蓝图。从《决定》（1985 年）再到之后的两个《纲要》，都涉及教育监督和评估，这是西方绩效、质量、评估、效率等思想的表现。

我们身处于一个法治社会，因此高校教育理念的建设也必须有法律制度作为保障。纵观改革开放后的一系列文件，不难发现高校的权利越加明晰，政府和高校的权力边界也不再像之前那样模糊不清。此外，高校在拥有权力的同时也有了更多责任，但始终是以育人为核心任务。育人，既要将教学质量提高，也要培养德智体美劳全面发展的人才。故而，办出中国特色高校，提高教育质量就成为高校教育教学的主要目的。这些都需要法律政策作为保障，法律政策之所以得以制定离不开高校教育理念和思想的转变。它们的变化除了能从法律政策上表现出来，高校的办学理念和方向也可以表现出。《中华人民共和国教育法》中明确规定了学校要有章程，《中华人民共和国高等教育法》（以下简称《高等教育法》）中更具体提到高校办学的前提条件之一是章程。章程的建设是现代大学制度的重要部分，其中就涉及高校的办学宗旨。1949—1998年，我国高校章程皆为教育部颁布的并且较少，如《北京师范大学暂行规程》（1950年）中，高校并未自行颁布章程。1998年《高等教育法》颁布以后，高校开始自行制定章程，扬州大学、黑龙江大学等最先完成制定。此后，在国家的重视下，高校开始陆续颁布章程，章程的建设反映出政府与高校在规范高校运行上的艰难探索，同时也体现出在高校教育理念的引导下，高校理念的变化对高校学生自我管理的影响。当前我国已经颁布的高校章程中普遍具有以下特点：第一，我国高校坚持社会主义的办学方向，这是以马克思主义理论为核心的高校教育理念的体现。第二，大部分章程都包含人才培养、科研、社会服务和文化传承，这既是高校应有的使命，也是多元化高校教育理念下高校应担负的职责。第三，高校章程普遍都强调了高校依法自主办学，在此基础上，高校在章程内明确对其内部人、财、物如何管理进行了划分。因此，我们可以说高校教育理念和思想是推动高校教育教学改革的内部动因之一。

二、高校教育理念的创新发展现状

（一）教育理念创新

在高校的整体教育理念方面，高校要重视素质教育，要做到创新教育，要开展充实教育。并且最重要的核心理念是高校要改变观念，努力培养拔尖学生，实现通才教育，做到因材施教。

1. 素质教育

从20世纪80年代开始，我国教育界就开始对素质教育越来越关注。在高校里应试教育虽然不是最主要的问题，但是同样要强调素质教育，因为当时的高等学校普遍存在着过于强调专业教育，培养专门人才的情况。并且当时美国、日本、韩国等，已经在人才素质的培养上形成了一系列的观点和举措，十分值得我们借鉴和思考。这样的国际形势，对我们来说是机遇也是挑战，我国只有加快教育改革的步伐，改变高校的教育观念，努力提高人才的素质，才能适应21世纪对于人才的需要。以前高校为了适应计划经济，培养学生仅仅从行业的需要出发，一味强调专业对口，这样的要求在市场经济下是行不通的。市场经济打破了行业经济的界限，这要求高校培养出来的学生要基础厚、知识宽、专业新、素质好、能力强，因此高校的整体育人理念也要随着时代的发展而变化。应该改变长期以来以专业为中心、以行业为标准的片面教育，克服教育单纯的"功利主义"思想和"职业至上"思想。高校必须加强通识教育，在教学内容上，要立足于培养复合型人才。

2. 创新教育

我国大学培养出来的创新能力拔尖的人才不多，人才培养上的平均主义、平而不尖的状况影响了我国科学技术和经济的发展。这就要求高校改变计划经济时期遗留下来的育人观念，改变"大锅饭""平均主义"，开展通识教育，促进尖子生冒尖。在这种观点影响下，高校的育人观念就需要与时俱进，打破统一的教学模式、计划，以人为本，从学生出发，开展通识教育，激励他们成才成人，促使他们成为符合新时代社会要求的青年。

3. 因材施教

这是一条极为重要的教育原则，而在教学过程中实施因材施教的一个重要任务就是培养尖子生。高等学校在教学改革中必须重视对尖子生的培养，对于出类拔萃的人才要采取一些特殊措施进行培养。学校要创造各种条件，鼓励有专长的学生充分发挥自己的特长。

高校需要改变观念积极培养尖子人才。而当下的社会环境，已经为教育的个性化和培养尖子人才创造了良好的条件，在市场经济和改革开放的大好形势下，高校可以理直气壮地重视个性教育，而且还应该更加努力地去培养拔尖人才。就像杨德广说过的，教育的目的不是为了消除不同和差异，而是为了发掘每个学生的专长和潜力。要通过教学改革，在课程设计上，为学生的发展提供更多的选择余地，让学生的个性得到充分发展。要根据实际情况来要求高校的发展道路，不可能要求所有的高校都肩负起培养创新型拔尖人才的重要使命，因此那些国内一流水平的高校更应该肩负起这个使命。

（二）教学制度灵活

20世纪80年代以来，我国在全球化高等教育改革的过程中，以制度教育改革为基础，不断地促进我国高等教育制度改革，将选修制、学分制与专业设置相结合。

首先，在进入21世纪后，我国在高等教育改革的过程中以促进高等教育质量的提高为核心，积极地通过专业建设及发展来促进专业结构的优化升级，保障人才培养质量，充分地发挥具有一定特色以及优势较为明显的专业的作用，保证其能够在大学教育改革落实过程中发挥一定的作用和价值。

其次，我国教育部门的相关管理人员也曾在20世纪70年代的全国科学大会中提出，一些综合实力较强的高等学校要积极地落实学分制，重点大学也开始以该制度为基础，不断地促进自身综合实力的提升，保障教学模式的灵活性。

再次，选修制的落实也能够积极地推动高等教育教学改革，学生能够在该制度的引导下结合自身的实际需求选择相应的课程，让学生能够拥有更多的主动性和积极性，充分地发挥学生的学习积极性，保障现有的教学模式能够符合科技、文化以及经济发展的需求。

最后，高校教学体制改革还将选修课作为专业辅助性的课程，为学生提供了大量的可选择的课程进行挑选，学生可根据自己的兴趣选择专业课以外的课程进行学习。有的大学生在学习了一段时间专业课之后，发现自己并不喜欢自己所选的专业，因此可以在大二期间开设的选修课中，选择有兴趣的课程以便及时调整所学的专业，为今后的就业做准备，也可以进修第二学历以获得更多的知识储备。高校选修课是现代教育理念视角下的以人为本的重要体现，通过尊重学生的兴趣爱好，根据学生自身发展要求，使学生掌握自己的发展方向。这在当前高校教学中成为最受欢迎的组成部分。

（三）教学内容多样

在教学改革的过程中，教学方法以及教学内容是改革的重点及核心。

随着改革开放的不断深入，我国高等教育内容出现了较大的变化。首先，许多教学内容开始与时代相结合，针对时代发展的实际需求，保障现有的教学内容能够真正地实现与时俱进。其次，教学内容还能够保障国际化水平的提高，针对高校教学体系以及课程结构的实际情况，积极地借鉴其他国家优秀的做法，保障教学改革能够适应国际时代发展的需求。

多年来，高校教学的主要内容已经形成了比较稳定的内容框架，我国针对高校大学生的学习兴趣和培养方向，以及国家人才培养的计划制定了相对完善的教学内容体系。教学内容是高校大学生获取知识的直接来源，是学生能够从高中学习顺利过渡到大学学习的重要环节，也是大学生与未来社会工作要求能否相适应的重要保障。但是在当今社会、政治变化速度加快的情况下，教学内容是否做到与时俱进，能够反映出高校教学理念是否先进。教学内容主要体现在教材更新及时度和教学内容来源两个方面。

首先，我国高校的教材更新速度落后于当前社会发展的人才培养需求变更速度。教学内容通过教材来展示，大学生在学习中是否会对所学知识产生兴趣，主要的因素来源于教材内容是否能够吸引学生的学习兴趣。教材的内容质量决定着对大学生培养的准确性，目前我国高校的必修课教材基本上选用高等教育出版社、人民大学出版社的教材，选修课程的教材学校进行自主的选择，有的高校会选择本校教师编写的教材，有的高校偏重于名校出版社的教材。无论选择哪种教材，教材的出版更新是否及时都是反映教材质量的重要标准之一。当前，大学生获取知识的途径已经从传统的书本到现代的互联网平台，学习的方式也多样化，高校的教材已经不是学生获取知识的唯一来源，因此，大学生对信息和知识的掌握可能多于教材的内容或快于教材的更新速度。但是现实的情况是，当前有许多的大学教师在选择教材的时候偏重于自己熟悉的教材，因为他们对教材的内容把握度较高，在同类专业中有的教师往往会选择同样的教材，并没有对学生的专业进行差异化的区分，导致教材并不具有针对性。

其次，目前高校教师对教学内容的来源上已经开始从单一的课本教材都向教师感兴趣的内容素材搜集转变，有的教师能够根据自己的实践经验和与课程有关的敏感话题、社会热点进行具有针对性的整合，将这些知识作为教学内容传递给学生。尤其是在实践类课程中，具有新颖性的教学内容更加值得高校教师的关注，有的教师能够主动寻找与课程相关的有趣的知识内容作为丰富教学课堂的主要知识来源，但还是存在一部分教师墨守成规地选择一成不变的教学内容，导致相隔几届的学生所听到的教学案例都是一样的。对于一些本身就没有固定教材的课程，需要高校教师选择适合的、正确的教材作为讲课的内容，这就需要根据教师对学生的了解、对课程的了解，还有教师自身的学术造诣来进行教学内容的选择，这也给教师带来了极大的挑战。

（四）教学方法开放

从目前来看，许多学校在教育改革的过程中以提高学生的研究能力及创新能力为基础，不断地保障学生素质以及水平的提高，许多高校老师在积极探索的过程中开始结合各高校建设的实际情况推出了一系列质量较好的教学方法，其中主要包括情境教学法、学术沙龙研讨会、案例教学法、发现式教学法，这些都在促进高校教育普及的过程中发挥着重要的作用以及价值。

在现代教育理念的高校教育改革下，我国高校的教学方法在操作层面上向着具有实践性的方向改进，由过去的面对面形式的授课模式向互联网在线教育转变，由书本授课模式向实操性授课模式转变。传统的高校教学方法是填鸭式、灌输式的教学方法，大学生在校园生活中原本有许多的课外活动，但传统的教学方式无法使他们集中精神投入教学中，而且在集中的大型课堂上，高校教师往往不能关注到每一个学生的学习状态，形成了教师自己在讲课，只有少数学生认真听课的状态。但是随着现代教育理念的普及，我国高校引进了现在的多媒体教育资源，利用互联网平台、多媒体仪器丰富课堂教学。在传统教学中，通常可以看到如下场景，教师在讲台上挥洒汗水，但是教室里的学生有的在看小说、有的在玩手机、有的在聊天、有的在睡觉，这样既影响教学的气氛，也说明了教师的教学方式有待改进。而在一些利用多媒体资源进行教课的课堂中，我们可以看到，学生在安静的教室中，认真地倾听多媒体软件播放的视频教学资料，相比之下，这种多媒体教学能够真正地吸引学生的兴趣。在英语教学中，目前在线教育多被用在语音课堂中，学生能够通过在线互动的方式及时地提问、交流，教师给予及时的回答。可以说，高校教学改革中对教学方法改革的效果是颇具成果的。

高校课堂气氛是教学方式是否使用得当的重要检测标准，在我国的应试教育体制影响下，许多大学课堂中会出现学生一味地记笔记，老师将教学内容通过幻灯片的方式展示出来，作为考试复习的重点资料，这样的情况使学习变得枯燥无味，无法实现对学生综合素质的培养。在高校教学改革中，通过对学生进行创新性的人才培养计划，将高校课堂向外进行延展，不拘泥于书本，教师和学生开始了讨论式的学习模式，让学生在学习中发散思维和开放思路，及时向教师反馈对知识的独立想法，同时教师也能够用启发式的教学方式来唤起学生自身的学习兴趣，给高校学生更多的独立思考空间。在讨论式和启发式的教学方式下，高校课堂学术气氛变得浓重，大学生开始认为学习是一件很有趣的事情，在课堂上玩手机、睡觉的情况在减少。高校教师如果能够经常地开展研讨性课题，带动学生一起参与到课堂讨论中，将有助于学生自发自主地进行该门课程的学习。

第二节　高校课程管理创新发展的现状分析

一、高校教师的课程理论培训

课程建设是高校发展的重要一环，要想跟上课程发展的脚步，高校教师的课程理论培训就显得必不可少。高校的管理阶层应充分认识到课程管理的重要性，对高校教师做深入细致的动员宣传工作，使他们充分认识到课程管理的重要性，充分调动高校教师参与课程管理的积极性和主动性，增强他们课程管理的意识。

当前，针对高校教师课程理论普遍匮乏的情况，高校管理阶层必须引起高度的重视，不仅应增强对高校教师培训管理的参与度，而且还应为课程理论培训提供必要的智力支持和物质保障。在培训形式上，高校可利用本校和外部的教师资源，通过讲座、研讨、短期培训、专题研究等形式为广大教师开展有关课程理论知识的培训和学习，让高校教师掌握诸如课程目标、课程内容、课程评价、课程实施等一些基本的课程原理和知识，为课程建设提供必要的理论支持，以提高课程管理的质量。课程理论培训的开展既可全校统筹安排，也可各院系分开进行。

二、课程管理中宏观与微观相结合

在现今的高校课程管理中，很容易出现课程管理阶层与课程执行阶层的脱节，也就是宏观管理与微观管理的脱离。管理阶层一些决议的产生往往是管理阶层单独研讨后的结果，没能很好地反映广大基层教师的声音，更不可能反映广大学生的需要。这就需要高校的管理层在实际的工作中，想办法促使教师、学生与高校管理阶层的接轨，促进宏观管理与微观管理的有机结合。只有这样，才能充分调动广大师生的积极性，使得高校管理阶层更加有针对性地改进课程管理的相关措施。在日常的课程讨论会上，不仅要增加教师和学生参与的机会，还要给予他们一定的话语权，最重要的是要赋予广大师生在课程相关问题上有一定的表决权力。西方现代大学制度一个非常重要的特征就是教授治校，教授与学生在高校事务中具有充分的参与度和自由度。虽然国情不同，但提高师生在课程管理方面的参与度，必定能够极大地促进高校的民主化进程，同时还可以促使课程建设朝着正确的方向稳步推进。

三、课程管理制度的协调发展

课程管理协调制度首先要处理好的要素矛盾关系是大学知识与学生学时的关系。众所周知，现代大学知识兼具有限性与无限性。对海量的知识而言，其是无限的，而且知识具备自我更新的限制，随着时间的推移，新的知识取代旧的知识，对知识本身的边际来说是无限的，它随着人类的发展而不断扩充自己的边界。可是对学校教育而言，它又是有限的。一个学生不可能在高校中学会人类所有的知识，教师也不可能教授，只能在其学科领域内有一定的知识储备与积累。与此同时，学时也具备有限性和无限性。如果对一个学生在大学的四年来说，他的学习时间是有限的，有课时、日学时、周学时、学年等有限的计量方法，可是如果把这个学时概念放入学生的人生长度中解释，他的学习又是无限的。所谓"吾生有涯，而学无涯"。在提倡终身教育的今天，活到老，学到老，学习时间是终其一生的。大学的课程管理制度就是需要协调好这对要素的矛盾关系。对学生的终身学习而言，应该妥善处理好学时的无限性与知识的有限性矛盾，即终其一生，以终身教育的方式学习。而对学生在学校期间的学习过程而言，需要处理好知识的无限性与学时的有限性之间的关系，学时要合理精简，注意效率，使学生能在学时限度下完成自己基本目标层次知识的学习。

再者，课程的协调管理制度还需要处理好知识和社会需要这两个要素之间的矛盾。随着时代的发展、社会的进步，不仅是知识呈几何倍数增长，社会对新知识的需求也与日俱增。大学从以往单一的教学职能扩展到教学与科研的双职能，在发展中又进而进步到教学、科研、社会服务三职能。社会对大学的知识需求与日俱增。与此同时，大学在社会对自身知识需求的与日俱增下也意识到自身的发展瓶颈，现代大学已经区别于传统大学了，即现代大学再无法像传统大学一样在有限的学科知识背景下满足社会的大多数需求，现代大学的知识储备已经从单一走向多元，知识在时间维度上是不断创新和发展的，任何人和学校都不可能在一生短暂的时间内掌握每一项知识。对大学教育而言，超出自身承载范围的知识与外部几何倍数增长的社会需求成为它不得不面对的重要问题。量力而为是现代大学采用的普遍办法，原有的以不变应万变的方式已经无法适应今天社会对大学的游戏规则。很显然，一所大学无法满足社会的无限需求，它只能依托于自身学科优势背景，在一定程度上满足一定的社会需求。

最后，课程的管理制度还需要协调好知识与学生发展这对要素之间的关系。

大学的知识是有限与无限相统一的。对学生个体或是学生群体而言，其在学校的学习中受限于学时，所能习得的知识是有限的。可是对于学生的长远发展来看，学生的学习又是终身的，在学校习得的知识对未来学生的发展是长远性的，它并不只是着急解决学生眼前面临的技能需求和工作需要。可以说学生的未来发展与学生在大学里学习的知识是辩证统一的，一方面，学生通过在大学有限时间内的学习而满足自身短期发展的需要，另一方面，大学学习知识的无限性又敦促学生在未来的人生道路上保持终身学习的习惯，这些都建立在大学的知识基础上，大学有必要处理好知识与学生发展之间的关系。

对于大学课程的管理制度，如何处理好诸多要素之间的矛盾是至关重要的。知识与学生发展、与学时以及社会需要这几对要素是重中之重，好的课程管理制度并不只是局限在其办学定位，它更大的意义在于能迎合时代特征并根据所处时代环境做出最及时的调整。从大学的发展中我们就可以看出这些端倪。19世纪及以前的大学倾向的是培养百科全书式的人才，采取的是一种通才教育，即通过让学生学习和掌握大部分知识，成为一个有宽广知识面的人，从而适应就业市场的变化与要求。在这一时期，针对课程管理的教育制度相对比较宽松，特别是面对知识与社会需要、学生发展和学时的关系上。可是进入20世纪以来，知识的增长是呈几何状态的，几对要素间有限性与无限性的矛盾已经成为大学无法回避的问题。之前的大学以课程为载体，以知识领域、学习年限、教师等作为学生在学校中接受教育质量的依据。学生可以通过很多途径毕业。例如，学生在校期间通过自学完成全部领域知识学习并且通过考核，或者，学生通过听课的方式接受了老师讲授的全部课程并达到课业考核要求，又或者，学生以全日制的形式在大学持续学习若干年，通过考核毕业。可以看出，这些方式虽然已经不符合现代大学的要求，可是它们是每个不同时代，教育管理制度对时代变迁所做出的适应。课程管理制度既要符合大学的价值观、定位，同时也要适应时代要求，处理好有限性与无限性之间的矛盾。

四、课程评价制度的完善

完善课程评价体制，提高课程编制质量，首要任务就是要完善对课程编制质量的评价。高校应当建立相应的管理与评价制度，如课程评价制度、课程审议制度、教学管理条例、激励制度等，管理阶层、教师和学生必须明确各自在学校管理中的责任与权力。同时，高校也可以成立由社会人员、相关专家、学者、教师代表和学生代表等组成的学校课程评审委员会。由委员会具体负责制定相应的评价与管理制度，检查和督促高校课程开发的执行情况，对课程编写的质量做出客观公正的评定，并对学校课程管理中的重要事项做出集体决定。只有这样，才能确保高校课程编制的质量。

大学课程评价的第三方评价，其实质是独立于政府和学校的社会组织和机构对大学课程教学质量进行评价。我国发布的《国家中长期人才发展规划纲要（2010—2020年）》中明确提出了提高质量是我国教育改革发展的核心任务。各高校需要开展由政府、学校及社会多方参与的教育质量评价制度。传统"行政本位"下由教育部门内部实施的课程评价已经不合时宜，其存在的"主体单一""理论单一""指标单一"等问题甚至已经积累诸多弊病，严重影响了中高等教育的改革与发展。以第三方教育评价机构的制度建立能够有效打破原有政府垄断下的课程评价体制，重新激发高校办学活力，真正做到课程评价的以评促建功能。第三方的评估具有公正、客观、信息反应灵敏等特点，更有助于课程评价在多元主体下的良性发展，有利于高等教育与社会的进一步沟通。

课程评价手段从单调向多元现代转换是基于课程多样性而演化的。它遵循的逻辑是高等教育课程教学依据不同的特点而有不同认知，因教师的不同特点而生成不同的教学模式。在不同教学模式下根据教学风格、对象的不同延伸出不同教学方法，从"因材施教"的角度考量课程评价。课程评价的多元现代化关注的点并不是评价方法多了，采用现代形式就够了。它的核心诉求还是课程资本教育性的人文关怀和课程资本资产经营性的效益效率。不同的课程评价指标体系关注的课程发展点不同。从学术上看，课程在专业、学科的概念下，不同流派具有不同特点，学科本身具备发展趋势，教师的课程需要在表明自身观点的同时引导学生自觉探索课程的不同流派观点。在课程民主方面，看课程评价指标体系是否以学生为中心。课堂的指标体系可以更多关注师生互动、学生尊重、和谐包容的课程生态、启发性重于传教性等。在学生学习方面，重点应该关注学生的自学多过被动学习,即学生主要通过课程教学培养自己自学能力、具备独立思考的能力。在创新方面,只有教师的独立创造性教学才更能感染学生的自主独立创新。课程指标体系的丰富复杂决定了课程评价方式既要多元多样又要注重效率,只有充分发挥多种评价方式的优势,形成互补效应,才能最大限度保障课程评价结果的客观、公正、有效。

五、多方力量参与高校课程管理

我国《高等教育法》规定,大学内部的管理体制和组织制度实行的是党委领导下的校长负责制。具体到课程管理方面,参与课程管理的主体是院系的主要领导和相关教育管理部门的人员。近年来,随着高校教育开放性的增强,部分教授、专家也开始参与进来,但是,其他外界人员参与较少。如果学校的课程设置不能跟上社会发展的节奏,那么高校所培养的人才迟早会被社会淘汰。

高校如果想增加其开放性,增强对社会的适应性,就应该与社会多接触。如果社会上的一些企业、学术团体等能参与到学校的课程管理中来,为课程设置提供一些好的建议,对课程的实施进行全方位的监督,那么必定会对高校课程管理质量的提高起到极大的促进作用。

第三节　高校学生管理创新发展的现状分析

一、树立以人为本的理念

高等学校的管理应该充分贯彻落实以学生为本的管理理念,所有的事情都围绕学生来展开管理,重点关注学生对管理工作的满意程度。在管理工作中应结合学生的特点、兴趣爱好及家庭情况等因素,在管理方面采取因人而异的管理模式,充分考虑学生的性格特点及思想观念问题,对高校学生进行有针对性的个性化管理模式。

高校要熟悉"00后"大学生的特点,包括网络化、信息化、个性化、务实、爱享受、喜欢美食、女孩追求时髦等。有些同学不愿意接受正面教育,要注意引导、注意方法、注意方式、注意说话的态度,不能简单粗暴,要以德服人、以理服人、以情感人，要学会运用心理学疏导学生，不能强压灌输式教育。该强化的时候必须强化，该弱化的时候要适当弱化，要注意强化和弱化的正确使用，不能乱用，否则会产生不良的后果。

二、完善的管理制度

高校的学生管理规章制度比较杂乱无秩序，不能有效地管理学生日常生活，学生工作干部数量明显满足不了学生的需求。因此建立一套完整有序的管理规章制度是首要任务，完善的管理制度能够约束、引导学生的行为，加之学校建立学生与教职工的配套管理规章制度，两者结合才能成为完善健全的高校学生管理制度，因此就目前高校的普遍现象来看，高校应该尽快建立健全管理制度，以便有效地进行管理。

三、发挥学生能动性

一般高校学生都处于从属和被动的位置，被直接领导和辅导员监管着，这种情况导致学生的管理工作不到位，在直接领导和辅导员之间，管理处于比较严重的对立模式。这一模式并不适用于学生监管问题，因此学生管理方面应该实施以"学生工作处"指导为主、辅导员为辅的以学生自治为中心的学生管理模式，这种模式可以提高学生的自我管理，加强自身的约束力及管制能力，在学习的同时既能学习到知识，也能增强自我锻炼，主观意识和责任感也随之加强。

现在的大学生很有想法，也很有见解，容易接受新思想、新观念。要给他们锻炼机会，发挥大学生的积极主观能动性，采取他们熟悉的方式进行教育，这样效果会更好。应发挥学长学姐的引导作用，锻炼班委，形成较强的班级凝聚力，真正达到发挥学生能动性的目的和效果。

四、加强思想政治教育方法的多样化

现在的学生基本上都是"00后"。"90后"已经走上社会，参加工作，"80后"都工作十几年了，甚至都成了社会上的主力军。管理学生不能再用原来的方法思路，要走近学生、接近学生、熟悉学生、了解学生，了解"00后"的共性和个性。思想政治教育是长期工作，是"随风潜入夜，润物细无声"，不能一蹴而就，而要靠全体教育工作者共同完成。把思想政治教育贯穿始终，进课堂，进头脑，要做扎实，要让学生接受，采取一种学生熟悉、能接受的方式，多样化、灵活化、简单化、明了化，不要太复杂。要让辅导员真正发挥他们的作用，发挥思想政治教育的作用，要从事务性工作中解放出来，不要被一些事务性工作绑架。

（一）抓小放大和抓大放小相互结合

抓住主要矛盾，该放手必须放手，放心让学生干部去做。大小事情自己要清楚，什么事该交给班委去做，什么事不该交给班委去做。生活中的小事情，要学会观察、了解。该抓的去抓，该放手的放手，让学生去做，不越俎代庖，要相信学生。现代大学生甚至在某方面做得特别好，而教师只要引导就可以了。

（二）批评也要有温度

学生在成长的过程中一定会犯错误，要会用正确的方式去批评。不恰当的批评会引起冲突或者矛盾的激化，甚至会恶化。有些大学生情绪化也较严重，教师在对待这类学生时要讲究方法。著名教育家陶行知"三块糖"的故事，值得每位教育工作者学习和研究。教育学生是一门艺术，不能简单粗暴，不是发泄情绪，更不能一蹴而就。教育学生急不得，要慢慢来。一位羽毛球教练总结出"少抱怨，多鼓励；少批评，多总结"的经验就很好，但是现实中有很多人恰恰相反，把一些不该发生的悲剧重演，就是因为缺乏换位意识，所以说批评要有温度。

（三）深入学生、了解学生

高校应提出关于学生的一些实际问题，让学生参加自我管理，领会到学生管理的重要性。接受这种教育模式，不能只在表面下功夫，要结合学生的实际情况、家庭情况，深入学生，走进学生，了解学生的个性和共性，有针对性地召开主题班会、感恩教育、爱国教育，组织"不忘初心、牢记使命"活动，展开大学生人文教育、大学生爱情观教育，正确引导大学生健康成长，而不是一味地反对"谈恋爱"，要正确引导，鼓励学生把更多的精力投入学习中。要加强大学生的世界观、人生观、价值观教育，要客观、公正、全面、辩证地看问题，用历史的观点去看待一些问题，不盲目跟随，也不要人云亦云，要有自己的见解。要站在学生的角度去思考一些问题，不要强制灌输，要循序渐进，要注意方式方法。不要简单粗暴,要有温度,也要有力度,让他们爱国、爱校、爱家、尊敬长辈、尊老爱幼,发扬中华传统美德,面对外来文化,取其精华、去其糟粕,而不是盲目"拿来",增强文化自信。

(四)发挥榜样的力量

发挥各种奖学金获得者、党员先锋队的带头作用。高年级学长带动学弟学妹,发挥大学生的主观能动性。

网络化的时代,开放的世界。学生要理解中国自信、中国元素,了解中国在世界上取得了辉煌成就,同时承认我们还有差距。必须要有使命感、责任感、担当精神,去为明天而奋斗。这样,学生管理创新发展才能开展得有声有色,发挥到实处。

第四节 高校教师管理创新发展的现状分析

一、教师主体管理现状

(一)政府管理为主

政府管理属于比较普遍的管理机制,通常出现在一些办学水平落后的地方高校中。在这种管理体制中,政府的行政性规章制度支配着高校日常的教师管理,而高校本身缺乏自主性的管理模式。在许多方面,如教师的素质、背景、能力等,管理者不可避免地与被管理者是脱节的。根据人力资源管理原理可以知道,管理信息链的断落会导致管理的失效。虽然以政府为主的管理体制是具有较强的约束力的,但是这种约束力仅仅是建立在表面的现状上,而不是依赖于实际的现实,所以会导致教师管理失误现象的产生。此外,由于高校缺乏管理的自主性,长此以往,也会导致其教育管理能力的下降,导致教育管理主观性的丧失。总之,在以效率为判断标准的管理体制中,这种管理体制是缺乏合理性的。

(二)高校管理为主

这在我国是一种比较常见的,也是被一般高校认可的管理模式。高校与教师两个主体之间没有中间体，两者之间的管理具有直接性，信息沟通也具有即时性，所以高校管理体制能够根据实际的情况制定相应的教师管理机制。由于了解了教师相应的需求、发展的深度和广度，所以这种体制还是容易被广大教师接受的。但是这种体制不是游离于国家管理范围之外的，它也必须接受政府的监督和建议，以便更好地规范高校管理体制的运行。有时，政府的相关政策法令也会起到微调的作用，从而避免了不切实际的管理体制的负面作用。

（三）教师为主

教师管理能够体现教师的主体性，是这种管理体制最大的特点，也是教师管理体制最优化的表现。在一些民办高校中，它是以董事会的形式出现的，只不过其作用没有充分发挥而已。由于学校的日常管理都是基于教师的意愿进行的，所以能够获得教师的支持，从而广泛、高效地开展高校管理工作。从教师本身的角度来看，也调动了教师的积极性，便于形成全民参与的民主氛围。从管理者的角度来看，也可以避免一些管理"死角"的出现，从而起到推动教育更好发展的作用。但是，这种体制可能导致"各自为政"情况的出现，也可能导致"众口难调"矛盾的出现。总之，作为一种高级的管理模式，它的优点还是多于缺点的，缺点也是可以克服的。

通过对上面三种管理体制的分析，我们可以发现，要想在高校中取得管理的高效率，教师在管理体系中角色定位必须恰当，教师的主体意识不能被管理者忽视。毕竟，教师是构成高校管理体制的主体，倘若过分强调"管"的因素而忽略了"参管"和"被管"的因素，那么就很有可能使整个管理体制受到一定的斥力作用，而不能发挥最大化的功效。

二、教师聘用管理现状

教师聘用管理涉及教师地位的问题，也影响到教育事业发展的根基。它是否稳定与教师的发展和教育的是否进步是息息相关的。

（一）教师终身聘用制

在这种聘用体制运行下的教师的特点主要是缺乏事业忧患意识，能够很好地安心于教育教学工作。从表面上看，这两个特点是相辅相成的，也是互相促进的。但是，在竞争强烈的当代社会，高校并不是世外桃源，可以逃避竞争意识的冲击。从宏观角度来看，学校也是一个微型的社会，也具有人类社会的一些特性，如竞争性和等级性。假设高校教育是一个长期处于静止状态的实体，那么它的发展从何谈起？它的发展动力从何谈起？至于说教师终身聘用制能够使教师安身于本职工作，这在某种程度上是正确的，但是它同时也抑制了教师的自我发展的动力。一个缺乏发展和更新的教师团队，教育的质量是得不到保证的，这就与大学教育"大"的本质是背道而驰的，也不符合现实的社会发展的要求。所以说，这种体制的存在不应该针对所有的教师团体，而应该有选择地对那些有学问的学者、专家或教授施行，如何才能够很好地保障他们的发展动力。

（二）教师合同聘用制

对于教师的聘用采取教师素质是否合格与教师职业是否聘用相结合的用人体制是这种体制的优点，这种能力与工作挂钩的机制具有一定的先进性，也体现了相对公平的社会分配原则。从教师的素质方面来看，它能够促进教师不断地提高业务能力，从而推动整体教育事业的进步。此外，处于这种用人制度下的教师群体能够得到充分的发展，如管理能力、教育能力等。一旦教师获得了相关的发展，他也就没有必要去担心套在其身上的用人制度的束缚，而可以到更加广阔的用人空间去施展才华。这对促进我国高校教育的整体水平是具有相当大的作用的。不过，教师合同聘用制也在一定程度上限制了教师的自主性，尤其是磨灭了一些具有个人教学特色的内容。众所周知，特色的形成不是一朝一夕的事情。如果教师的工作对象或场所具有随意性，这也不利于教师的进一步发展。所以说，这种聘用制度犹如一把双刃剑，需要将相应的措施与之配套，才能发挥其好的作用。

从以上两种聘用制度来看，它们都不应该单独地成为高校的用人方式，两者应该互为补充和并存。对于那些在"合同聘用制"下能够体现较好能力的教师，应该将其转化为终身聘用制，以为其更好地发展提供保障，也就能保证教育质量的稳步提高。对于那些"终身聘用制"下的不合格的教师，改变其用人制度，促进其发展。这样，两者的结合就起了很好的动态管理效应。

三、教师保障管理现状

教师保障管理是与教师的经济利益相关的一些措施，主要反映在工资、福利等待遇上。目前的高校保障管理也随着其他方面的改革，呈现出多样性。

（一）包干制

包干制通常是针对一些有贡献的教师或领导成员，他们的工资与福利待遇相对较高，如医疗费用等，用多少报销多少，有多少报销多少；如补贴不与实际的工作业绩挂钩，而是与职位和贡献衔接；又如，工资也不以工作量为基础。这种制度刺激了一些高层次的高校成员的工作努力程度。但是它也具有一定的随意性和放任性，时间长了，可能会助长某些不正之风。

（二）定额制

定额制是指一些教师的工资与福利待遇是固定的，限制在一定范围内，不因实际情况的变化而变化，不具备伸缩性，这就容易滋长"干多干少一个样，干与不干一个样"的惰性工作氛围。在某种程度上带有不公平性的这种制度也抑制了教师努力工作的程度。此外，一些与实际情况出入较大的经济上的定额也会给教师造成生活上的影响，从而牵涉到工作的质量。

（三）缺额制

这主要是适用于一些进行人事关系代理的教师，这种非人性化的保障制度实际上是缺乏合理性的，也给教师造成了心理上的极度不平衡。虽然得不到教师的认同，但是为了生存，教师也不得不认同。对一个经济性的社会人来说，基本的生存保障是必须具备的，但是管理者——高校管理的力度，使其具有了强迫性，这将导致教师惰性的长期存在。

从上面的三种保障制度看来，各自都有缺点和优点，应该采取相互融合和共生的手段。克服彼此的缺点，发扬相互的优点，从而起到促进教师发展的原动力作用，而不是片面地实行单一的保障制度，否则所谓的教育教学质量的提高也只是流于形式而已。

目前，我国的社会正处于经济转型期，许多领域正在进行追求效益最大化的人事改革。在这样的社会背景下，针对高校教师管理的改革也处于一个新旧交替的转折点上。为了摆脱传统管理体制的局限性的束缚，促进高校教育质量的提高，也为了激励高校教师的自我发展，我国的一些高校已经在20世纪90年代开始了以先进的管理理念为基准的改革措施，但是有一些缺乏竞争意识的高校的管理还是停留在相对不发达的水平。所以说，我国高校教师管理的现状也是处于一个混沌期。通过对教师主体管理、教师聘用管理、教师保障管理三个方面的概括和分析，我们可以发现中国的高校教师的管理有必要采取适当的策略将多方面的因素中和，然后通过实践寻找最佳的平衡点，以期实现高标、高效、高能的教师先进层次，这样才能体现高校管理的协调性。一旦在高校教师管理体制中缺少有效的管理机制，如约束机制、激励机制、发展机制，那么教师的发展就无法保证，更谈不上高校教育的发展。所以，高校教师的管理必须以教师为本，与实际结合，然后再配套具有实效的管理方法，才有可能实现高校教育的可持续性发展，才有可能实现高校教育的创新和谐发展。

第五节　高校行政管理创新发展的现状分析

一、行政管理体制和观念存在弊端

当前，我国的高校行政管理模式上出现了相当程度的弊端。其主要表现为，机关的设置经常出现重叠现象，因此造成了有关部门的职能有所重复交叉，从而导致了在行政部门中，人浮于事的现象普遍存在，行政人员的办事效率低下，以形而上学的观念对待工作，因此相关信息出现阻滞，失去了及时性。高校行政管理的改革应该从制度上入手，即采用岗位责任制。换言之，则是通过学习现代企业在经营管理上的思路，参照其经营管理的体制，并根据自身的实际情况来制定一系列措施，而不应再抱着原有机关的管理模式不放。

二、行政执行能力较弱

在行政管理的这一过程中，行政的执行是其中必不可少的环节之一，起着十分重要的作用，而且也是最为重要的行政活动，其主要体现在目标的管理和决策的实施等方面。行政执行作为一项重要的行政管理活动，它的目标导向具有明确性，需要反复地经历一系列的劳动过程，并在执行的过程中需要时刻贯彻行政意志，在时间上也具有较多的要求和限制。而这些性质都是由其自身的特性所决定的，如行政执行具有较强的目标性、经常性、务实性、强制性和时效性等多种特点。也正因为如此，行政执行被视为实现行政管理目标的重要手段，同时也是高校行政管理在实施中的出发点。如果在行政上缺乏强有力的执行力，那么即使决策再正确再合理，所谓的改革也无从谈起。由此可见，要想在行政管理中提高决策的执行力，其关键在于对行政执行要有着充分的认识和理解。如此才能正确合理地对其进行利用，从而达到高校教学与行政管理的目标。

三、行政管理决策机制单一

集体智慧和客观实际往往是正确决策的重要基础，其中集体智慧本身在民主与科学精神的健康发展上起着推动的作用。集体智慧主要体现在重大问题的决策上，只有在会前进行深入的调研，会中开展广泛的求证，会后进行必要的执行追踪并监督指导，才能真正做到科学地进行行政管理。然而，有相当一部分的高校存在着决策多、执行少，开会多、落实少，布置多、检查执行指导少等本末倒置的现象。因此，高校必须在决策机制上进行重建和完善，才能从根本上杜绝这种不良状况的发生。改革决策机制，则应将集体智慧贯穿于整个会议。首先，在会前应将会议的决策提纲事先发到每个与会人员的手上，让其对决策能够有足够的时间进行酝酿考虑和充分的讨论。其次，在整个会议过程中都要贯彻实行决策民主，做到人人平等，让每个与会者都能广开言路，平等、充分地表达自己的意见。最后，对于会议中出现的不同声音和意见，要善于听取并吸收合理的意见，以宽宏大量的态度进行正确的处理。

总之，在高校行政管理上，对其施行行政管理现代化，并不仅仅是对以往的管理模式在形式上的简单改变，而是为了能够更好地达到"行政管理存在的目的"，实现行政管理存在的真正意义，即能够更好地承担起为师生服务这一使命，进而达到发展科研学术、培养合格人才的最终目标。高校行政管理部门应该在开放型机构发展的基础上，在发展方向上遵循民主化、科学化、现代化的原则，深入地开展改革与创新的工作，从而在根本上提升高校的行政管理，最终促进我国教育事业的发展。

第三章 现代高校教育理念的创新发展

信息化时代的到来不仅促进了技术的更新换代，同时也提高了对社会人才的要求，在现代教育理念的指引下，要不断创新现代高校教育理念的思想内涵，增强高校教育教学内涵提升，全面促进高校发展。本章分为现代教育理念的概念与思想内涵，现代教育理念下的高校教学观、教师观和学生观，现代高校教育理念创新发展的策略三个部分，主要包括现代教育理念的概念，以人为本、以德为先等现代教育理念的思想内涵，提高高校教学水平、深化高校教育改革、保障高校教育质量等现代高校教育理念创新发展的策略等。

第一节 现代教育理念的概念与思想内涵

一、现代教育理念的概念

在教育发展的过程中，教学理念以原有的教学规律和原理为核心，当代教育家在教学思想研究的过程中，以现代的基本素质教育为基础，针对社会未来人才发展的实际需求，加强教育理念与人才需求之间的相关性，保障现有的教学模式能够更好地促进教学体制的改革，其实还有一部分学者提出现代教育理念以及未来教育发展为核心的突破，促进整体教学水平的提高。

现代教育理念主要包括两个方面：从理论层面上来看，现代教育理念主要侧重于对现有的传统教学模式的革新和创造，突破传统的经验导向教学模式，在内容上则更加注重系统教学理念的分析，保障教学内容的针对性以及创新性，提高学生的批判精神、开拓精神以及冒险精神；从操作层面上来看，现代教育理念更加注重教学实践活动的落实，保障教学活动的持续性及包容性。

二、现代教育理念的思想内涵

（一）以人为本的理念

以人为本强调对学生主动性、创造性的培养，强调重视两个方面的问题。一方面是要重视学生主体的多样性和复杂性，充分认识他们在不同时期的不同需求；另一方面是要突出学生的成长性原则，设置帮助和督促制度来促进学生主体的发展。厘清这两点有助于提高现代高校教育教学的有效性和针对性，但切实执行起来还要从如下两个途径着手。

第一，改变传统上仅以上级政策为导向的不良做法，加强对学生群体的调查研究，了解学生行为背后的深层次原因，进而对其发展趋势进行预测，减少教育过程中的盲目性。在这里需要着重指出的是，在"互联网+"时代，大数据是高校教育工作中必不可少的工具，有必要构建学生信息的动态数据库，形成及时、全面的学生信息大数据。在此基础上，根据高校教育主体不同的职能实施分类负责制。每学期确定教育主题的调查内容，并认真组织调查设计、实施和结果分析，将调查结果在不同主体之间共享。

第二，整合高校教育的内容，突破由于碎片化带来的不利影响，形成学生健康的成才意识。当前，影响学生的社会环境变化快速，互联网的正负向作用各有体现，不同的文化思想在学生群体之间相互激荡，同时就业市场的波动给学生造成了巨大心理压力。高校教育教学中对此应有所侧重，不能将学生培养与就业甚至是学生毕业后作为校友的身份进行人为的割裂，而应在捉摸不定的现实社会环境中，采取积极的措施保护学生的正当利益，增强其主人翁的责任感以及作为学校中人的归属感。在这一点上，以美国高校的教育理念和做法最为突出，诸多一流大学的有效实践为我国高校的教育探索提供了可供借鉴的蓝本。

（二）以德为先的理念

随着国家的发展，社会物质得到极大的丰富，同时带来了人类精神的提升。社会文明程度的提高必然要求青年人提高自身的道德修养，从追求生存价值的功利主义升华到追求发展的更高境界。因此，高校教育教学管理的核心思想也要随之出现变迁，不仅从知识的传授着手，也要以造就德才兼备的人为落脚点。以德为先的理念要求参与教育的主体注重自身的道德修养——以身作则、修己治人，在"润物细无声"中发挥高校教育的强大威力。不仅如此，以德为先更是我国传统优秀文化观在现代社会中的再现，它力求将教育的过程贯穿于个体日常生活中，并通过言传身教得到具体落实。正如孔子所说，从事教育的人应率先垂范，因为"其身正，不令而行；其身不正，虽令不从"。换言之，以德为先的理念要求高校的所有参与者在道德情感、道德认知、道德意志以及道德行为上有机整合，以自身的榜样作用实现促进学生知、情、意、行和谐发展的教育理念。

（三）依法治学的理念

依法治学已经成为我国高校治理的主导模式，该理念是高校教育教学管理的新思路，包括依法治教和学生法治教育两个方面的内容。依法治教是指在法治框架下，正确处理校内外利益相关者之间的关系。法治教育是指对学生进行法律法规、制度纪律等方面的教育。显然，这与党的十八大提出的"深入开展法治宣传教育，弘扬社会主义法治精神，树立社会主义法治理念，增强全社会学法尊法守法用法意识"的要求具有内在的一致性。依法治学理念在高校教育教学管理中的具体应用表现为：开展法治教育，使学生充分了解我国社会主义法律体系和教育制度，掌握法律赋予公民和学生的权利和义务，在此基础上承担起相应的社会责任；从意识和行动上将学生培养成遵纪守法的社会公民和组织成员，并在长期的实践中将强制性规范内化为自觉的道德习惯。

（四）主体对话的理念

"对话"是一个富含哲学理念和精神态度的概念，将其引入高校教育教学管理有助于突破传统模式下对学生主体的规训，构建全体成员之间平等的地位，从而实现理智与情感的互动和交融。主体对话理念祛除了灌输，要求各方形成理解性共识，在彼此信任的基础上采取行动，以获得认同和支持。这是针对传统的育人机制依赖行政命令的统治与控制的实际，改变处于组织底层的学生及处于外部环境中的家庭和社会几乎没有话语权的情况。语言是人类的特有属性，不仅促进人类智力发育，也促进人类情感的沟通，更推动共同体的形成。只有充分利用对话来澄清不同主体的价值观，才能够引起思想、行为以及情感等多方面的碰撞和共鸣。现代社会的组织日趋扁平化，高校亦概莫能外，因此，教育教学管理应追求实现一种"对话"的模式以回应高校教育大众化后高校内外部主体多元化的特点，体现系统中的主体性。

（五）和谐生态理念

实现高校现代教育内涵式发展，还需要建立高校教育生态系统，高等教育是一个新型且有机的生态系统，是高校教育现代化实践的里程碑。和谐共生才是高校教育得以发展的路径，也是高校教育自身的文化属性。因此需要我们做到以下几点：第一，推动高校教育全领域多元化和谐发展，维持高校教育内在的生态平衡；第二，用生态文明观指导高校教育发展，强调多学科融合交叉、共融共生，高校教育与人类社会有机融合、和谐发展；第三，建立协调一致的高校教育生态系统，用法律手段维护高校教育与社会发展的有机平衡，加强高校教育投入，维持社会发展的生态平衡，才能实现高校教育的内涵式发展，从而全面提高高校教育质量。

三、现代教育理念的创新发展

信息化时代的到来不仅促进了技术的更新换代，同时也提高了对社会人才的要求，因此，在高校教育改革的过程中首先要注重管理体制的革新，将人才培养模式、培养目标以及教学理念相结合，通过课程体系的革新以及教育质量的提高，保障现有的改革能够更好地符合时代发展的需求。其次在促进高校教育人才培养模式完善的过程中，要以专业创新课程体系的建立为基础，不断地培养出高素质人才。

现代教育理念以促进个人的全面发展以及以人为本为基础，首先要不断地保障教学模式的多样化、开放性及创造性，突破传统的教学模式，从原有的知识传授转变为能力培养。其次，还需要注重精英教育模式的革新，积极地落实大众教育模式，以学生学习能力的提升为基础，保障学生能够获得终身学习的能力，培养学生独立思考的能力，从而保证学生能够在社会化的过程中积极地解决以及分析各类问题。随着学习型智慧及知识经济的到来，高校教育在改革的过程中已经开始突破传统的职业教育模式，以学生的个性化需求以及全面发展为基础，建立健全现有的教学模式。

第二节　现代教育理念下的高校教学观、教师观和学生观

一、现代教育理念下的高校教学观

对于教学观的理解，不同学者站在不同的理论视角进行研究，因此对其含义有不同解释。

①教师对教学的本质和过程的基本看法，这种看法不是与生俱来、一蹴而就的，而是从实践的经验中逐步形成的。

②关于教学的看法和思想，是人们通过思考教学问题获得的结果。

③教师审议教学问题的理性结果，包括教师对教学问题的实际了解以及他们对教学的预期和结果选择。

④人们思考教学问题的产物，包括人们对教学实际问题的理解和思考，也包括人们对理想教学效果的追求和选择。

总之，教师的教学观是教师形成的对教学的基本认识和观点，这种认识一般萌发于教师学习教学的阶段并形成于实际教学活动，最终也作用于实际教学。一旦形成教学观，就相当于构建了教师的教学思维框架，帮助教师理解教学问题，并做出自己的价值判断和行为选择，从而影响学生的学习。

现代教育理念下的高校教师观包括教师和学生两个教学主体的权利和义务，高校教师要根据学生的个性特征、学习兴趣和学习意愿，为学生提供优质高效的教学服务；作为高校的大学生则具有选择专业知识、获取学习知识和选择教师的权利。在将现代教育理念与教育实践相结合的现代高校，要具有全面的教育理念，把握高校教育的整体性和方向性，为大学生的发展提供方向。

现代教育理念下的现代教学观，是高校在教育操作层面的具体运用，也是实现现代高校教育理念的工具和手段。在高校教学实践中，要将现代教育理念与高校教学观紧密结合起来，教师要接受现代教育理念并接受相应的教育培训，将传统的教学思想转变为现代教学观，提高教师的教学水平。

（一）促进学生的全面和谐发展

学科教学作为教育的基本活动形式，其目标应全面体现教育的培养目标，

体现教育功能的前瞻性，体现学生的全面发展。学科教学的终极目标，不仅要使学生掌握一定的知识技能，而且要发展学生的智力和体力，与此同时，还要培养学生正确的世界观，形成健康的个性品质，即学科教学的最终目标是促进学生全面和谐的发展。教学的基本价值、基本作用和基本任务决定了教学的最终目标是促进学生全面和谐的发展。促进学生的全面和谐发展，既是现代教育理念下高校教学的终极目标，也是高校深化教学改革的目标。

（二）以学生为中心的教学观

高校教师的教学水平与以学生为中心的教学观有着密切的关系。以学生为中心的教学观，是当前我国大学教师的教学观从教师中心向学生中心过渡的阶段。以学生为中心的教学观是重视学生的学习和发展，鼓励学生建构自己的知识，并在他们的理解中发展知识。当代信息技术的发展使得学生能跨越时间与空间获取各种信息与知识，学生在学习过程中获得了很强的主动性和自由度，因此让学生学会学习，培养学生的批判思维显得至关重要。以学生为中心的教学观不仅能促进教师之间的合作，还有利于形成良好的师生关系，并且能提高教师的职业满意度。

以学生为中心的教学观与教学探究、教学反思与实践、教学同行评议呈显著的正相关关系，并且大学教师对专业知识的掌握程度已经很高。首先，教师要积极主动地去探究教学，并有意识地将教学理论运用到教学中；其次，教师应反思自己的教学观，然后确立有关知识、教学、学习和师生关系的合理观念。在此过程中，教师应在教学前反思自己的教学目的和备课过程，比如，这节课的教学目的是什么？学生的知识基础如何？在教学中反思自己的教学内容和方法，比如，如何使学科知识变得更容易被学生理解和掌握？使用什么教学策略能让学生主动建构知识？在课程结束后反思自己的教学过程并做出自我评估，比如，在课程中教师与学生是否经常互动？学生是否主动学习？我的教学是否能让学生的能力得到发展？反思之后，对不足之处加以改进，将教学经验运用到下一次教学中，通过不断反思和实践逐渐形成以学生为中心的教学观。最后，教师之间互相听课评课，学习其好的教学方法，思考其不足之处，结束之后互相学习与讨论，这种公开的学术活动不仅有助于提高教学的学术地位，更有利于提高教学质量。

（三）激发学生主动学习的热情

教师的教学观对学生的学习能力产生影响，具体表现在持有以知识传递、教师为中心的教学观的班级中，学生倾向于采用浅层信息加工的学习方式，因而导致学习效果不佳，特别是在学生的技能方面表现更明显；而在持有以概念转变、学生为中心的教学观下，高校学生采用的是深层次的学习，这种学习方式对学生的理解能力和自我学习能力有显著的帮助，从而激发学生主动学习的热情。

二、现代教育理念下的高校教师观

观念是人们在实践活动中发展和形成的，任何一种观念都是由人们的经历、知识、能力、特定需要以及所处的社会环境等因素决定的。教师观就是教师的教育观念，是教师对教师职业的特点、责任、教师的角色以及科学履行职责所必须具备的基本素质等方面的认识，它直接影响着教师的直觉、判断，进而影响其教学行为，不同的教育理念会产生不同的教师观。教师的教育观念的形成与教师成长的文化背景、学习经历、教育实践以及工作环境和社会环境等因素有关。

（一）重视教学文化

教师自身的素质和能力是提升教师教学能力的重要前提。要提升教师的教学能力，应重视教学文化，教学文化是提升教师教学能力的关键因素。教学文化可以塑造教师的共同愿景和价值追求，从而形成一种崇尚教学的风气和动力，在潜移默化中影响教师的行为选择，唤起教师"传道、授业、解惑"的使命感，使教师自愿从事教学。然而当下的高校教学文化明显缺失，在大学众多研究中，教学文化一直处于缺位状态。从自组织的角度来看，重塑教学文化的核心在于教师要对教学的意义有共同的理解和对从事教学的自信。

首先，大学与教师要转变传统的学术观念，将教学学术理念融进人才培养方案和教学设计中，营造尊重教学、重视教学的良好学术氛围。

其次，应改善高校教师的培训机制，对不同教学阶段的教师采取不同的培养方式，对于入职前的教师，主要让其了解高等教育的教学规律和教学理论，以及大学生的心理发展规律，使其明确自己的工作责任；对入职后的新教师，继续对其进行教学理论培训,并对其教学实践进行指导;对于在职的老教师而言,则应与时俱进,终身学习。适时革新教育理念,改进教学方式,学习利用新媒体实现信息化教学,更新教育内容,提高教学的艺术。

最后,发展教学发展中心,使得教师能定期见面交流教学和同行评议,并能在教学发展中心获得资源支持而进行教学探究。在教学发展中心可以定期开展各种活动,如教学工作坊、教与学、微格教学等活动,为教师提供交流和反思的空间。

(二)高素质师资队伍

①增强教师的专业化水平,加强对教师的培训力度,开展校长和高级教师海外研修培训,增加高校教师与其他优秀国内外教师交流的机会,提升院校教师的海外阅历,增强自身专业化水平,提高教师队伍的质量水平。

②完善教师综合评价体制机制,使高校教师评估更加科学合理、增强高校教师工作的积极性。

③践行卓越教师培养计划,学校为教师培养提供机会、搭建平台,促进教师之间的互动与交流,把理论知识与实际课堂交互统一起来,形成教学实践、管理和设计为一体的高素质教师培养机制。

④注重引进优良师资,给优秀人才提供更高的平台、丰厚的引进政策,如解决住房、配偶工作以及子女上学等,敢于投资,用重金吸引师资,用真诚留住师资。

⑤注重引进现代化的教学设备,重视远程终端和信息化平台建设,提高教师利用信息化手段教学的本领,更好地开展现代化教学。

(三)现代教师的专业精神

①敬业乐业精神。敬业是教师对自己所从事的专业工作发自内心地崇敬,敬业还需乐业,对专业工作表现得从容自在、心甘情愿、毫不勉强。

②勤学进取精神。高校教师只有不断学习新知识、新观念和新理论,积极进取,才能适应现代高校的教育理念。

③开拓创新精神。面对个性独特的"00后"大学生,教师要敢于借鉴、勇于开拓,不断创新高校教育教学方法和手段,形成自己独特的教学风格。

④无私奉献精神。要继承和发扬教师无私奉献的专业精神,以教育学生成

才为上，把自己的爱心、所学的知识奉献给学生。

⑤负责、参与精神。现代教师要具有高度的教育责任感和社会责任感，还要具有积极参与教育的精神，参与到学生的生活和学习中，用自己的实际行动参与到高校教育事业中。

三、现代教育理念下的高校学生观

学生观就是人们对学生的基本认识和根本态度，是直接影响教育活动的目的、方式和效果的重要因素。为了更好地培养高素质的现代公民，我们需要认真研究学生观的问题，努力确立现代学生观，找准教育与知识经济的结合点，全面实施素质教育，才能最大限度地开发学生的潜能。

（一）学生是发展的人

1. 学生是具有生命意义的人

学生时代是人一生中最富生命活力，生命色彩最为丰富斑斓，生命成长最为迅速、最为重要的一段时间。学校教育是努力为学生的生命健康成长服务，提高学生生命价值的有意义的活动。

学生是人，是富于生命意义的人，这是一种最本质的朴素观，也是第一位的学生观，还给学生作为活生生的人应有的时间和空间，这是历史的进步和人类文明的标志，更是知识经济时代对教育的深切呼唤。

2. 用发展的观点认识学生

要用发展的观点来看待学生，现代科学研究的成果与教育的价值追求，要求人们摒弃僵化观点，要用发展的观点来认识和对待学生；学生身心发展是有规律的，学生具有巨大的发展潜能，学生是处于发展过程中的人，是全面发展的人。

（二）学生的自我教育

学生的成长离不开每一个步骤、每一个过程，现代教育理念下的高校学生需要正确引导。"十年树木，百年树人"，教育学生成长更不能揠苗助长、一蹴而就，得有个循序渐进的过程，要让学生养成好的习惯，因为良好的习惯能让学生受益终身。

高校教育中学生是主体，要加强学生思想政治教育，注重学生树立正确的人生观、激发伟大的爱国情怀、提升强烈的责任感、培养高度的自信心、培育温馨的同情心、养成较强的适应力，走上社会，为社会服务。

1. 正确的人生观

三观教育符合社会主义教育方针，符合社会主义道德规范，符合社会主义核心价值观，不能和社会主义核心价值观冲突，不能违背社会主义核心价值观方向，否则会走偏。人文素质教育的核心是造就健全人格的人，即人之所以为人，其中人生观具有基础性的作用，而三观必须符合社会主义核心价值观方向。此外，在社会主义国家，不能为了个人利益而牺牲国家利益，要坚决抵制和反对这样的行为。

2. 伟大的爱国情怀

从小要养成爱国的情怀。一个没有爱国情怀的学生，终将是失败的，他们会为了一己私欲铤而走险，这样的人也许会成为某个方面的人才，也许会成为某个方面的名人，但是绝对不会成为这个社会和世界所欢迎的人。不是时代接受的人，他或者她，或许会显赫一时，但终究会被历史淘汰，会被时代抛弃。所以学生要从小树立远大理想、培养爱国情怀、学会感恩，不忘中华民族的屈辱史，好好学习，强大自己、武装自己，提高自己的综合素质，也是提高综合国力的一种体现。志存高远，为社会服务、为国家奋斗、为民族奋斗，这样才会走得远、飞得高，社会才会更加和谐，人类才会更加进步。

3. 高度的自信心和同情心

自信心的培养是学生自我意识的要求，一个有自信心的人才能充满活力、充满智慧、充满创造力，才会积极去面对人生，面对困难和挫折，去迎接生活的挑战，才会去解决生活中的困难和不愉快，而不是逃避和迂回。

"人之初，性本善"，这是人类社会最初的思想形态。作为学生，应该具有初步处理人际关系的能力，具有一种情怀，具有一种同情弱者的心理和理念。帮助弱者，帮助别人，实现自我。大学生要有一个重要的品性，要具有一颗善心，要善待他人，助人为乐，将来的社会才会更加和谐。文明礼貌、宽容待人，要有"海纳百川，有容乃大"的胸怀，不要斤斤计较，要以"风物长宜放眼量"的姿态看一些问题，向前看，更要向未来看。

4. 坚强的适应力

学会学习、学会生活、学会生存、不畏挫折，这是 21 世纪必不可少的技能，要适应社会。现在的社会是一个高速发展的社会，现在的世界是一个高速发展的世界，互联网使世界的距离越来越近。只有具备这些生存的适应力，在学习中才能不怕困难，在生活中才能不怕挫折，才能使学生在不断的吃苦中磨炼自己、锻炼自己、成长自己，才能适应社会，继而适应这个高速发展的世界。

5.强烈的责任感

培养大学生的责任感，帮助大学生懂得自己的社会责任、家庭责任，要有一种担当行为，有一种使命去奋斗、去拼搏、去学习。居安思危，要有时代感，要有使命感，大学生就不会感到无聊和空虚。也不会浪费时间、虚度光阴，不会无所事事，不会感觉生活无聊，只会感到生活是多么美好，人生需要奋斗的事情有太多太多。就会只争朝夕，感到"时光如梭，光阴似箭"，就会觉得"时间就是金钱"，就能体会到"浪费时间就是浪费生命"，就能体会到这是前人、哲人、名人用自己亲身实践或者一生总结出来的，就能认识到我们的社会有许多方面需要年轻人去奋斗、去开拓、去拼搏。

第三节 现代高校教育理念创新发展的策略

一、提高高校教学水平

（一）强化高校教育的理论支撑

高等教育现代化是一个动态的发展过程，高校教育教学的发展需要成熟的理论来支撑，便于深化对高校教育教学模式的研究，增强其研究的科学性，在中国特色的基础上构建高等教育现代化理论框架，突出发展目标，创新发展道路，继承中国基因，形成中国体系，汇聚中国特色。

①需要以文化属性与民族传统为理论源泉。"失去了民族文化，教育就失去了根基"，在我国深厚的文化土壤之中，形成了独具特色的教育传统，如"中庸文化""尊师重教""分科考试"等，这些文化根植于我国的民族传统之中，我们必须以辩证为主要逻辑方法，辩证地看待这些教育理论，取其精华，弃其糟粕。

②突出建设高等教育强国的发展目标。建设高等教育强国是我国进入21世纪以来的重要纲领，它是一个系统工程，涉及高等教育的规模、效益、质量、思想、体系和道路的方方面面，我们必须加强对高等教育强国的目标研究，结合中国自身特征，从动态和静态两个方面把握高等教育强国动态，开展实践探索。

③加强对高等教育现代化的道路建设研究。将"道路建设"纳入我国高等教育现代化研究的范畴，从动态的角度入手，研究高等教育强国建设的具体方法和实施路径，为我国建设实践型的高等教育发展模式提供理论指导和方法参考。

（二）提高高校教育的实践水平

无论是高校教育的发展目标还是理论构建，都从属于社会实践属性，最终也要付诸实践。回顾我国高等教育现代化发展历程，都是在实践中不断摸索前行的，是从实践到认识，最后又到实践的过程。强调实践，是指高校教育发展需要从自身现实出发，不断探索和创新。

高校教育发展需要抓住其实践体系的研究，科学合理地构建实践体系，发挥其实效性和现实性，不断提高实践水平，在认识和实践选择中螺旋式发展、波浪式上升。

（1）以现实为基础，构建适应本国特色的高等教育现代化。推动我国特色文化融入高等教育现代化各项事业中去，不断提高高校特色办学水平，促进我国高等教育现代化的多元化、品质化、品牌化发展。

（2）坚持教育优先发展，落实教育现代化发展战略。党的十九大报告明确了我国要在2035年基本实现国家现代化，《中国教育现代化2035》中指出，2035年我国总体实现教育现代化，我国在高等教育现代化实践中需要将高等教育发展放在国家现代化之前，用高等教育现代化推进国家现代化。

（3）注重科学和创新。在不断加大对高等教育现代化的实践探索的途中，我们需要基于现实，对其历史现实和未来进行科学审视，也不能束缚在现实的迷局中越陷越深，应以创新为实践路径，最终使高等教育现代化各项战略规划落地生效。

二、深化高校教育改革

（一）创新高校教育发展模式

1. 全面深化高等教育改革体制

（1）补齐教育短板，促进各级各类教育均衡有序发展，推进基础教育深入化、高等教育普及化、职业教育国际化，并紧抓一流本科教育这个根，以本为本。

（2）改革高等教育主要由国家控股的局面，高等教育向市场开放，给予学校更大的自主权，接纳更多的社会资金，减轻国家财政负担，也可以增强高等教育资金的灵活性，为高等教育发展注入新生力量和源源不断的新鲜血液，当然在这一过程中，国家要注重把控，发挥政府作用，从而促进高等教育合理有序运行。

2. 要创新高等教育发展模式

由于各国政治、经济、地理、人文和社会环境等方面的差异以及国情的不同，高等教育现代化发展没有规律可循，也不能照搬西方国家的高等教育发展模式，需要我们自己在实践中摸索，不断创新，探索出适合本国高等教育现代化的道路，因此创新高等教育发展模式是必然选择。

（1）在借鉴国外高等教育发展模式和促进高等教育的转型升级的同时，要注重本国特色，不能毫无根据地全盘复制，要立足传统，也要走特色之路。

（2）主动适应经济社会的发展，立足实践，解决现实问题，深化高等教育改革。此外高等教育改革与发展需要从实际出发，立足于高等教育本身，在尊重教育规律的基础上蓬勃发展。

（二）加快教育信息化基础建设

深化高等教育信息化改革，加快推进高等教育信息化，推进高等教育组织方式和管理方式的信息化变革，用信息化来带动高等教育现代化，改善高校基础设施，为高等教育教育资源共建共享提供手段。信息化为高等教育带来深刻变革，信息化是高等教育现代化的重要推进力量。

（1）通过信息化手段使优质高等教育资源跨区域、跨行业共建共享，实现高等教育资源数字化，打破高等教育的时空限制。

（2）通过专业课程配套的虚拟仿真实训系统的开发与应用，实现教学过程与生产过程实时互动的远程教学，即利用网络技术，实现网络课程与实体课程相统一，为高等教育现代化提供技术保障。

（3）提升校园网速，搭建校园网平台以及联通各校的高校网络平台，实现优质课程共享。

（三）完善高等职业教育体制机制

高等职业技术教育是高等教育的重要组成部分，是培养高水平的职业技能人才的顶端教育，是高等教育现代化进程中不可缺少的一环。促进高等职业教育发展需要采取如下切实可行的措施。

（1）高等职业院校专业设置要与社会市场相适应。专业设置可以更好地利用当地资源，考虑地方经济发展特色，更好地为当地发展服务，促进当地经济发展。可以仿照美国社区学院建设，将专业与课程设置与地方经济发展相连。

（2）高等职业院校应该准确定位。"高职院校必须从区域和行业经济的发展出发，坚持强化特色，准确定位，加强校企合作。"高职院校应该对自己的服务对象、特色学科、培养目标等进行准确定位，以逐渐提高高等职业院校的核心竞争力。高职院校的培养目标既要培养经济发展所需的技能型、专业型人才，也要与本科教育相衔接，打通职业院校与本科的学习渠道，为想继续深造的高职学生提供便利。

（3）高职院校要引进高水平师资队伍。致力于打造"双师型"教师队伍，一所学校师资力量的大小直接影响了学校教育质量的高低和人才培养能力的强弱，对于教师可以采取"传帮带"的方式，优质教师以强带弱，或从其他院校选聘专家教师任教，加强师资引进，还需使部分缺乏实践经验教师到基层单位学习实践，增强自身的实践能力。

（四）深化高等教育经费保障机制改革

随着我国经济社会的发展，对高等教育投入明显增加，但与发达国家相比，差距仍然明显，高等教育经费投入不足，一直是影响我国高等教育发展的重要因素。

（1）政府需要加大对高等教育的投入，完善社会资本融入高校的相关政策，增加高等教育收入来源。

（2）在制定科学合理的高等教育经费政策的同时，也需要严格履行高等教育经费管理与监督机制，确保高等教育经费真正落实到位，促进高等教育投入的可持续性发展。

（3）制定合理的社会捐赠机制，可借鉴美国通过税收优惠政策鼓励社会捐资助学形式，保障高等教育经费来源。

（五）建立有序的社会广泛支持系统

建立社会广泛支持的有机系统，增强人民的公平感受，助推公平教育机制的建立。高校教育教学管理的发展除了需要政府和高校自身支持以外，还离不开社会支持、社会关系、社会理解和社会监督，离不开民间的力量。

（1）充分调动社会力量的参与，特别是在高等教育投资方面，注意引进社会投资，为高校发展提供资金支持。

（2）建立广泛的社会支持网络，提供社会支持资源，更好地利用社会支持资源，从而进一步调节社会心态，增强人们的获得感。

（3）进一步完善社会参与高等教育的政策法规等相关规定，鼓励和支持个人办校，提高个人对高等教育决策施策过程中的参与力度和监督力度，有效促进社会公平。

三、保障高校教育质量

高校是实施高等教育的重要载体，是科学研究与创新发展的聚集地，是推动高等教育现代化发展的重要突破口。除此之外，也需要高等教育大系统自身发展，凝聚全社会的力量共同推动高校教育内涵式发展，协同营造教育改革发展的良好生态和社会氛围，为高等教育改革和发展创造良好条件、开创新局面。

（一）建设高水平的人才培养体系

发展中国特色、世界先进水平的优质教育，构建科学合理的人才培养体系、建立高水平的人才培养机制是高等教育内涵式发展的目标，也是发展优质高等教育的要求，要实现这一目标，可通过以下路径。

（1）明确人才培养目标，增强学生的创新意识，提升学生的实践与动手能力，通过课程的培养提高学生的学习能力，用课堂撬动学生创新意识的萌发，培养创新型、复合型人才。

（2）加强学科体系在人才培养体系中的导航作用，构建学生、学科、学术一体化的综合发展体系。

（3）开发适合本国学生的人才培养机制，在坚持立德树人的基础上，建立科学的人才培养方案，促进人才全面发展，综合提高，注重对学生品德培养、能力表现、课业成绩等方面的综合评价。随着我国高等教育改革的纵深发展和高等教育质量的提高，人民必将享有更优质的教育，拥有更多人生出彩的机会。

（二）形成广阔的国际交流与合作格局

促进高等教育国际合作与交流，开创对外开放新格局，借鉴国外成功的办学管理和评教经验，并与我国国情相结合，继续推进我国高等教育人才培养国际化、师资队伍专业化、高等教育终身化，使我国的高等教育质量达到国际先进水平，我国高等教育现代化也可以为世界高等教育现代化发展服务。

（1）必须做好国外先进办学经验、教育资源和教育体制的筛选与吸收工作，评估国外如哈佛大学、斯坦福大学、耶鲁大学等国际知名高校的管理和办学经验，借鉴吸收并内化。

（2）与世界高等教育发达国家互相选派优秀教师访学、进修，鼓励我国学子出外深造，提高国内外高等教育交流与合作力度。

（3）稳步扩招留学生，并加强对留学生的管理，制订科学的对外宣传方案，如网上宣传、海外宣讲等方式，让世界了解中国，并制订有序的留学生服务和管理计划，搭建留学生管理平台，促进中西方交流。

（4）还需要增强国内高校间的交流与合作，组成国内高校联盟，相互辅助，尤其是北上广等地区知名高校要注意帮扶其他兄弟高校，加强高校学生和老师之间的交流，形成高等教育发展高校带，加快《中国教育现代化2035》的实现，将我国建设成为具有中国特色、富有中国基因的高等教育现代化国家，引领世界高等教育的发展。

四、优化高校网络诚信教育环境

在信息网络化迅速发展的今天，高校大学生也会面临网络诚信教育环境的影响，要有针对性地提出优化高校大学生网络诚信教育的具体策略，优化现代大学生所处的社会环境、家庭环境和校园环境等协同教育环境，适应当前现代高校教育理念的创新发展。

（一）优化社会环境

随着5G时代的到来，社会网络对高校教育的影响力不容忽视。大学生虽然学习和生活都在高校内，但是高校也是置于社会大背景下的存在，教育理念也会受到社会大环境的影响，整个社会的诚信状况很容易影响大学生网络诚信意识的树立。因此，要促进社会环境的优化，为大学生营造一个在网络空间中人人诚实守信的环境氛围，帮助大学生在社会氛围的熏陶下自觉遵守网络诚信道德规范。

1. 加强政府公信力

（1）健全政府信息公开制度，完善公民网上查询政务及相关信息的功能，真正做到政务公开，同时鼓励公民积极参与到政府诚信建设的工作中，对政府工作进行有效监督。这样大学生也可以在网上了解政府相关政务，加强对社会诚信体系建设的重视，自觉自愿为社会诚信体系的建设助力。

（2）健全并完善当前网络诚信相关法律法规，用强有力的法律手段规范公民的网络行为。同时，政府应该积极组织一些网络诚信宣传活动。例如，举行中国网络诚信大会和网络诚信宣传日等相关活动时优先选择高校大学生作为志愿者，让大学生有更多的机会参与社会活动，感受社会网络诚信氛围。这既有利于大学生更全面地认识到网络诚信的重要性，又能够更好地规范自身的网络行为，为社会诚信体系建设助力。

2. 加强公民道德教育

受反诚信文化的影响，当前社会依然存在着一定的诚信危机。部分人因为自身道德水平较低，在网络上大肆宣扬诚信无用的错误思想，追求利益至上，而通过坑蒙拐骗、花言巧语等不正当行为获取利益，这种思想很大程度上阻碍了诚信社会的建设。身处同样网络空间的大学生更容易受到这种错误思想的蒙蔽，做出一些网络失信行为。因此，社会需要在加强诚信文化宣传的基础上，加强公民的道德教育。引导公民树立不论置身于现实社会还是网络社会都要恪守诚信道德的意识，从而加强社会精神文明建设，优化社会诚信环境。

3. 发挥社会舆论的监督导向作用

当社会舆论对个人或集体的网络诚信行为予以肯定并进行宣传报道时，例如，微博、微信公众号等对诚信事迹进行发布时，随着网友的转发，会调动起个人的诚信道德感，从此会更加注重对自身行为的规范，进而能够自觉树立起网络诚信意识。同样，社会舆论对失信行为的谴责，会在一定程度上激起失信者的羞耻心，引起失信者想要规范行为的意识，从而减少失信行为的发生。

所以要有效利用媒体平台，宣传诚实守信道德品质，在社会中引导诚信意识的树立。

与此同时，要加大社会诚信文化监管力度，尽可能地遏制不良文化借用网络进行传播。对于已经流入网络的不良文化要及时删除和纠正，并严格依照法律法规进行公开惩处，对大众予以警示。在运用广告牌、标语、展板和公益广告等形式积极宣传诚信文化的同时，也要通过微信、微博、QQ 等新兴的网络传播媒体，培育积极向上的社会诚信文化，营造诚信氛围。

所以，社会诚信环境氛围影响着高校校园环境氛围的营造，而高校校园诚信氛围的营造依托于社会这个大环境。因此，优化社会诚信环境氛围这个大环境，对身处其中的高校校园环境有着重要的积极作用。

（二）优化家庭环境

党的十八大以来，习近平总书记曾多次指出家庭教育与家庭环境的重要性。在家庭教育中最重要的莫过于对子女的思想道德教育，身在其中的父母长辈更应该以身作则，家庭环境氛围对引导子女提高自身思想道德修养具有重要影响。所以，诚实守信的家庭环境氛围，不仅有利于促进家庭成员形成良好的网络诚信意识，能够自觉规范自身行为，还有利于提高家庭教育与高校教育的衔接度，并能够协助推动整个社会公民道德素质的提升。

家庭是社会生活最基本的组成要素，是人在呱呱坠地后接受教育的第一场所，同样，父母亦是陪伴子女成长的第一位老师。父母的世界观、人生观、价值观以及个人的道德品质深刻且长久地影响子女。同样，家庭氛围对大学生成长也具有不可轻视的影响力。因此，每一名家庭成员都应该充分认识到营造良好家庭环境氛围的重要性。父母长辈想要营造诚实守信的家庭氛围，自身要树立正确的价值观念和行为规范，为子女做出表率。父母日常对于子女或者他人的诚信状况，在潜移默化地影响子女。若是父母经常在网络上肆意转发传播未经证实的新闻，通过恶意差评赚取电商给予补偿的利益，却教导并告诫子女应该在网络空间中诚实守信，这种前后的反差很难使子女在网络空间中能规范自己的行为。与此同时，诚实守信家庭环境氛围的营造离不开父母长辈与子女的彼此尊重、和谐相处。这样既能够帮助子女保持积极向上的心理状态，又有利于家庭网络诚信教育的展开。

高校教育主要是在校内对大学生的思想道德予以引导教育，而校外的教育在一定程度上要依靠家庭展开。家庭教育不仅是家长与子女沟通的桥梁，也是家庭与学校之间形成有效互动与达成共识的纽带。所以，营造诚信家庭氛围应该与高校网络诚信教育要求相一致，配合高校在网络诚信教育方面实现对大学生的双向教育。

因此，要加强大学生的网络诚信教育，一定要正确认识家庭环境氛围对于大学生的网络诚信意识树立的重要影响，从而从家庭教育方面更好地促进大学生网络诚信教育合力的发挥。

（三）优化校园环境

高校是大学生日常生活与学习的重要场所，同时高校也是对大学生进行系统科学文化知识传授与思想道德素质培养的主阵地。所以，高校的环境氛围对塑造大学生良好道德品质的影响力不容小觑。良好的校园诚信氛围有利于大学生思想道德修养的提升。因此，大学生道德品质的培育与诚信、和谐的校园文化氛围有着重要关联。所以，高校要以社会网络诚信建设大环境为依托，协同与大学生个人诚信行为表现出来的家庭网络诚信教育小环境，积极营造诚实守信的校园环境，以期优化高校大学生的网络诚信协同教育实效。

首先，在网络诚信文化宣传方面，要充分做好基础宣传工作。在校报、校园宣传栏、校园广播站等基础宣传平台上融入传统诚实守信美德的宣传，同时引用诚信道德榜样的事例，引发大学生的共鸣。还可以对身边同学的诚实守信事迹进行宣传，通过身边榜样的力量来感染更多的大学生，在校园里营造一种人人讲诚信、事事守诚信的校园诚信氛围。不仅如此，还要增设一些反面案例的板块，列举与大学生生活和学习息息相关的网络失信案例，给大学生以警示作用。

其次，在高校的官方网站、官方微博以及官方微信公众号等网络平台中，通过大学生乐于接受的方式，例如，网络诚信相关文章、音频、视频等方式的投稿、互动留言与转发等，用让人眼前一亮的方式融入网络诚信相关宣传内容，以无形的渗透方式增强校园网络诚信文化氛围。

最后，高校也要通过严格的校园网络诚信制度规范来保障校园网络诚信环境氛围的营造。在社会主义诚信价值观的指导下，以国家关于网络诚信建设的相关法律法规为基础，依据高校与在校大学生的实际情况，完善大学生校园网络诚信制度规范，并将其纳入校规校纪之中，为大学生的网络行为提供依据。大学生网络诚信教育必须与适当的制度规范相结合才有可能达到既定效果。严格的校园网络诚信制度规范，是规范大学生网络诚信行为强有力的校园约束力，也有助于保障高校大学生网络诚信协同教育实效的优化。

第四章 高校教学管理变革与创新

高等教育的大众化和由此扩大的教学规模，促使我国大学的教学数量与质量之间的矛盾逐渐显现出来。对高校教育教学管理来说，高等教育改革市场化的取向对其有着内外平衡的要求。高等教育的未来发展呈现出国际化的发展趋势，使得各大高校都面临来自国外高等教育机构的挑战。因此，我国必须创新高校教学管理模式，完善教学管理机制，从而促使高校快速发展，提高国际竞争力。

第一节 高校教学管理机制

一、高校教育教学管理机制的内涵

高校教学管理系统包括教学管理决策者、教学者、学习者、教学评价员、教学主管等。除教学体系外，还有科研体系、后勤系统、人事管理系统、学生工作体系、成人教育体系等。所有这些体系和教学体系内的各种因素构成了极其复杂的动态关系。然而，为了实现高校内各要素的和谐统一与动态系统间的统一，就必须建立有效的教学管理机制。准确认识高校教学管理机制的内涵是教学管理机制建立的基本出发点，同时也是建立教学管理机制的现实前提。

（一）机制

要了解高校教学管理机制的内涵，首先必须了解"机制"的内涵。但是，由于"机制"的概念本身是抽象的，而且不同的管理理念的理论基础不同，所以人们对"机制"的理解也不同。为了理解这个概念，我们可以从一个普遍的角度出发。机制与竞争密切相关，没有竞争，机制可能也就变得没那么重要了。

竞争可能引起的人与人之间的冲突需要通过各种有形或无形的手段置于一定的要求之下。所有人类事务的集体性质能够决定某种自发机制的存在。任何社会活动都有一定的机制。机制起着指导和限制的作用。在教育领域全面实施市场化教育改革后，社会将对个体和集体教育行为提出相应的要求。因为市场在某种程度上意味着行动自由。但是，任何社会都需要限制个人和集体的行动自由，以确保实现公共利益。重要的问题之一是如何在竞争中有序地进行竞争并增加规模，同时使最终结果大大优于每个人单独活动的结果。人们对机制的理解可以分为以下几种：

1. 机制即制度

在人们对机制所做出的解释中，机制似乎总与制度联系在一起。从此意义上来说，制度运行以及同制度运行有关的组织系统内部的关系就是机制的含义所在。因此，要理解机制，首先必须理解制度。关于制度，人们通常认为是指在一个社会组织或团体中要求其成员共同遵守并按一定程序办事的规程。由此可知，制度涉及两个方面的内容：一是人们生活于其中，既要保证个体利益，又不妨碍他人利益的基本规范；二是关于制度的制度，即在制度确定之前，必须要考虑一个为人们所共同遵守的制度应当如何被制定出来，也就是议事的规程或办事的程序。与制度相关的概念，就是"制度建设"，也就是通过组织行为完善原有规程或建立新规程，以便获得更好的效益。

2. 机制即博弈规则

从博弈论的角度看，其实就可以将机制理解为社会的博弈规则，它是人类设计的，能够制约人们相互行为的约束条件。生活在社会里的每一个人的行为，都不是单纯的个人行为，而总会受他人影响或会影响到他人的存在、他人的行动。因此，每个人的行为都是相互行为。为此，社会组织的建构就必须考虑对人们的相互行为加以约束。例如，当若干人聚集在一起分蛋糕时，就必须要考虑建立起能够切分蛋糕的机制，以使切分公平，同时又使得这些人集合在一起而建立起社会组织。没有这样一个有效的切分机制，不仅会使个人利益受损，而且将使得建立社会组织成为不可能。有效的机制就是"分切蛋糕者后取"。当然这里面牵涉到一个对人性的基本判断的问题。

这些约束条件可以是非正式的，也可以是有意识设计或规定的正式约束。而博弈规则就是让参与的人采取行动，以及由参与人决定每个行动组合需要对应何种物质结果。所以从博弈论出发，还能从其他方面定义机制，即通过为组织安排某种制度，而约束或激发组织内部个体、群体行为的一种活动。由此可以得出结论，制度安排就是机制的核心，目的则是约束和激发组织内部中个体或群体的行为。

3. 机制即系统内各构成要素之间相互作用的形式、运动原理与工作方式

这一解释是比较抽象的，所以需要进一步从管理学的角度予以分析。而管理学的研究对象则为复杂的管理系统。这样，一个先于管理学研究而存在的是系统的存在，一个基于自然系统而存在的是社会系统的存在。任何社会系统，都无时无刻不在运行着。像生命的有机体那样，要确保系统生命力和促使系统的不断演化，需要的就是系统内部所有构成要素的相互作用。在这一过程中，需要注意两个问题：第一个就是系统运行的动力在哪里，也就是说系统为什么能像有机系统一样充满活力并不断地朝向某个神秘的目标前进；第二个就是系统前进的顺序是什么。关于这些，事实经验表明，系统的运动变化其实是有一定规律的。而按系统论观点来说，系统运行时的程序与动力，最终都要归结于内在子系统的机制，一种一经启动就可以自发不停地开始生生不息地运动的平衡关系。所以从管理学角度看，机制指的就是在管理系统内，各个要素与子系统之间相互联系、作用与制约的形式，运动原理与内在本质的工作方式。

结合上述机制的制度观和机制的博弈论观点，可把机制当成社会为了对个体、群体进行约束和激发，从而设计出的制度安排。而在这一定义之中，机制的主要功能有两个。第一个是对个体或群体进行激发，从而促使某种行为发生。而这种被激发出来的行为，正是组织所期望的行为。组织借助这些行为能够有效地实现组织目标。第二个是抑制个体或群体的某些行为的发生。这些被约束的行为是组织系统所不期望的行为，且它们的发生将对组织目标的实现产生严重的阻碍作用。同时，上述定义中所提到的制度是具有人为设计出来的正式规则的意义的。因为就人类的约束机制而言，大量的规则，即那些对人的行为有着重要的影响的习惯、道德、风俗等，乃是自发形成的；而人类设计出来的制度，只是人类的各种规则中的一小部分。

（二）教学管理机制

鉴于对"机制"的理解，从抽象的意义上讲，我们可以将教学管理机制理解成教学系统在操作过程中，其各组成要素间的相互联系和相互作用。这也是对教学运行过程属性的抽象概括。即使教学管理系统与很多要素有关，如时间、空间、人、财、物等，而且教学管理学所要研究的对象就是要素间的各种关系，

但对机制设计来说，人才是最关键的要素。所以，教学管理机制从本质上必须考虑人与人之间的关系。从个人或群体的意义上讲，人类双方的关系问题，即人与人之间的关系，人与团体，或团体和团体间的关系，才是管理者应主要考虑的。

在具体意义上，我们可将教学管理机制理解为，为了对教学组织系统内部中个体、群体的行为进行约束与激发所设计的制度安排，即教学组织系统。而其中，教师、教学管理者、学生、高校内部与教学有关的其他人员都属于教学组织系统内部的个体，重点是教师和教学管理者；其群体则是上述个体的类的集合，如作为群体的教师、作为群体的学生、作为群体的管理者等。

组织系统内部各成员之间的行为是相互影响的，单纯地看，一个制度安排也许是好的；但是由于它必然要牵涉到组织系统内部的其他成员，因而一个看起来好的制度安排实际运行后得到的可能是一个坏的结果。

二、教学管理机制的核心问题

从教学管理机制内涵方面来说，有两个核心问题。一是能够促使诸多行为发生的问题，即激发行为问题。从教师教学角度出发，教师要准备课程，翻阅各种类型的相关材料，对教学过程进行详细的设计，并且实施实验教学与课堂教学，指导学生的毕业论文，以及为学生组织一些课外活动和社会实践等。这样一来，除了能够进一步提升学生的能力素质外，还有利于教师的发展与科学、学术研究。所以教学管理为了促使以上行为发生，就可以通过机制设计来达到，这不是短期的，而是连续的。二是抑制某些对大学生提升素质和发展能力没有促进作用的行为发生的问题，即约束行为问题。

但实际上，不管是激发还是约束教学行为，学校在建立教学管理机制时都应当将分析教学行为作为前提条件。所以，学校在建立有效教学管理机制时，应先评定教学质量，且鉴别与之相互作用的教学行为，还有各行为之间的关系、这些行为同高校内部其他方面的行为之间的关系；此外，还需要考查激发或约束的行为与高校教学管理系统外部环境之间的关系。

这种鉴别对于教学管理机制的建立仍具有方法论上的意义。没有这种对教学行为及与其他行为关系的鉴别，那么，一切有关教学管理机制建立的构想都是虚空的。

需要特别强调的是，教学管理机制的设计不仅仅是激发或约束教师的行为的问题，同时也是一个激发或约束教学管理者的行为的问题。

第二节　高校教学的常规管理

一、教学秩序与教学常规管理

通过使教学工作程序化、制度化与规范化，保证教学工作在不出差错且确保质量的情况下顺利进行，直到最终完成任务，是学校教学管理工作最基本的内容之一。

教学是对学生进行教育的根本渠道，同时也是有组织和有计划的教师教、学生学的过程。教学常规管理历来是学校管理的重要内容，也是学校领导者的基本活动。教学的常规管理除了是确保学校正常运行教学工作的基础，还在促进教育改革和教师成长等很多方面发挥着十分重要的作用。学校的教学管理工作是否能和谐顺利地进行的关键在于能否建立起正常的教学秩序。建立正常的教学秩序，是教学工作得以正常进行的保证，是提高教学质量的重要条件。

（一）教学秩序的含义

稳定、充满活力且协调的教学秩序就能称得上是一种良好的教学秩序。教师创造条件为学生传授人类已经探究过的科学真理的过程就是教学，同时也是教师对学生加以引导，从而使其将知识向能力转化的特殊过程。该过程与各年级学生的年龄特征、各年级的教材编排和课程设置等有关，也与教学任务、教学目的、教学方法和教学内容等各层次要求有关。学校管理者首先要考虑的，就是怎样使教学过程产生更好的教学效果，并建立稳定、协调且有活力的教学秩序。同时，这也是学校管理者必须要做的工作。

稳定的教学秩序就是学校在一定的时期，按一定的标准，招收一定数量和质量的学生，开设一定数量的课程，使用一定质量的教材，使学生经过一定年限的学习，达到一定的成绩标准毕业离校。这是一个年复一年、周而复始地运转的过程。学校应当时刻按照教学规律办事。这样才能使教学过程正常地运转下去。学校应当根据自身特点，制定各种规章制度，使教学工作有章可循，照章办事，所有员工各司其职，互相支持和配合。

协调的教学秩序就是上述各种因素既有各自的客观标准，互相之间又有相互制约的关系。课程的多少、教材的深浅繁简与学习年限的长短、教师教学能力的强弱，都应该相互协调吻合。如有一处脱节，就会引起紊乱，教学中的各种正常比例关系就会失调。

有活力的教学秩序要求改进课堂教学方法，让以学生为主体的课堂代替以教师为主体的讲堂，同时也要将这两者有机结合起来，使课堂教学与课外活动互相补充、互相推进，以扩大学生的科学知识视野，发展能力，增长才干，丰富精神生活和增强体质。这种师生与课内外的有机结合，能够陶冶学生的情操和开拓他们的思维，使其形成爱科学、学科学、用科学的直接兴趣，从而生动活泼、主动地学习。

稳定、协调、有活力的教学秩序，有助于教师顺利完成各项教学任务。学生的德、智、体、美全面发展是学校教育的根本教育目标。保证学生在德、智、体、美等方面都得到发展，是学校管理工作的全局目标。教学计划是学校管理工作这个全局的一个主要组成部分。而教学计划对个别学科来说，又是一个全局。恰当地处理好这两个全局和它们内部的关系，是建立稳定、协调、有活力的教学秩序的关键。学校除了教学工作外，还有团、队、政治课教师和班主任系统的思想教育工作，以体育教师和校医为主体的体育卫生保健工作、行政管理以及总务等工作。学校的各项工作都要围绕教学这个中心。学校应制定相应的工作制度，为建立正常稳定的教学秩序创造良好的条件。

（二）教学秩序的意义

1. 是全面提升教学质量的保证

衡量教学质量的高低不仅要看智育任务完成的情况，而且要看德育、体育、美育等任务完成的情况。智育任务不仅强调基础知识和基本技能的教学，还要求通过课堂教学和课外活动发展学生的能力。真正高质量的教学，必须做到上述几个方面的有机结合，统筹兼顾。而要保证学生德、智、体、美诸方面全面和谐发展，就必须建立正常稳定的教学秩序。只有这样才能把学生从过重的课业负担和频繁考试的束缚中解放出来，让他们学得开心，让他们在掌握知识的同时，提高其实践能力、自学能力和创造能力，让他们在长知识的同时，长身体、长才干，并形成高尚的道德品质和良好的行为习惯。

2.有助于防止教学管理混乱现象出现

近年来,涌现出一批坚持全面育人、减轻学生过重的课业负担、提高教学质量的先进学校。这些学校能够端正教育思想、加强科学管理、提高教师素质、改革课堂教学,建立了正常稳定的教学秩序,取得了十分可喜的成绩。但是仍有相当数量的学校任意改变教学计划,随意增减课时,频繁考试,布置过多的作业,让学生在校时间过长。有些教师甚至扶优逐劣,歧视后进生,教学秩序比较混乱。所以,教学常规管理的首要任务就是要坚决防止这种混乱现象出现,努力建立正常稳定的教学秩序。

二、教学常规管理的内容和实务

(一)常规性的教务工作内容

1.学期初的常规性工作

学校在开学前后的工作重点就是保证班级的照常开始且尽可能快地回归正常教学轨道。一般来说,常规性工作是学期初最常做的。所以教务工作的首要任务就是前期的招生,编班,安排好课程表、作息时间,做好其他活动的表格等。这也可以说是为了学校能正常运转下去而制作出的总运行图与调度表,反映了教学秩序,且充分体现出了教育教学的思想。

在学生基本办理完入学报到的各种手续的下一步,就是组织师生上好"第一课"。教师需要在第一堂课就给学生留下一个深刻且良好的印象,以便顺利进行之后的教学活动,达到让学生认识教师并相信教师的效果。一个良好的开端就意味着已经成功了一半。所以,教务管理人员一定要看准时机,适当、合理地对师生工作学习等积极性进行调动,努力把师生的兴奋中心转移到教学中,或者督促他们把重点放在教与学上。

2.学期中的常规性工作

在开学之后到期中考试前夕,教务处工作的重点是多且复杂的,比如,制订并落实各科的教学计划和学生的活动计划、对全校学生名册进行编辑、时刻检查教学进度、将相关的规章制度修订好、组织教师会议并积极听取教师意见、查看教学成果、组织期中复习、考试等,达到教学过程中的第一个高潮。在该阶段中,各科教师还要在教务处的协助下,开展课外学科的小组活动,对"课外教学"的活动计划进行落实。

而教务处在期中考试之后的工作重点,就是做好期中考试总结,在评估检查教学工作方面积极地配合校长。基于此,教务处还要学会分析重点学科的教学质量,从而有针对性地提出相关改进措施,与此同时,还要仔细检查教务工作本身有没有问题,在安排期末结束工作时也要尽量细致,从而达到教学过程的第二个高潮;预订下学期的课本,做好物质准备;同时还可以面向全校组织教学观摩与教研活动。学期中的工作一般都属于常规性工作范畴内,只要按照教学计划的日程安排按部就班地做,是能够收到实效的。

3. 学期末的常规性工作

在学期末时,教务处工作的重点开始有所转向,即组织好期末考试,做好评分,同时为之后的分析全校教学质量以及判定学生该留级还是升级提供充分的数据和素材,还要组织班主任填写学生以往的成绩与操行评定通知书;记录好各年级与各班学生的出勤率,并且公布;对期末之前的工作进行总结,收集好曾经评选出来的"三好学生"和"优秀教师"的材料;查看学生手册,做好期末的结束工作,并印发毕业证书与通知书等;同时还要组织指导教师做好学期结束的各项工作,包括教师自身的教学总结、教研组工作总结,做好教务处自身工作的考核与评比,安排好假期工作,制订下学期教学工作计划、下学期工作的总体安排,等等。学期末的这些工作是整个学校教学工作过程中的一环或一节,既承上又启下。因此,教务处一定要把这些工作做好,不能重开端而轻结尾,不能因为是学期结束了,存有马虎、潦草收场的心思,以致耽误工作。

(二)常规性的教务工作管理

1. 教务计划管理

(1) 教务处教学工作计划

学校要在整体工作计划的指导下研制出教务处的教学工作计划。学校总体的教学工作计划,对整体工作计划来说是非常重要的组成部分,并且应当由校长来亲自主持编制该计划,而辅助制定者则由教导主任担任。

教务处的教学计划的内容主要包括以下方面:制定并实施改进教学工作的措施;增强师资队伍的建设力量的措施;开展教学研究、促进教学改革的措施;完善管理制度、稳定教学秩序的措施;提高学生学习积极性的措施;加强实验室建设的措施;等等。

（2）教师教学工作计划

学校教学工作计划管理的基础性工作之一，就是指导教师制订好教师的教学工作计划。因为学校教学工作计划管理要落实于教师教学工作计划中，所以，教务管理者必须重视这项工作。教师的教学工作计划主要包括以下几方面内容：分析上一学期学生学习本科课程的一些情况，包括基本技能、知识、学习态度和方法、能力发展水平等方面；分析本学期课程的教材内容，包括基础知识与基本技能方面；分析教材体系的结构以及教材和教材间的关系；本学期提高教学质量和改进教学方法的措施；教学进度安排；等等。

教务处除了要负责学校教学工作计划的制订与实施外，还应当指导学生制订自己的学习计划，使学生的学习有计划、有目标地进行。

2.教务组织管理

在制订好学校教学计划以后，教务处就要担负起教务组织管理工作，诸如排课、调课、代课和补课，检查教学进度，检查教学质量，听取教师的意见和建议，召开教师会议，组织班主任填写学生的平时成绩和操行评定通知书，组织教师或学生进行教学或学习经验交流，详细记录与公布各年级与各班学生的缺勤情况，收集好"三好学生"和"优秀教师"材料。教务常规工作的基本职能即组织实施，而常规管理的基本职能则是组织管理。一般来说，学校对教务组织管理都是非常重视的，尤其重视教务组织工作中的统计管理。

加强教务统计管理，可以使学校时刻掌握发展动态与基本情况，从而在遇到问题时能及时地采取有效措施。学生的考勤统计、基本情况统计、学习负担情况统计、各科成绩的统计以及完成教学计划的统计等都属于教务统计的范畴。而统计报表则包括了学生概貌报表，其中有全校学生人数、男女生分别的人数、户籍、来源、民族、党团员人数等内容；教职工概貌报表，其中有教职工总人数、男女教师总人数、每个专业的人数、教师文化程度、年龄、退休教师人数等内容；学生的迟到、旷课、早退人数报表；学生考试成绩统计报表；教师出勤情况报表等。

三、课程改革与教学方法管理

（一）根据教学方法的多样性进行管理

教育学教科书一般会介绍八九种教学法，但教师在教学实践中所使用的教学法的数量不是固定的。所以，在教学过程中，不是单一的教学方法对教学起作用的，而是由多种教学方法构成的教学方法群对教学发挥作用的。除了一般的教学法外，各学科教学都有各自的教学法，如数学教学法、语文教学法等。某一门学科的教学法又可分出许许多多的教学方法，如外语教学法中的听、说、读、写教学法。即便是阅读教学，还可以分出精读、泛读、快速阅读等方法。总之，各门学科都有着大量的教学方法。

教学方法的多样性受多种因素的制约，如教学任务、教学内容、教师特点、学生特点、教学条件。教学方法的多样性要求学校领导者在进行教学方法的管理时，首先，要求教师学习和掌握多种多样的教学方法；其次，要指导教师根据实际教学的需要，运用多种方法进行教学；最后，还要热情支持和鼓励教师进行教学改革和实验，创造新的教学方法。当然，教师对教学方法的使用应持慎重的态度。教师要对各种教学方法进行认真分析和筛选，结合教学实际加以利用，绝不能孤立地、单独地运用某一教学方法进行教学。

（二）根据教学方法运用的综合性进行管理

在一节课上，教师不可能只采取一种教学方法就能达到教学目的，因此就需要将多种教学方法结合起来，再综合运用。比如，教师在上物理课时，一般为了证明力学原理会用到演示法。但实际上，教师往往会首先进行复习检查，向学生提问并对上一节课的内容进行指导；其次，在教授新课时，教师又往往以提问为主，让学生产生疑问，再演示相关教具，且在演示过程中引导并启发学生进行观察与思考；最后，基于教师的提问与学生的回答情况，简单并抓住主干问题讲清楚力学的原理究竟是什么，让学生记好笔记，并布置作业练习。在这一系列的活动中，教师运用了多种教学方法，有检查复习法、演示法、指导观察法、讲解法等。

教学方法的运用之所以具有综合性，有以下几个原因：一是因为教学内容是复杂的。尽管每节课的主题可能是一个，但围绕一个主题还有多个具体的问题，所以，教师应根据教学内容采取多种教学方法。二是学生的学习是一个过程，所以，教师在不同的阶段应采取不同的教学方法。三是某一种教学方法对某一节的某部分教学内容起作用，但不会对所有的教学内容都起作用。因此，在教学过程中，教师应将各种教学方法结合起来。

根据教学方法运用的综合性特点，管理者在管理过程中要指导教师综合运用各种教学方法，将各种教学方法有机结合起来，既可以以"一法为主，多法相助",也可以"多法并用,相互补充"。如果教师一节课只用一种方法,就易使学生倦于听课,达不到期望的教学效果。

(三)根据教学方法的艺术性进行管理

对于教学法,教师要认识到"教学有法,教无定法"的特点,正确处理"有法"和"无法"的关系。"教学有法"是指在任何一种教学活动中,教师都要运用一定的教学方法。"教无定法"是指教师在教学过程中不能固守某种教学方法,不能将教学方法公式化,而应根据教学的需要灵活运用。"教学有法"讲的是教学方法的科学性,"教无定法"讲的是教学方法的艺术性。所以,教师在教学过程中,既要注意教学方法的科学性,又要讲究教学方法的艺术性。

教学方法的艺术性是指教师在使用教学方法时,不能按照固定的程序使用,要根据条件和需要,善于将教学方法创造性地运用于教学实践中。教学方法如何使用,什么时候使用,主要取决于教学的实际情况。

教学活动是师生的双边活动,可以充分体现出师生双方的主观能动性。随着教学活动的推进,学生的心理活动、学习表现会出现新的变化。不同的学生对同一学习内容有不同的表现。即使是同一学生,也会因学习内容的变化而有不同的表现。比如,教师在运用讲授法进行教学时发现学生没有兴趣,就应运用其他方法激发学生的求知欲;在学生感到疲倦时,教师可以运用有趣的方法,启发学生的学习兴趣,消除学生的疲劳感。

根据教学方法的这一特点,在教学方法管理中,管理者应强调教师熟练掌握各种教学方法,要求他们灵活地、创造性地将教学方法运用于不同的教学情景中。只有灵活、巧妙地运用各种教学方法,才能产生良好的教学效果,才能充分发挥出教学方法的作用。

(四)根据教学方法的发展性进行管理

教学方法是随着社会发展和教育发展而发展的。没有永恒的教学方法。教学方法的发展不仅指量的增加,而且指质的提高。教师不仅要创造出更多的教学方法,还应根据教学的发展不断改善教学方法。

首先,管理者应鼓励教师学习古今中外优秀的教学方法。我国历史源远流长,有着丰富的知识宝藏。在教育方面也有许多值得我们今天借鉴和发扬的内容。管理者应鼓励教师认真学习我国古代的教育方法,剔除其糟粕,吸收其精华。我国古代教育家们创造的许多教学方法仍然具有旺盛的生命力,如"启发诱导""长善救失"等。对历史秉持虚无主义的态度是十分错误的，而不分良莠全盘继承也是不正确的。所以，教师应批判地继承我国古代优秀的教育遗产。对国外的教育教学思想、方法，教师也应积极地吸收。凡是有用的，教师都应努力学习。同样，盲目排斥是错误的；而不加分析，全盘接受也是不正确的。

其次，管理者应支持教师在实验的基础上大胆创新。学校教导主任要认识到教学方法对实现教学目的的桥梁作用，应鼓励和支持教师不断去实验，在实验的基础上创造出新的教学方法。

再次，教学方法改革要和教学的其他改革配套。教学方法应服务于教学思想与教学目的。而制约它的则是教学对象、内容与组织形式等。并且，若不改革传统的考试制度与教学指导思想，教学方法是很难得到发展的。所以，教学方法改革应和学校教学整体改革相结合。单纯的教学法改革效果不会太好。

最后，教法改革和学法改革并重。教学过程是教和学统一的过程，是一个过程的两个方面。因此，教学方法改革是教法和学法两方面相互协调和统一的改革。长期以来，教师对学法重视不够。实际上，教法是为学法的有效性服务的。教师在教学过程中应加强教法和学法统一的研究，促进教学方法的发展。

四、教学方法的优化

（一）从注入式转向启发式再转向学导式

所谓"从注入式转向启发式再转向学导式"揭示了学导式由启发式发展而来，启发式由注入式发展而来。

其中，注入式又可以被称为填鸭式，主要是指教师并不关注学生在现实中的知识水平、理解能力和认识过程的客观规律，只是一味地灌输给学生现成的知识结论，从自己的主观方面掌控教学进程，且仍旧实行让学生死记硬背的模式。

而启发式则指的是，在教学过程中，教师按照学习过程的客观规律，对学生进行引导，使其能自觉掌握知识的教学方法、理论等，淘汰注入式方法。我国教育的指导思想与原则一直都是启发式教学。但是，由于学校管理水平和教师素质不高，启发式教学长期以来一直处于"启而不发"的状态。

学导式教学是由启发式教学发展而来的，它的教学方法就是，在教师引导下，教师对学生采用个体结合群体的方式，使其自主、直接和快速地参与教学过程中,让其在教材中获取知识,掌握学习方法,这是学导式教学法的完美形态。这种教学方法除了要求教师对教学中的人人关系和人书关系加以重视外,还要求教师对教学系统空间因素进行考虑,考虑教学内容的量度、密度,注意教学的速度与节奏,高速高效地安排教与学的过程。从学生角度来说,学导式教学是一种主动学习、自主学习活动。由此可以看出,启发式是对注入式的否定,学导式是启发式的升华。

(二)从依赖教学转向自主教学

学生对教师有着很强依赖性的教学活动即依赖教学,其有着"一维性"特点,也就是只有一种目标与结果。在依赖教学过程中,教师统一安排教学内容、统一制定教学目标和统一使用教学方法,而学生则会因为教师让自己学习才学习,觉得学习是教师要管的事。依赖教学的"一维性"使一些学生"吃不饱",有的"吃不了",有的"吃不好"。

学生受教师引导,主动地参与到教学的全过程,且能够自主地进行学习活动就是自主教学。这一教学活动有着"多维性"特点,也就是会有多种目标与结果出现。教师对学生予以鼓励,让他们按照自己的能力与特点参与制定教学目标,并且促使他们通过提出方式、策略来实现自我强化,以便能够最大限度按照特点制定出教学目标。学生会认为学习是自己的事情。自主教学的"多维性"会让优中后进生"各行其通","优生不封顶,后进生能保底",各类学生在原有的基础上都能得到不同程度的提高。

从依赖教学到自主教学,既是一种改革趋势,又是一个渐进过程。作为一种教学方法,自主教学要求教师在学习需求、学习方法、学习过程、学习资源、学习时空、学习评价等方面促进学生增强自主性,要求学生明确使命感与目标追求,还要具备创新意识与活跃的思维,并且可以自发地对自身学习行为进行监控与协调。

(三)从认知教学转向情知教学

认知教学的教学过程是感觉—思维—知识、智慧,偏重智力、逻辑、分析、科学领域。它的特征:教师不给学生观察、思考、提问题、自己动手的机会,一味翻来覆去地讲,而学生依样画葫芦地做习题。学生摸不清学习的具体目标,不知道自己在学习的长途中走到了什么地方、走得怎么样、应从哪里努力等。

情知教学的教学过程是感受—情绪—意志、性格。它的基本特征:强调教学过程是认知过程与情意过程的辩证统一，因而情知教学不但重视研究教学过程的认知因素和智力因素，而且重视研究教学过程中的情意因素；不但重视认知功能中反应作用的发挥，而且注重情意功能中动力作用的发挥。

第三节　高校教学管理模式变革

一、当代高校教学管理观念的变革

（一）由"以事为本"转变为"以人为本"

如今，当代的高校教学管理想要贯彻"以人为本"思想，就要面向基层、服务对象与教学活动等。所以，管理者不管要实施哪一项与教学管理相关的制度、政策与措施，都要将这一点作为前提，以促进教师教学活动的自主性与创造性、学生学习的积极性与主动性等，以便能够对学生的实践能力与创新精神进行培养，从而最大限度发挥其创造性、主动性。因此，当代高校教学管理的观念应转变为以"人"为中心的民主型管理观念。当代高校教学管理应改变被管理者、学生与教师的被动地位，使他们既属于管理对象一类，同时也能具备管理主体的观念；与此同时，还应采用民主与参与式的管理方式，充分保证教师顺利地参与教学管理工作，并提出与教学管理有关的建议，有助于学校教学管理工作的顺利开展，保证教学质量。

管理者与被管理者间存在双重关系，也就是工作关系和人际关系。工作关系主要强调责任，而人际关系则强调感情交流。在学校教学管理过程中，管理者需要保持双重关系的大致平衡。从被管理者角度来讲，管理者除了需要强调其工作关系，严格要求被管理者且坚持原则外，也应注意到人际关系的重要性，即要增进彼此间感情，爱护被管理者与关心被管理者。

（二）坚持"教师主导，学生主体"的教学原则

"教师主导，学生主体"的教学原则强调让学生在学习时明确自身地位，要以教学主体而存在。因此，教学活动的最终效果或评估系统不是基于教师所教的内容，而是基于学生所学的内容以及对他们的素质产生的影响。从本质上说，这是"以人为本"的思想在教学管理过程中的重要体现。

二、当代高校教学管理模式的变革

当代高校教学管理模式既要严格也应宽松，也就是办事应当严格遵守规章制度，一视同仁；但同时，对于创造性人才的培养，在管理模式方面也应较为柔软和有弹性，充分对学生潜力加以挖掘，并为了发展其个性而创造条件。所以，管理者在教学管理中应当时刻对规范性、严格性与灵活性方面进行处理，并提供充分的空间与时间给学生，让其发挥自身的个性，进而让其创造性思维在一种宽松的环境氛围中得到发展。与工业经济时代"标准化"教育的"刚"性管理相比，当下知识经济时代的教育是一种建立在鼓励创新教育基础上的有较高理论水平的"柔"性管理。因此，我国高校尤其要对"刚"性教学管理制度进行改革。在深化教学管理改革中，教师需要发挥很大的作用。因此，管理者必须鼓励教师积极参与教学管理改革。现行的管理制度已经有些阻碍改革的进程了，比如，很多大学都实行了教学工作量制度，主要通过计算教师承担教学任务的总量来调控教师的工资与奖金。但是，在改革教学管理的过程中，教师经常会投入很多精力，比如，编写新教材和制订改革方案等。在大部分情况下，其现在的工作量一定会超过原本的教学任务工作量。但这一过程几乎不会体现在教学工作量标准中。这就导致了教学管理改革动力不足的问题。因此，高校需要出台一些政策，保证或勉励教师积极地实施教学改革。这也是目前教学管理需要进一步解决和研究的问题之一。

但是，如果不减少现有的学时，就无法让学生有时间和精力选择自己真正想选的课程。从表面上看，实施学分制的做法提供了很多学习条件给学生，但是因为时间上可能发生冲突，课程也可能太满，所以这些都将会导致学生基本不可能超前修课。虽然目前国家已经淡化了专业类别，但是对具体的人才培养计划来说，其"专业性"依旧很强，学科交叉的目标还是可望而不可即。因此，改革现有的教学管理模式与方法是教学管理改革的突破口。

在人才培养模式中应用先进的教学思想观念有赖于高校教学管理部门的有效协调、组织和实施。例如，高校教学管理部门的一项重要任务就是制订人才培养计划。其遵循的原则是否符合培养创造性人才的要求、是否协调了各方的关系，对深化教育教学改革有着举足轻重的影响。对课堂的教学评价来说，传统意义上的突出重点、逻辑性强和解决课堂问题等是上好课的基本标准。这一基本标准主要服务于传授知识的教育模式。而从学生创新精神的培养角度来说，传统的教育方式是不可能做到的。所以，高校的教学管理部门应当先制定教师教学的评价标准，并在教学诊断时以现代的教育理念为指导，激发教师教改积极性。在改革了教学管理模式后，高校教学管理部门就要改进教方面的管理和学方面的管理，主要应关注学生的学习方法、态度、习惯与效果等。在人才评价标准方面，标准过于单一机械，往往会压制学生的个性发展，扼杀了其创新精神。所以高校教学管理部门应当正确对待每位学生，且支持其个性的发展，使其能够开发自身潜能、发展独特个性、培养自身兴趣爱好等。因此，高校应建立有利于学生和教师培养创造性的科学评价体系和评价方法。

第四节　高校教学管理的信息化创新

一、高校教学管理信息化建设的意义

高等教育必走的强业之路就是要保证能够快速平稳地实现教育的信息化。为了满足我国当前高等教育不断扩大招生规模、不断增强校内建设的需求，建立高校信息化管理教学体系十分必要。学校中教师的数量在不断增多，学生的数量更是逐年增长，使得管理学校的工作难度加大。国内的高校教务部门逐渐投入现代信息化的教学管理体系建立工作中，逐渐带动教学模式信息化的快速发展。同时，国内高校教学管理体系还要实行相对统一的运行标准，以保证各大高校间能顺利地合作进行教学管理、学籍档案管理和用户管理等方面的工作，也会有效降低之后在共享工作信息资源中的出错频率，提高工作效率。

高校建立信息化教学管理体系，除了可以提升教学信息的处理能力，加大信息贮存的管理力度外，还可以让校内的教学管理工作实现有序化发展。这样一来，就能在一定程度上减少管理人员的工作量，防止由于部分管理人员的态度不认真而导致信息遭到扰乱的现象出现。这充分体现出在教学系统中，教学的管理工作起着重要的作用。

入学时，学生要将档案和信息交给教务部门保管。所以，学生未来发展的前途与命运多半是由教务管理部门决定的。所以，在日常的工作中，教务部门一定要时刻保证自身部门的时效性与高效化，及时地给学校领导、教师以及学生提供他们所需要的信息，从而使其能够在工作、学习中时刻共享信息资源。

这样将非常有利于提高教职工的工作效率和学生学习的效果。同时，教务部门还应不断鼓励高水平的教师对校内其他教师和学生加以引导。

二、高校教学管理信息化平台

（一）高校教学管理信息化平台的内容

教学管理信息化平台的建立是目前高校教学管理的重点。建立教学管理信息化平台是高校教学管理信息化发展的核心所在。所以，教学管理信息化平台一定要包括以下几个板块内容：第一，用户的管理。设定的用户人群范围可以是学生、教师和其他人员。这些人员需要输入账户名和密码，被允许通过后才能访问平台，从而进一步保障教学管理系统的安全。另外，教学管理信息化平台应使用户在选择板块内容时相对自由，但不允许用户随意更改信息。第二，课程的管理。教学管理信息化平台应能使平台管理者及时地对开设的课程以及与课程相关的信息进行录入，如录入课程用时和课程代码等信息，而且应方便教师与学生及时找到关于课程的相关资料。第三，智能化排课。排课的合理程度与教学结构的合理优化是相互直接影响的。系统也会按照具体教学状况来优化教学资源。第四，教学计划设定。平台应能够便于学生找到自己的完成学业的情况以及学习状况，为毕业做好充分的准备。第五，对教材的针对性管理。该类管理的目的是让教师和学生都能及时地领到教材，推进学习进程；方便对书籍进行管理，同时记录好购进书本的价格、版次、出版日期等信息。第六，注册管理。学生在人工注册完成后，要到网上再一次进行注册。之所以这样做是为了避免学生遗失自身信息的情况出现。第七，成绩与学籍管理。学生学籍的主要信息包含学生的日常表现、在校的成绩记录等。网上这些信息都是可以被查到的。这样，不仅能够减少教师的工作量，还能提高对学生的管理效率。

（二）高校教学管理信息化平台建设的策略

高校要想建设高品质的信息化教学管理平台，就必须谨记"人不在于多，而在于质"，也就是要尽可能减少用工数量，以最小的投入换取最大的回报。所以，这样的选择势必会促进高校教学管理信息化建设。

1. 严格遵循设计教学管理信息化系统的原则

首先，设计者对于信息化教学管理系统中所需要的资料都要事先考虑到，并对每个系统建设的细节有相对充分的了解。这样做可以为教学管理信息化平台的后期设计提供有力的现实依据。在设计的同时,设计者还要结合当前高校发展的具体情况,保证不脱离实际,且基于学校发展的具体要求来对信息化教学管理系统进行设计。其次,设计出的系统应尽量简单且方便操作,避免出现非常繁杂的页面与复杂的启动程序等。设计者在页面的首页就要设置提示,以便用户找到其所需要的信息。这也正是保障高校教学管理体系信息化的主要推广原则。再次,设计者应明确工作流程。这意味着在具体操作中,设计者要把握规范,不能违背原则进行操作。在平台板块的设计上,设计者应尽可能贴近教学实际,实现各方渠道信息的一致性、完整性,防止发生信息被错误获取的问题。最后,设计者应建立有效的信息反馈板块,让使用者在亲身经历之后提出合理的意见和建议,提高信息化教学管理系统的使用质量。

2.明确教学管理信息化平台的基本组成部分

教学管理信息化平台必须具有以下基本组成部分:校内资源管理模块、学籍管理模块、教务信息管理。其中校内资源管理模块包括教室资源、精品课程、课程资源以及教师资源管理等方面;学籍管理模块包括已修学分的查询、学籍信息以及学历有关的信息查找;教务信息管理包括课程信息、考试考核、培养计划等。信息化教学管理平台就是由这三大模块组成的。这三大模块除了能保障平台高效运行外,还有助于实现资源的共享,以方便学生和教师获取信息资源。

3.建立高质量的网络维护安全网

智能化网络系统对信息化教学管理平台来说是非常重要的。但对网络系统来说,其各方面经常会受到威胁,具有可侵害性与不稳定性。因此,对系统自身的安全性的保障应当是教学管理信息化平台维护的重点,使其尽量少受到外界的干扰。目前的教学管理系统主要是基于校园网进行建立的。设计者需要运用较强的技术手段,提供一个能及时处理和可信度高的信息平台,同时建立高质量的网络维护安全网,进一步实现平台信息化的不断发展,从而保障信息的安全。

三、促进高校教学管理信息化建设的具体方法

(一)更新教学观念,加大教学管理信息化的建设力度

在改善教学管理信息化的环境方面,教师的观念是非常重要的。而且学生受到教师的影响也很大。正是因为这样,教师才要首先起到带头作用,勇于使

用新方式进行教学，敢于尝试新科技，逐渐引导学生慢慢适应并积极应对目前的新教育形势。此外，学校还要对校内信息化教学管理应用观念进行加强，紧密联系起正常的教务体系与信息化的教学管理工作，不断深化信息化教学管理系统改革，保障信息的安全，加强对信息化教学管理平台的监督管理工作，保障平台的正常运行。

（二）建立优质的教学管理体系，不断提高工作效率

高校教学管理信息化是不断发展的，因此信息化管理水平和管理人员的工作效率就显得非常重要。所以，为了进一步适应当前发展要求，各部门之间应积极地配合。学校的领导还应建设出一支优秀的教学管理队伍，提高教学管理信息化的水平，增加校内管理人员参加培训的机会，使其走出去，引进更多的高端教学模式，鼓励管理人员，使其努力提升自身的专业化素养，同时提高应用现代化科技的水平，培养管理人员思考与解决问题的能力，避免教学管理工作中可能会出现的弊端，从而促进教学管理系统信息化的快速发展。

（三）保障教学管理信息化平台的科学性

教学管理信息化平台的建设需要信息资源和信息技术的支持。管理者在平台的开发设计过程中要充分结合学校当前的实际情况，做出合理的调整，以提高建设速度；针对整个设计开发过程，从事开发设计工作的人员一定得是专业的团队，同时需要有一个具有较强决策能力的领导参与其中，以加快整体设计开发进度；当系统正式投入使用后，管理者应安排专业人员不断依据用户的一些意见进行调试和修改，从而更好地体现出教学管理信息化平台的智能化和科学性，满足用户信息处理、收集、共享和管理等方面的要求，提高平台的使用价值。

（四）建立相关的系统管理制度

建设教学管理信息化平台不光需要专业化团队的管理、各种技术的支持、教学观念的更新，还需要正确的系统管理方式。所以，要快速建立健全高校教学管理系统，管理者就应当制定合理的管理规定，以便对教学管理信息化系统进行监督，避免不合规定的情况出现，从而影响系统的实用性。与此同时，良好的管理制度能使高校内部管理人员及时依据实际状况修改系统，对信息进行更正，以防信息错误而影响正常工作。

第五节　高校教学管理中的新媒体管理

一、新媒体的界定

其实直到现在，人们对于新媒体仍没有一个非常统一、明确的认识。而美国的《连线》杂志将新媒体界定为"所有人对所有人的传播"。清华大学熊澄宇教授则将其定义为"新媒体构成的基本要素有别于传统媒体，否则，最多也就是在原来的基础上的变形或改进提高"。而其实，新媒体与传统媒体相比，属于在广播、报刊和电视等传统媒体的基础上发展起来的新形态。新媒体利用了网络技术、数字技术与移动技术等，并通过无线通信和有线网络等渠道，还有手机、电脑等服务终端，最终使用户接收到信息和娱乐的新媒体形态。而即时性和交互性、超文本与多媒体、共享性与海量性、社群化和个性化等都是新媒体所具有的特点。

二、高校新媒体教学环境的构建与管理

（一）多媒体教室构建的原则

①实用性。实用有效是多媒体教室主要的构建目标。只有操作简单、切换自如、效果良好，才能最大限度地发挥设备的作用。

②可靠性。系统构建方案的首要设计原则，就是确保设备长期稳定和人机安全等，以便在运行系统中，为用户提供有效的技术手段，从而降低用户的人工与资金成本。

③先进性。相关人员在对设备进行选型时应当随技术发展的方向而做出相应的调整，尤其是在对中央的控制软件进行选型时，更要充分体现系统的整体先进性。

④扩展性。多媒体教室能否和互联网相连，能否调用教室外教学资源是判断多媒体教室可扩展性的首要标准。

⑤安全性。考虑到在非教学时间内，使用教室设备的安全性，相关人员应当按照设备的规格定制操作台并兼顾防盗、防火。

⑥便捷性。多媒体教室设备应实现一键关机或是远程操控关机功能，以方便教师操作。

⑦经济性。实用功能是设备选型和系统设计中最为注重的，因此应当相对降低总体投资，让经济性和先进性实现完美统一，以及价格比和设备性能的综合最优化。同时，一切都要从学校教学管理的实际出发，拒绝一切学校用不到的、华而不实的东西。

（二）多媒体教室的构建

1. 单机型多媒体教室的构建

（1）电子书写屏

电子书写屏可以代替显示器，并具有黑板的传统书写功能。目前主要产品有鸿合等，其主要功能为同屏操作、同屏显示、自动排版、文书批改、手写识别、动态标注、后期处理等。使用电子书写屏可有效避免多媒体教室设备因使用粉笔灰尘过多而导致出现故障、影响设备使用的情况出现，尤其是投影机因灰尘过多而频繁保护停机，以及液晶投影机的液晶板因灰尘过多产生物理性损伤的情况出现，同时为教师提供洁净的教学环境，有益于教师身心健康。

（2）投影机

相关人员应按照多媒体教室的不同大小，配置出具有不同对比度与亮度的品牌液晶投影机。在一般情况下，对比度与亮度越高，投影机的价格也就越高。同时，因为多媒体教室中消耗最大的就是投影灯泡，所以相关人员在选择品牌投影机时应尽量避免以后购买灯泡困难的情况出现，但也要注意保证质量；另外，要注意使用亮度稳定且寿命较长的UHP冷光源灯泡的投影机。

（3）操作台

相关人员应根据设备规格科学合理地设计定制操作台，要考虑到使用的方便性，并兼顾防盗性。应用电控锁作为操作台门锁，通过中央控制器实现一键开、关机，即一开即用、一关即走，极大地方便教师使用。

单机型多媒体教室的构建应根据多媒体教学特点采取优化措施，不配置其他不常用或多余设备，使整个系统简洁明了，利于教学与管理。

2. 网络管理型多媒体教室的构建

（1）中控系统

网络管理型的多媒体教室大多采用网络中央控制系统。这一系统有丰富的接口、功能强大，且有着高集成度的特点，并且还内嵌了网络接口，采用了TCP/IP（传输控制协议／网际协议）技术，通过校园网间的互联来进行远程的集中控制。控制方式有三种，即通过软件、网络与手动面板来控制。

（2）操作台

相关人员也应按照设备的规格来合理设计定制操作台，以此来满足使用方便、防盗的要求。在开启操作台门锁时，可以进行本地操作，也可进行网络远程控制。也就是说，中控系统联动的控制锁也能充当操作台门锁，多种设备联动后可以达到一开即用、一关即走的效果，非常方便。

（3）监控点播系统

管理人员能够通过使用监控系统远程对教学动态进行把控，并且还能通过有关的控制软件来让教师同步对上课视频与计算机屏幕内容进行录制，从而真正实现转播与即时点播的功能。

（三）多媒体教室的管理

1. 管理系统建设

管理系统建设分为多媒体教室教学管理系统和多媒体教室网络控制管理系统。教学管理应由目前普遍使用的人工安排多媒体教室逐步过渡到网上预约，通过开发适合本校实际的多媒体教学管理系统，采取智能化预约，提高多媒体教学的管理效率。

多媒体教室网络控制管理是指通过该系统可在主控室内控制多媒体教室内的相关设备，实现设定功能，并能实时与任课教师进行交流，保障教学正常进行。学校应根据教学实际多方论证，选择适合本校的多媒体教学的系统。多媒体教室网络控制管理系统的应用将使反映问题和解决问题变得更加快捷。管理上的方便、直接和高效，解决了多媒体教室数量增加后管理复杂、人员紧张的难题。

2. 管理人员建设

学校应以人为本，明确人才队伍建设对多媒体教室管理的作用与地位，在加强多媒体教室硬件建设的同时，应注重和加强管理技术队伍的建设。多媒体教室管理技术队伍是多媒体教室建设的骨干力量，对保障多媒体教学正常进行、教育技术与课程整合起着重要作用。因高校各学科教师对多媒体技术掌握程度不一，管理人员的任务不仅仅是建设、管理好多媒体教室，同时应根据教师需求承担起多媒体技术培训的任务，更好地为教师服务、为教学服务。

学校在人员建设方面应渐渐在管理技术队伍中引进高层次和高学历的人才，从而对队伍原本的知识结构进行改善；同时还要在现有技术人员的基础上，对培训计划进行较为详细的制订，使他们提高实践技能与业务水平，以适应技术的发展和多媒体教学的需要；重视和发挥管理技术队伍的作用，用好人才，积极创造条件，调动人员的工作积极性；加强考核，建立人员考核制度，建设一支业务水平高、富有团结协作精神的管理技术队伍，使其为学校教学科研工作做出积极贡献。只有不断优化结构，提高素质，建设高水平管理技术队伍，才能充分发挥现代信息技术的作用。同时，管理技术人员通过构建多媒体教室，在实践中积累经验，有利于更好地为教学服务。

3. 管理方式建设

（1）自助式管理

自助式管理是指教师在掌握了多媒体技术与设备操作规程之后实行的多媒体设备的自我管理。在每学期的开学初期，学校应根据教室设备的差异让需要使用多媒体教室的教师分开进行技术培训，在培训结束后发放相应的资格证书，并在使用后的一段时间内安排管理人员进行现场跟踪，记录相应教师的操作能力，有针对性地对其再次进行培训，对能独立操作的教师核发独立操作证书，对其采用自助式管理措施。教师在上课前到规定地点领取相关钥匙即可，由教师自行操作设备的开关。自助式管理适用于相对分散、无法或不适合安装管理系统的多媒体教室。该措施的实施能有效缓解管理人员紧张的局面。当然这需要相关职能部门的配套支持。

（2）服务式管理

对于实行网络管理的装有监控系统的多媒体教室实行服务式管理。服务式管理是指教师无须对设备开关进行操作，通过网络管理系统在上课前5~10分钟内开启全部多媒体教室教学设备，教师直接使用设备即可。管理人员通过监控系统全程监控设备使用情况，并在上完课后，检查设备状况并关闭设备与操作台。

管理人员在服务式管理与自助式管理过程中应加强设备管理，加大巡查力度，做好记录，及时了解设备使用状况、投影机灯泡的使用时间，定时还原计算机系统等。这极大方便了教师的使用，提高了效率，同时体现了管理为教学服务的思想。

多媒体教室的构建与管理是一项系统工程，管理人员应在实践中不断摸索，及时沟通，以教学为本，完善管理机制，最大限度地保障多媒体教学正常进行，促进技术与课程的整合。

第五章 我国高校教育教学创新实践与发展

教育教学思想是大学教育中最基本的、最能体现出一所大学精神所在的一种教育思想观念，它是大学在寻求发展中的一个永恒的话题。一种全新的具有创新精神的教育教学思想的确立和演变，可以推动大学教学内容方法以及新型高素质人才的培养模式乃至大学教育制度的变革，逐步演变成为大学发展的精神核心。21世纪是全球化的时代，是知识经济的时代。我们要更好地适应教育发展的需要，树立现代创新教育教学思想，建设一流的高水平的大学，依靠人力资源强国战略，为科教兴国服务。在一所大学教育教学思想的确立中，大学文化起着至关重要的作用。研究大学理念，必须从大学所处的历史和文化出发。大学文化影响着大学校园中的每一个人，也最终决定了一所大学独有的特色，它是在长期探索如何办学的过程中逐渐积淀而成的。越是负有盛名、历史悠久的大学，其自身的办学特点就越加鲜明，其中蕴含的文化内涵就越是浓厚。不管是评价一所大学，还是评价一个学科，文化所起到的作用都是不可低估的。也正是这样的原因，教育部在本科教学工作水平评估中特别要求对大学在办学过程中形成的教育教学思想和办学特色进行重新审视和定位，从大学文化建设的角度来看，这是十分具有远见的。对正在努力建立现代大学制度的我国大学而言，如何精练其教育教学思想和办学特色，从而形成独特的大学文化，这仍是一个需要花费较大力气予以审度的问题，在这方面我们任重而道远。

第一节 高校教育教学方法创新

高校教育教学方法创新路径是高校教育教学方法创新活动中重要的实践要素。对这个问题的研究，既可以是对过去或现存状态的追寻或总结，也可以是对未来教学方法创新的价值建构。无论是过去已经存在的教学方法、创新方法，还是未来需要着力改进的创新方法，无论是各种自创的创新方法还是学习借鉴而来的教学方法，都值得推崇，但要客观地分析教学方法具有人文环境的适应性和技术支撑条件的差异性，不能盲目。

高校教育教学方法创新的基本路径构建，科学性和新奇性是两个基本依据。教学方法的内在规定性是"价值实现"和"感受共存"，这对教学方法创新实践同样具有理论指导意义，"价值"科学性创新路径的规定，"感受"是新奇性创新路径的规定。无论是自创或借鉴的已经存在的教学方法，其本身的价值或科学性一般不存在怀疑，那么作为"感受"所必需的新奇性要加以重视。

高校教育教学方法创新策略，必须涵盖两点。一是在方法创新过程中，借鉴国外高校教育教学方法是一个有效途径，这个途径不是在说明那些方法的好坏，而是提高教学方法的丰富程度，即感受性的最大特点就是丰富性，不然，师生对于教学方法的感受共振就是贫乏的；二是要重视教学方法的人文环境适应性和技术支撑条件的差异性的存在，在学习借鉴时，就要根据不同对象并分析该方法创制的原始背景，加以利用，并注意克服推行过程中的技术限制因素，尝试其他途径或通过相关技术解决问题，这本身也属于创新思维范畴。结合创新理论原则和高校教育的教学方法的历史与现状，总结分析得出成功而有效的教学方法、创新方法。但要特别指出，在教学方法创新实践活动中，掌握一些创新原理和方法只是能否实现创新的前提，不是解决创新的灵丹妙药。只有不断深入学习、深刻理解创新方法，积极开展创新实践，才可能有效地掌握创新方法，取得创新成果。

一、组合法

无论是在自然界还是在人类社会，组合创新非常普遍。就教学方法而言，就是两种或两种以上的方法或方法理论的一部分或全部进行适当叠加和组合，形成新的教学方法。组合法是创新原理之一，也符合教学方法创新实践。组合创新的概率与空间是无穷的。据统计，20世纪的重大创造发明成果中，三四十年代是突破型成果为主，而组合型成果为辅；五六十年代两者大致相当；从20世纪80年代起，组合型成果占据主导地位。这说明组合已成为创新的主要方式之一。

二、分离法

分离原理是把某一创新对象进行科学的分解和离散，使主要问题从复杂现象中暴露出来，从而厘清创造者的思路，便于抓住主要矛盾。分离原理在创新过程中，提倡将事物打破并分解，它鼓励人们在发明创造过程中，冲破事物原有面貌的限制，将研究对象予以分离，创造出全新的概念和全新的产品。教学方法创新的分离法，就是把过去或原有的司空见惯的方法加以分解，按照一定逻辑关系进行整理，然后突出某一部分甚至将其扩充放大，成为一种等同甚至超越原来方法作用的新方法。

三、还原法

还原实际就是要避开现行的世俗规则，即将所谓"合理"的事物设定为"非"，而将事物的原状设定为"是"，就是要善于透过现象看本质，在创新过程中能回到对象的起点，抓住问题的原点，将最主要的功能抽取出来并集中精力研究其实现的手段和方法，以取得创新的最佳成果。教学方法创新与其他任何创新一样，都有其创新原点，寻根溯源找到创新原点，再从创新原点出发去寻找各种解决问题的途径，用新的思想、新的技术、新的手段重新构造方法，从本源上解决问题，这就是还原创新方法的精髓所在。

四、移植法

创新理论认为，移植法是把一个研究对象的概念、原理和方法运用于另一个研究对象并取得创新成果的创新原理。"他山之石，可以攻玉"，移植法的实质是借用已有的创新成果进行创新目标的再创造。教学方法创新活动中的移植法，可以采取同一学科领域的"纵向移植"（我国高校教育教学方法的通用手法是非理性的"下位"的基础教育教学方法"上移"，而当前基础教育教学创新中则采取了诸如研究法、实验法等更多"上位"方法"下移"），也可以采取不同学科领域、不同地域的"横向移植"，还可以采取多学科领域、多地域教学方法的理念、思维和方法等综合引入的"综合移植"。移植能够取得新的成果，在教学方法方面，移植也符合"感受共存"中的新奇性标准：没尝试过的就是新奇的。所以，在教学方法问题上，美国的许多常规方法引入我国来，就是创新，就能够产生新的效果。而我国的传统教学方法，传播到美国去，也会产生意想不到的效果。

五、逆反法

逆向思维是一种重要的创新方法，逆反法要求人们敢于并善于打破头脑中常规思维模式的束缚，对已有的理论方法、科学技术、产品实物持怀疑态度，从相反的思维方向去分析、思索、探求新的发明创造。实际上，任何事物都有正反两个方面，这两个方面同时相互依存于一个共同体中。人们在认识事物的过程中，习惯于从显而易见的正面去考虑问题，因而阻塞了自己的思路。如果能有意识、有目的地与传统思维方法"背道而驰"，往往能得到极好的创新成果。教学方法中有一种备受推崇的"深入浅出"方法，其实，从逆反法的角度分析，高校教育教学中的很多课程内容可能并不适合"深入浅出"，而更需要"浅入深出"才能达到引人入胜的效果。

六、强化法

强化法是常见的创新方法之一，它是基于科学分析研判基础上的一种"包装术"，即合理策划。强化法主要对原本一般的方法通过各种强化手段进行精练、压缩或聚焦、放大，以获得强烈的创新效果，给人以感觉冲击。分析教学名师的教学方法，很多都是采用强化法，把普通的教学方法"概念化"，或者按照分离法原则把一个普通方法的局部元素加以剥离、充实，并开发到极致、应用到极致，并打上首创者的名号。这样获得的教学方法不仅是"新"的，也是"强"的。

七、合作法

高校教育教学活动是典型的深度合作活动。这种认识长期没有得到推广，以至于教学方法的单边主义长期盘桓，根深蒂固。创新现行的教学方法，推进高校教育教学方法创新，思路之一就是从教学活动本源入手。有学者分析"对话教学法"是以师生平等为基础、以学生自主研究为特征的典型的合作创新方法，并由此推演出"以教师为中心""以学生为中心""师生关系平等""突出问题焦点"四种对话教学模式。其实，不唯对话教学法是合作创新的范例，任何教学方法的创新，从创新主体而言，合作的路径是无限宽广的。因为，科学的发展使创新越来越需要发挥群体智慧才能有所建树。早期的创新多依靠个人智慧和知识来完成，但像人造卫星、宇宙飞船、空间实验室和海底实验室等，需要创造者摆脱狭窄的专业知识范围的束缚，依靠群体智慧的力量、依靠科学技术的交叉渗透。

第二节 高校教育教学方法创新评价

推进和深化高校教育教学模式创新实践的一个重要命题是如何开展教学方法评价。教学方法评价的缺失或不当，是教学方法创新实践成功的先决条件。因此，建立适合高校教育教学内容、教育对象、教学发展特点的教学方法评价机制，有利于推进教学方法创新实践活动。

教学方法创新评价的起点是教学方法常态评价，通过对教学方法的常态评价促进教师的教学方法创新，通过教学方法创新评价进一步科学引导教师的教学方法创新实践。教学方法常态评价就是对任何教学活动中教师所使用的教学方法状况及其影响给予分析判断，提出建议。这实际属于常规教学评价内容，但经常被忽视或虚化，其中一个重要原因就是评价标准的缺失或评价过程的瞬间性难以把握，只能寄托于"事后印象"，所以，教学方法常态评价实际上处于一种"无政府"状态，无论是教师还是学生，甚或是专门教学指导与评价组织者，均各执一端、莫衷一是。

教学方法常态评价的目的不在于推选出一种或几种最优教学方法，而在于促进教学方法的多元化和有效性，使学生得到积极健康的满足，从而激发学习兴趣，增强学习动力，提高教学活动的整体水平和质量。"最优"教学方法是不存在的，所有有效的教学方法几乎都是组合性和适切性的产物。因此，常态评价的标准不是组织设计性的，而是一种常规状态下的灵活评价标准：符合基本教学方法要素，适应不同教学内容和教学对象，教师和学生的感受趋于一致。当然，教师误用为"取宠术"，满堂取悦于学生的奇闻逸事，这是在实施常态评价时应引起关注的。同时，教学方法常态评价过程必须是动态的，不能以一两次评价代替某位教师的某门课程教学方法状况。

高校教育教学方法创新评价是在教学方法常态评价基础上，用来引导和规范教学方法创新活动的手段之一，评价结果反映教学活动中教师所采用的教学方法的科学性、合理性及有效性。进行创新评价或者评价某个教学活动中的教学方法是否具有创新性，至少应该符合以下四项原则之一。

一、批判性原则

与常态评价不同，考量一位教师的教学方法是否具有创新性，首要的依据不是稳妥、正确，而是方法中的批判性成分，包括该方法对教学内容的现行结果等是否具有反思维或质疑，对学生的问题意识、探究情怀是否有暗示作用。现行教学方法中的知识讲授、灌输等方法之所以一直被诟病，就在于它忽略了这些知识产生时的无限批判进程，使知识显得苍白，不能培养学生的问题意识和探究兴趣。在评判原则之下，可以有非常多的具体方法，只要它们具备批判属性，都属于教学方法创新范畴。

二、挫折性原则

无论是抽象的观念还是具体的方法，但凡具有"新"的本质属性，或多或少存在不被立即接纳和认同的境遇，人类社会在漫长的进化史中，有一个共同的经验就是对于"新"既怀有期盼，又保持着戒备。一种新的教学方法被创设或引进到一个教学情境中，必然会有一定风险，会遇到各种阻力乃至反对，一片欢呼、推行顺畅的新方法十分罕见。教师对于风险的评估以及是否决定推行是为内阻力，而遭遇风险担当风险是为外阻力。无论是内阻力还是外阻力，都是每一种新方法必须面临的挫折。同时，这种方法本身在实施过程中还含有"挫折"意蕴，比如，项目教学法就使学生在参与实施新方法的过程中体悟探究和推演的复杂性和艰难程度，在挫折中寻求成功，进而体会新方法的意义和愉悦感。这种方法也是对高校学生进行学术品格培育的有效途径之一。

三、丰富性原则

有效的教学方法很少是单一性的，通常是多方法的组合运用。评判一次教学活动或者一位教师一贯的教学方法是否具有创新性，应该考察其方法使用的丰富程度。人类在漫长的教育教学历程中，创造了无数的教学方法，其中每一种方法都没有好坏、正误之分，关键是适合这种方法的对象与教学内容、教学情境。教学是种非线性规律活动，每一种教学方法都有其产生的特殊原因，而人类相同原因出现的概率非常少，因此，某一种方法只能在其起源相似条件下才能发挥作用，更多情况下是各种方法的融合与杂糅。具有创新性的教学方法必须具有丰富性特点，单一的方法在现今条件下即使具有创新性，也一定非常微观，解决不了常规教学层面的问题。总结教学名师的教学方法，在其"品牌性"之外，都有非常丰富的教学方法贯穿教学活动之中，其中还有一些是教学方案设计之外的"非设计"方法，被名师临场发挥，服务于具有特殊需要的教学过程。"非设计"方法是教学方法创新丰富性的表现之一，它准确地反映出不同教师运用教学方法的能力和水平，高水平的教师可以在教案设计方法之外游刃有余、得心应手地选择恰当的方法开展教学，而初任教职的教师可能在教案中设计了若干教学方法，但有可能一些方法根本没有用上就结束教学活动了，或者用一些超出教学安排的"取宠术"来满足学生的低级兴趣。

四、关联性原则

高校教育教学方法的实现途径随着技术进步发生着快速而深刻的变化，多途径实现教学目的成为现代高校教育教学方法创新的革命性特征，与传统的讲授法、灌输法相比，现代技术带来的教学方法创新突出了技术性优势，从"粉笔加黑板"进化到幻灯片，进化到多媒体，进化到网络课堂，有效地提高了教学效率，为交互式教学提供了时空与技术保障，师生教学灵感也能及时得到捕捉和储存，等等。但这只是教学方法创新关联性的一个方面，即方法与手段的关联。级联递增式的关联性在一定程度上否定教学方法的技术元素，完全依赖现代教学技术推进教学方法创新也不妥当，因为人类的教学活动从产生到现在，从来就不是技术的奴隶。尽管现代网络课堂或课程在逐步兴起，这可能从感觉上给世界各地高校教育教学方法掀起一次话题讨论，但通过网络传播"最优"教学方法的可能为期尚远，更多是学校的一种魅力与形象的展示。因此，关联性创新原则要求教学方法不能在技术面前无所作为，也不能搞"唯技术论"，还必须回归教学活动中"教"与"学"的本位开展创新。人是社会生活中最活跃的因素，离开先进技术设备条件依然可以开展教学方法创新活动，比如，很多教师成长经验或教学经验中的"点化法",就屡试不爽,成就了不少人才。

对教学方法及其创新性的评价,主体必须是多元的,任何单方面的结论都不足信,尤其是从教学管理角度开展的教学方法及其创新性评价更是有违教学方法的本质要求。高校教育教学方法创新属于学术文化范畴,对教学方法的评价不属于高校教育的行政管理而是学术管理。学术性评价的主体应该是多重多元的,只有这样才能靠近教学方法以及教学方法创新性的本质。否则,就是对教学方法的机械性误导,极大地扼杀了教学方法运用的灵活性和教学方法创新的积极性。

教学方法创新评价主体,首先是作为教学活动直接参与者的教师和学生这个二元主体。而且学生这一方面的情况还是动态变化的,即某位教师的某一门课程的教学对于某一年级的学生一般只有一次,待教师重复进行教学时,学生已经全然改变。因此,教师的教学方法创新为什么滞后,关键就在于学生对某门课程的学习以及对教师教学方法的"感受"是唯一不可重复的,即使有一些中肯的建议,但检验这些建议是否被采用的,则是下一届学生。所以,对教师教学方法创新评价主体中学生的界定,必须是持续几个年级学生。或者,对于通用性强的公共课程、专业平台课程等,要把学生全部纳入评价主体的范围,但这对大量专业性课程不适用。教学方法创新评价主体的另一方面,应该是教学团队成员。无论这个团队是否形成建制,或者规模大小、关联强弱不一,但通过这个团队,可以从"方法适应内容"角度准确界定教师教学方法使用及创新状况。至于很多高校教育已经组建并运行的"教学视导"机构的人员,是教学方法创新的评价主体之一,但由于学科专业的巨大差异,他们只能从通用性方法,即符合教学一般规律性的方法入手加以评价,不能代替教学团队的评价。教学管理部门参与教学方法创新评价是间接的,只能从程序设计、持续推进、结果反馈和分析等方面着手工作。

第三节 高校教育教学创新的思路

一、更新教学理念

高校应更新教育思想，确立实践教育教学理念。实践是指将高校教育教学内容中的自然科学知识、人文知识、德育等各种理论知识教育，通过具体的系统实践来消化、固化、融合、升华。在实践中统一科学教育与人文教育，把实践育人贯穿于人才培养的全过程，培养学生的实践能力和创新精神，提升个人人文素质和科学素质，达到完全与社会实际需要相符合的目的。高校在校园文化建设中要建立一种新的激励机制，带动学生积极展开创新创业活动，并给予大力支持，全面推进实践教育。

树立"以生为本"的教学理念，就是在教育教学中要体现出对学生主体地位的充分理解和尊重，对学生潜能的充分诱导和挖掘，对学生人格的充分培养和塑造，把学生的个人意愿、社会的人才需求、学校的积极引导有机结合起来，使学生在知识、能力、思想道德、身心健康等各方面得到均衡、全面的发展，从而促进学生成长成才。这一教学理念要充分贯彻体现到高校的所有教学环节之中的各个方面。在教学模式上，要对原有缺乏弹性的、学生被动接受没有选择余地的教学模式进行创新，实施弹性教学计划，建立学分制、主辅修制，让学生有一定的选择权和支配权，可以自由支配属于自己的时间和空间，着力于学生创新能力和实践能力的培养。在教学目的上，要"一切为了学生，为了学生的一切，为了一切学生"。在教学方法上，要大力提倡"以学生为主体、教师为主导"的互动式教学方法，鼓励使用问题式、案例式、讨论式、情境式教学法，开展"启发、互动、探究式"的课堂教学实践，采取一系列措施，使教师由传统式知识传授型教学向现代式研究型教学转变，引导学生由被动接受型学习向研究型学习转变。

在教学组织的具体实施方面，应采取灵活多样的教学组织形式，而对目前过于刻板的传统教学方式进行创新，充分发挥学生的个性，对学生进行激发和引导，使学生经过探索研究而学会自主学习，使教学方式从传授知识向培养学生认知能力和全面素质转变。转变以教师、课堂、书本为中心的教学局面，进行师生互动,展开专题讨论,鼓励自主探索与合作的学习方式,培养学生的探索精神与批判性思维;重视教学的创新性和学生个体间的差别指导,让学生在与教师的朝夕相处中耳濡目染,接受熏陶;以学生亲自动手实践为主,采取提供实践平台、鼓励学生积极参与科学研究实践课程创新的手段,增强教学活力,培养学生获取新知识、分析和解决问题、交流与合作的能力。

制定均衡的高校教育资源配置政策。在重点大学和普通大学之间实现教育资源配置的均衡。在建设和发展"985工程"和"211工程"重点大学的同时也要兼顾一般大学,着力改善一般大学的办学条件。还要针对目前不同区域间高校教育差距越来越大的现象,制定相应的区域高校教育政策,寻求不同教育资源在区域间配置的平衡,增强区域高校教育发展的动力。科学合理地安排高校教育的学科专业布局,加强教学内容和课程体系创新。合理安排课程设置,高校的办学理念、专业与课程设置、教学模式要与社会需求相一致,培养与社会需求相符的人才。首先,在进行学科专业建设时依据"厚基础"原则构建培养本学科专业人才的基础知识、能力和素质结构。其次,在安排学科专业布局时要依据"宽口径"原则,拓宽学生的专业知识面,把专业设置从对口性向适应性改变,实行宽口径的专业教育,优化课程整体结构,拓宽专业课程交叉培养,增加弹性教学,提高教学质量,提高学生的综合素质,促进学生科学全面发展,为社会提供高素质人才。最后,高校要抓住自身特色,合理定位,遵循差异性原则,建设优势学科,避免模式单一,合理配置教育资源,促进教育公平,促进高校教育科学发展。因材施教,树立"以生为本"的教学理念。因材施教,就是根据不同学生的个性特点来进行不同的教育活动,通过对差异性的辨析制订适合其特点的教学计划。教育公平的实质不是使每一个学生都要获得同样的教育,而是使每个学生都获得"适合"自身的教育,这就是教育公平的"适合性"原则。我们要充分认识到学生是教育活动的主体,学生是发展的独立的人,每个学生都有自己独特的个性,我们要做到在制定教学目标、教学模式、教学内容以及教学方法等教学活动方面坚持"以生为本"的教学理念,尊重学生的主体地位,充分挖掘学生的潜能,使学生的个性得到充分发展,塑造学生的健全人格,促进学生的全面发展,促进教育公平的实现。

构建高校教育教学质量保证体系。高校教育教学的质量直接影响着人的全面发展,最终影响经济社会的发展,我们要依据相应的政策法规建立高校教育教学质量保证体系,规范学科专业建设,避免重复建设和教育资源浪费,构建独立的有权威性的教育教学质量评估机构，加强对高校教育教学质量的监督，完善高校教育教学评估政策，充分发挥社会的监督作用，对高校教育教学质量进行监督。

总而言之，追求高校教育教学公平是促进高校教育公平的核心所在，也是促进高校教育创新发展的不懈动力，我们必须坚持科学发展观，继续深化高校教育教学创新，优化高校教育结构，不断提高高校教育教学质量，实现人的全面发展，最终促进高校教育公平的实现。

二、办学特色

（一）办学特色的内涵

教育部在《普通高等学校本科教学工作水平评估方案（试行）》中明确了办学特色的定义以及内涵："特色是指在长期办学过程中积淀形成的、本校特有的、优于其他学校的独特优质风貌。特色应当对优化人才培养过程、提高教学质量作用大，效果显著。特色有一定的稳定性并应在社会上有一定影响、得到公认。特色可体现在不同方面：治学方略、办学观念、办学思路；科学先进的教学管理制度、运行机制；教育模式、人才特点；课程体系、教学方法以及解决教改中的重点问题等方面。"高校办学特色就是一所大学在长期办学过程中形成的本校特有的和已经被社会认可了的在某些学科领域方面优于其他学校的独特创新风貌和具有可持续的发展方式，具有稳定性、认同性、创新性、独特性、标志性。高校办学特色的内容主要包括学科特色、科研特色、人才培养特色、校园文化特色这四个方面。

教育部在《关于进一步加强高等学校本科教学工作的若干意见》中提出，要培养数以千万计德、智、体、美全面发展的高素质专门人才和一大批拔尖创新人才，突出提高人才培养质量的位置。而办学特色正是高校质量的生命线，是学校追求最优品牌的实现途径。高校应以追求特色、打造优势为目标，促进办学水平的整体提高，使高校的办学特色更加显著，从而提高高校教育质量。

（二）办学特色的形成

第一，教育教学创新，培育办学特色。一所有特色的高校必定拥有自己独特的教育思想和教育教学理念，这种教育思想和教育教学理念能够在特定时空环境指导着高校在办学发展的过程中的办学思想和办学理念，并能适应时代和社会对教育和人才培养的要求，符合教育思想和教育教学的创新要求，符合教育创新发展和社会进步的一般规律，能够促进教育发展方向、人的全面发展及人才培养过程的优化。教育教学的创新必将带来教育思想的转变，先进的教育思想必将促进先进办学思想的实践，包括新的办学目标、办学模式的重新定位标准，以及如何实现这一标准所采用的方法、途径以及对此办学实践效果的综合评价。

第二，构建学科特色，促进办学特色。学科特色建设是促进高校办学特色形成的关键所在。学科建设作为高校培育人才、科学研究和服务社会三大职能的具体承担者，它的建设和发展水平程度对高校的人才培养、科学研究、专业建设和师资队伍等方面的质量有着重要影响，对高校的办学特色的形成有着强有力的支撑作用，并决定着学校的服务能力和水平及办学层次的提高。学科特色是高校办学特色中的标志性特色，是构成高校教育核心竞争力的主要组成部分。学科特色：一是指特色学科，指某一特定的学科特色；二是指学科结构体系特色，指由几个特色学科共同组成的学科特色。特色学科是学科特色发展的基础，学科结构体系特色是学科特色的扩展壮大，真正的特色学科具有不可替代性，是难以被模仿和复制的。高校在学科建设上不能盲目求"大"求"全"求"新"，要求"精"求"尖"，要因校制宜地构建优势学科，发挥优势学科所附带的"品牌"效应，形成办学特色。美籍华人科学家田长霖教授曾经说过，世界上地位上升很快的学校，都是首先在一两个学科领域有所突破，而不可能在各个领域同时突破，达到世界一流。学校要全力支持最优秀的学科，要有先有后，把优势学科变成全世界最好的，当然其他学科也就会自然而然地提升上来。所以从某种意义上来讲，一所大学的学科优势所在，也就是这所大学的办学特色所在。

第三，发扬大学精神，形成办学特色。南京大学教授董健认为，大学之"大"，内涵应该是思想自由、学术自由；培养人完善人，不断提升人格和道德；独立于政治权力之外，追求学术真理。"大学精神"就是在大学里做学问的心理状态和文化立场。大学精神是一所大学内所有成员在长期办学实践中共同创造、传承、逐步发展起来的被大学所有成员共同认同而形成的一种精神理念，它反映了一所大学的历史文化传统以及面貌状态，是大学的精神信念和意志品质的准确表达，是大学独特气质的精神形式和文明成果的表现，也是大学所有成员的精神支柱。大学精神犹如个人的品格，是大学最为核心和高度抽象的价值追求和行为规范，决定着大学的行为方式和大学发展的方向，是大学存在和发展的基石，是大学的灵魂和本质所在。大学精神是大学保持永久活力的源泉，是大学优良传统文化的结晶，是大学在长期教育实践中积淀下来的最具典型意义的精神象征，体现了大学所有的群体心理定式和精神状态，展现了大学的整体面貌、风格、水平、凝聚力、感召力、生命力，最终凝聚形成独有的办学特色。高校的办学理念以及办学实践应该有利于大学精神的形成和发展，并使之形成一种特色教育，经久不衰。

三、推进师资队伍建设

高校应逐步取消高校行政级别，精简高校管理机构，压缩行政费用开支，使教师真正在高校中处于主导地位，同时进行师资队伍建设。百年大计，教育为本；教育大计，教师为本。习近平总书记在同北京师范大学师生代表座谈时指出："教师重要，就在于教师的工作是塑造灵魂、塑造生命、塑造人的工作。一个人遇到好老师是人生的幸运，一个学校拥有好老师是学校的光荣，一个民族源源不断涌现出一批又一批好老师则是民族的希望。国家繁荣、民族振兴、教育发展，需要我们大力培养造就一支师德高尚、业务精湛、结构合理、充满活力的高素质专业化教师队伍，需要涌现一大批好老师。"

教师作为高校培养人才、传播知识的主体，是高校教育教学中的第一生产力。一所学校的办学理念、办学方针都需要依靠教师在教学过程中呈现出来，高校要依据自身的办学特色，造就一支具有足够知识储备、教学科研能力、创新意识和人格魅力的高素质教师队伍。把重点学科、特色学科带头人的培养作为学科建设的首要内容，加大对重点学科、特色学科带头人的引进力度，加快高层次创新人才培养，突出特色训练，形成明显的学科优势，促进学科发展，进一步提升在职教师的素质，提高高校教育教学质量。

建设一支优良的师资队伍是提高教学质量的关键所在，是实现高校培养人才目标的有力保障。随着高校教育教学创新的发展，我国已经初步形成了一支总体规模较适当、学科体系较齐备、综合能力不断增强的高校师资队伍，在数量和专业层次上都有了较大幅度的增长和提升，但是在整体结构、综合素质上依然存在一些不协调和不足之处，影响着我国高校教育教学创新的可持续发展。

（一）优化高校师资队伍结构

高校师资队伍的结构内容主要包括教师的学历、职称、年龄这几个方面，它可以直观地反映出教师队伍的质量、能力和学术水平的一些基本情况。这些年来，虽然我国陆续实施了"高层次创造性人才工程""高校青年教师奖""骨干教师资助计划""硕士课程进修"等多项高级资质队伍建设工程，但高校教师队伍的总体结构还存在着不合理因素。虽然现在的大多数高校都普遍抬高了门槛，高校教师的大门不再对本科生敞开，必须是研究生以上学历才可以获得进入的机会，但我们仍要加大对骨干教师和优秀学科带头人的引进力度，强化高层次带头人队伍建设。对于高职称的学科、学术带头人和紧缺专业人才要给予一定的政策倾斜，根据学科发展的目标，有目的地吸引高层次人才，以确保高校师资队伍的职称结构比例合理；还要通过有效措施引进高学历人才，提高师资队伍的学历层次。加强本校优秀人才的培养和吸纳来自不同地区和高校的人才，引进与培养相结合，推动人才与资源的有效整合，以利于各学科专业教师整体知识结构的优化，最终促进高校师资队伍结构的协调发展。

（二）提高高校教师综合素质

高校师资队伍建设是高校教育教学创新发展的基石，它直接关系着高校教学质量的提高与否，高校教育的快速发展对高校教师的教育教学思想、知识结构、教学方法等综合素质提出了更高层次的要求，要求教师具有熟练应用现代信息技术和现代教育手段的能力、教学与科研的创新能力、理论联系实际的能力、将知识服务于社会的能力以及良好的社会交往能力。要建设这样一支学术过硬、综合素质较高的教师队伍，我国的高校教育师资队伍建设任重而道远。提高高校师资队伍的综合素质要把师德建设放在首位。师德建设是师资队伍建设的基础，不断加强师德建设，是全面贯彻党的教育方针政策的根本保证，是培养德才兼备的高素质的社会主义建设者和接班人的必然要求。在高校师资队伍建设中要遵循"以人为本"的原则，牢固树立"师德兴则教育兴、教育兴则民族兴"的爱国主义教育教学理念，要求教师不断更新观念，用现代教育思想充实自我、推进高校师资队伍建设，建设一支为人师表、作风优良、爱岗敬业、科研能力强的与时俱进的高素质教师队伍。

提高高校师资队伍的综合素质要注重教师培养人才的直接途径，这也是高校的主要工作，教师是教学的实施主体，培养教师的教学科研能力是提高教师教学水平的主要途径。要改变过去只注重学历的提高而忽视教育教学能力培养的状况，既要注重教师专业学术水平的提高，也要重视教师教学水平的提高，要求教师掌握教育教学理论、教学方法以及教学规律，增强教师提高教育教学水平的积极性和自觉性。还要加强教师对科研工作的重视，为教师提供科研创新的条件，提高高校师资队伍的科研能力、学术水平和教师职业化水平，以"特色专业、精品课程"建设和聘任重点学科带头人为龙头，加强重点学科带头人、学术带头人、学术骨干队伍建设，在部分学科领域形成独具特色的人才群体，致力于学术大师和教学大师的培养，带动师资队伍整体水平的提高。

总之，我们要把高校师资队伍看作一个整体，通过多种方式加强高校师资队伍建设，提高教师的专业理论学术水平、教育教学能力、科学研究能力以及科学文化素养，全面提升教师队伍的教育教学功能、团队协作功能、科研开发功能及社会服务功能。使教师掌握先进的教学、科研方法，并具有崇尚科学、勇于创新的开拓精神，具有为高校教育事业不懈追求的精神，为高校培养一支具有良好的职业道德、较强的教学科研能力和充满活力的高素质师资队伍。促进高校教育教学质量和水平的提高，促进师资队伍建设的良性循环，促进我国高校教育教学创新，为高校教育创新的跨越式发展奠定基础。

四、创新课程体系及教学内容

（一）课程体系创新

首先要优化和调整学科专业课程结构，因材施教，分层次教学、分类别培养，同时进行主辅修、双学位、定向培养、中外合作办学等多样化的人才培养模式，在满足不同基础学生学习需求和发展需要的同时，也能促进人才培养质量的提高。在课程结构上，打破传统的单一课程结构类型，即分科课程、国家（或地方）课程、必修课程统一天下的局面，重新调整课程结构，优化课程体系。综合课程、必修课程和选修课程都要占有一定的比例，以"本科规格＋实践技能"为特征，重视学生的个别差异，坚持四个结合，即理论与实践、人文教育与专业课程教学、课内与课外、校内与校外相结合，构建一种合理的适合学生发展的课程体系，最终培养学生具备两个方面的素质——文化素质与创新素质，提高四个方面的技能——基本技能、通用技能、专业技能、综合技能。

在高校基础课程教育上，构建综合基础教育体系，所有学科专业都进行国防教育、人文教育、自然科学基础、德育实践等基础知识培训。要构建综合实践体系，搭建公共实践平台，包括专业实验、实习、设计，毕业设计（论文），德育实践，科技文化实践、创新实践等。还要构建学生实践能力考核体系，对学生的综合实践能力进行考核。进行"创新课程"研究，转变理论基础。创新课程所依据的理论基础由心理学扩展为社会学、经济学、文化学、政治学和生态学等更具包容性的学科领域。创新不仅包括首次创造，也包括对他人所创造出来的成果的重新认识、重新组合和设计应用。创新课程并不是以学科的方式向学生传授一整套如何创新的知识、方法和策略，也不是以学生获取学科知识为中心，而是以综合实践的方式为学生提供相对独立的、有计划的研究性学习、设计性学习、体验性学习、实践性学习、反思性学习和生活性学习的学习机会。让学生从自己的现实社会生活中自主选择研究课题并通过对开放性、社会性、综合性和实践性问题的探究，形成自己独特的学习方式，培养学生的创新精神、探究能力、开放性思维、社会实践能力和社会责任感。同时，创新课程也是一种创新性理念，指在一种课程开发与实施的过程中除了独立的综合实践课程之外，原有的所有课程科目在具体实践中都要设置一些必要的干扰性因素，并通过课程内容的复杂性、模糊性来增加课程的难度，以培养学生的探究能力。

（二）教学内容创新

遵循"厚基础、宽口径、强能力、重质量"的复合型人才培养原则，重新规划和设计教学内容与课程体系。改变过去只在专业学科范围内设置专业课、专业基础课、基础课的"三级"课程编排方式，构建专业必修、专业选修、学科必修、公共必修、公共选修五大课程体系，对教学内容与课程体系进行重新规划和设计，按照学科专业普遍大类平行设计学科专业类课程、新公共基础课程、文化素质教育课程和实践性教学课程等教学课程内容体系，增加选修课，减少必修课，对公共课进行分级分类教学。

厚基础，就是使学生熟练地掌握各个学科专业的基础理论、基础知识、基本技能，并能扎实地运用到实践中去，确保学生的知识基础，强化学生基础知识体系，打造精品课程。进一步加强学生基础理论、基础知识、基本技能和基本方法的学习与实践，进行优秀主干课程建设和基地品牌课程建设，重点建设基础较好、适应面广的学科专业基础课、主干课和专业课，使之达到国家精品课程建设标准。在课程体系建设上，要不断优化课程结构，拓宽专业课程交叉培养，提高知识质量，加强大学生文化素质教育，增加弹性教学，改变传统的教学计划。在"公共必修"课程之上可以设置"学科必修"课程，按照分类搭建课程平台，注重文理交叉，在课程体系中设置跨专业课程，强化专业渗透，为学生的宽口径发展搭建学科基础平台。优化学生知识结构，让学生根据自己的专业特长、兴趣爱好和发展趋向自由选择，进一步拓宽专业口径，培养大学生综合素质。强能力、重质量就是从培养学生全面发展、提高学生综合素质出发，以分析、模拟、影视教学等基本形式展开实践教学，加强课堂内外的实践教学环节，并通过组织社会实践、社团活动、专业实习等实践活动培养学生的务实能力、操作能力。注重学生的人格塑造，充分挖掘学生潜能，注重培养学生"从一般到个别"的解决问题能力，着重训练学生"从个别到一般"的调查分析问题能力，帮助学生养成可行性分析的良好思维习惯，使培养出的学生具备"强能力、高质量"。

（三）注重实践教学

当前，我国高校教育教学投入不足、教学管理环节薄弱、教学创新还需加大力度是高校教学工作存在的主要问题。从1999年起，由于高校的扩招，大学的规模扩大了，但大学生数量的急剧增加所带来的负面影响也正在逐步显现。旧的传统教育思想、教育观念仍占主导地位，教学模式、教学内容、教学方法与学生成才实际脱节，尤其缺乏相对应的实践教育导致人才培养与社会经济发展需求脱节，致使培养出的学生由于缺乏实践能力而不能满足创新型国家建设和经济全球化发展的要求，失去了大学服务于社会这一功能的重要意义。针对我国高校教育教学创新中出现的这种情况，教育部、财政部联合发出了关于实施"高等学校本科教学质量与教学创新工程"的意见，决定实施教育教学质量工程，中央财政将投入大量资金支持"质量工程"建设。同时，教育部也发出了《关于进一步深化本科教学改革全面提高教学质量的若干意见》，指出要重点落实实践环节，拓宽大学生校外实习、实践渠道，与社会、行业以及企事业单位共同建设实习、实践教学基地，力求提高大学生的实践能力；对学生进行实践教育，并多方面采取各种有效措施，确保学生专业实践和毕业实习的时间和质量，把教育教学与社会实践紧密地结合起来。

开展实践教学，要求学校通过开拓各种有效途径为学生搭建实践平台，建立一批相对稳固的课内外学生实习和实践基地，并积极组织学生进行社会实践、调研、实习等活动，逐步培养大学生的敬业精神，培养他们艰苦奋斗的精神和坚韧不拔的意志，有计划、有目的地推动大学生自觉自愿地加强职业道德素养。逐步培养大学生的实践创新能力，积极支持大学生创新创业活动，致力于大学生创新素质的发掘和培养。创新素质主要包括创新意识、创新精神、创新能力等三个层面的内容。在一个创新型国家的建设进程中，这种全新的创新素质正逐渐成为大学生在就业市场竞争中的核心竞争力。

五、教学模式和方法创新

（一）教学模式创新

人才的培养是一个复杂的系统工程，必须不断探索其内在的规律，创新旧的不合理的教学模式，认真细致地研究教学，研究其内在的多重因素：教学理念、教学内容、教学方法、教学模式等，从而掌握教学的规律。因此我们提出了"教学民主"的教学观念，对传统的教学模式进行创新，开创研究性教学、开放性教学和互动性教学等一些能够体现"教学民主"的经典教学模式，充分突出学生的主体性地位，激发学生的主动参与意识，开发学生的学习潜能，创设民主、和谐的学习氛围，指导学生学会学习。在教学中建立一种和谐的师生关系，充分调动学生学习的自发性和积极性，保证学生和谐全面发展。

推广研究性教学，培养学生的创新意识。教学从知识传递向注重能力培养的转变，必然要求教学方式方法的变革，推进研究性教学正是深化教学创新的重要路径，也是研究型大学人才培养的一个基本特征。研究性教学是一种将教师自身的研究思想、方法和最新成果引入教学过程的教学模式。通过研究性教学，使教学建立在科研基础上，科研促进教学的提高，教学与科研互动并向学生开放，从而引导学生在参与教学过程中步入科研前沿，激发学生主动思考、主动探索、主动实践的创新意识。研究性学习的过程，是情感活动的过程，通过让学生自发地参与探究性学习活动，获得亲身体验，逐步形成一种在日常生活和学习中勇于探索、努力求知的良好习惯，从而激发探索和创新的积极欲望。研究性学习过程，就是一个探索的过程，在一个相对开放的环境中寻找问题和探讨解决问题的过程。通过这一过程，可以培养学生的思维能力，培养学生发掘和解决问题的能力，对学生掌握一定的科学的学习方法，增强学生对资料的收集能力、分析能力、总结能力，以及学会利用多种有效手段、多种途径获取信息都有积极的推动作用。研究性学习的过程是一个互动的学习过程，在这个互动的学习过程中离不开学生与团体、学生与学生之间的沟通与合作。可以说研究性学习为学生提供了一个人际沟通与合作的良好空间，为学生分享研究资料、学习信息、创意和研究成果以及发扬团队精神提供了一个很好的交流平台。培养学生学会合作，发现问题，克服困难，共同解决问题的能力。研究性学习的过程也是一个实践的过程，要求学生从实际出发、实事求是，尊重他人研究成果，严谨治学，积极进取。研究性学习的过程也是一个培养学生全面素质提高的过程，通过学习实践加深了对科学以及科学对自然、社会的积极意义与价值的认知，学生懂得思考国家、社会、人类与世界共同进步、和谐发展的宏大命题，在培养学生的创造能力和实践能力之余还能够促进学生形成积极的人生观、价值观。而且研究性学习过程也为学生提供了综合运用各门学科知识的机会，加深了学生对学过知识的重新记忆，加强了学生所学知识的生活化。

进行开放性教学，培养学生的积极参与能力以及自主创新能力。开放性教学是为了鼓励学生主动积极地去探究知识规律，对传统教学过程中影响学生发展的不合理因素进行改变，从而培养学生自主创新性学习能力的新型教学。开放性教学的主要思想理念在于以学生的发展为本，通过教学目标、教学方法、教学内容以及整个教学过程的开放，从传统的封闭式课堂教学走向开放式教学，充分发挥学生的主体作用，让学生掌握学习主动权，自己去探索、发现，培养学生的创新能力。在开放性教学中，教师不能仅仅拘泥于教材、教案的内容，要给学生提供充分发展的空间，创设有利于学生自主发展的开放式教学情境，根据学生的发展状况不断调整教学过程的每一个环节，激发学生学习的动力，促进学生在积极主动探索过程中健康、全面、和谐地发展。开放性教学不只是一种教学方法、教学模式，它还是一种教学理念，它的根本目的是让学生的创新潜能得到充分发展，以开放的教学活动过程为路径，以最优教学效果为最终目标。

开创互动性教学，提高教学质量。互动性教学就是在教学过程中充分发挥师生双方的主动性，师生之间相互交流、相互探讨，促进师生共同发展，最终优化教学效果、共同完成教学目标的一种教学模式。互动性教学可以活跃课堂气氛，而且能够及时反馈学生的学习进度以及掌握知识的规律。互动性教学包括教与学的互动、教学理念的互动、心理的互动以及形象和情绪的互动等。互动性教学是一种富有生命力的创造性教学，具有现代性、互动性和启发性的特点，它不同于传统的以教师为主的灌输式教学，也不同于放任学生自由学习的"放羊"式教学，它要求教师按教学计划组织学生系统地有目的地学习，并要求教师按学生的发展要求有针对性地因材施教，促进教师努力探索、学习，不断提高自己的专业水准和教学水平，同时激发学生学习的积极性，促进学生个性的发展,提高教学效果和效率,最终提高教学质量。互动性教学以学生为主体,以教师为主导,提倡师生平等沟通、交流,让学生在没有压力的情况下轻松自由地学习,让学生参与教学计划、教学决策,有利于培养学生自觉学习和主动学习的能力以及创新学习的能力。

(二)教学方法创新

进行高校教育教学创新要注重教育思想理念的更新,要符合经济社会发展的需要,要汲取国内外教育专家的理论和经验,要坚持理论联系实际。教师要树立大教学观,积极推进实践性教学,处理好知识教学与技能培训之间的关系,把练习、见习、实习、参观、调查等环节全部纳入教学范畴,使学生在实践中学会学习、掌握知识,在实践中培养解决问题的能力。

启发式教学法就是根据教育教学的目的、内容,学生的学习进度、知识规律和现有知识水平,采取各种教学手段,通过启发、诱导的方式对学生进行知识传授、能力培养,促进学生主动学习的一种教学方法。启发式教学法是以教师为主导、学生为主体的一种科学、民主的教学方式,它能激发学生的学习主动性和积极性,激起学生的求知欲和探索欲,让学生开动脑筋、积极思考、大胆质疑、主动实践,并在教师的引导下带着问题进行学习研究,找出解决问题的办法,以达到掌握知识的目的。启发式教学法不只是一种简单意义上的教学方法,它更是一种教学理念。因此,为了激发学生的求知欲,提高学生的学习兴趣和探索的欲望,以及对学生创新思维的培养,教师应当遵循大学生的认知心理规律,充分考虑学生思维的特性,采用启发式、研究式的教学方法训练学生的思维,从感知和直观开始,不断引出问题,创造背景,紧紧抓住学生思维的火花,循序渐进,启发并改进学生的思维方式、学习方法,让学生在不断地探索研究过程中学习,增长知识,训练思维,由被动学习转变为主动学习,最大限度地开发学生学习的潜力。

实践式教学法就是以边讲边练的方式在实践基地讲授理论课,通过理论与实践相互结合的方式促进师生共同完成教学任务的教学方法。在教学过程中要着重培养学生的学习能力,培养学生获得知识和运用知识的能力,把教师的讲授、辅导过程和学生的自学过程结合起来,把科学研究引入教学过程,培养学生的研究能力和创新意识;指导学生积极参加社会实践,进行社会调查与研究,在实践中学习知识;鼓励学生进行探索创新。教师讲授时要重视知识的集约化、结构化,让学生重点掌握学科的基本知识、基本结构与基本方法,并运用现代化科学技术逐步提高教学手段，提高教与学的效率，改进考试方法与教学评价制度，调动教师的教学积极性和创造性，促使学生自发、主动地学习。在进行教学计划的过程中，教师作为学生学习过程的组织者与协调人，要精心创设情境，根据预定学习任务来制定教学内容，布置一些来源于实践活动的综合性学习任务，然后引导学生独立确定目标，让学生从一开始就参与到教学过程当中，制订学习计划并逐步实施和评价整个过程，形成实践与学习相结合的教学方式。在整个实践教学过程中，教师可以采用讨论式教学法，以及案例教学、项目教学等多种教学方式，激发学生的兴趣，培养学生独立思考的能力以及解决实际问题的能力，培养学生的科学精神、创新意识和独立人格。

不管采用何种教学方法，传授知识、培养能力、提高素质这三者在高校教育创新中都是有机的统一体，也是高校教育教学创新的最终目的，我们要通过教学方法的创新把这三者有机地贯彻到高校教育教学过程中去。我们要树立新的高校教育教学思想：教师要在充分发挥指导作用的同时抽出足够的时间和精力致力于科学研究，学生能够自由独立地学习、思考以及探索所需要掌握的知识（理论和实践），做到教学相长，教法与学法相互联系与作用，共同促进教学效果和教学质量的提高。

总之，在高校教育教学创新中要针对学生的实际情况并结合以上教学方法，才能提高学生的综合素质，才能进一步提高学生的学习积极性，才能培养出具有一定理论知识和较强实践能力的实用型人才，才能更好地服务于社会。21世纪是全球化的时代，是知识经济的时代，我们要建设高水平高质量的大学，必须建立现代教育教学模式，坚持"以生为本"，推动大学教学培养模式、教学内容、教学方法的创新，才能更好地适应高校教育发展的需要，为科教兴国、依法治国服务。

六、重视大学生文化素质教育

大学生文化素质教育是大学高质量人才培养的重要组成部分，是我国高校教育教学创新的一个重要方面，要将文化素质教育贯穿于大学教育的全过程，进而实现教育的整体优化，最终达到教书育人的目的。大学生的基本素质包括文化素质（含思想道德素质）、专业素质和身体心理素质，其中文化素质是基础。文化是人们所创造出来的物质和精神的成果，是人的活动的对象化、物化，是人观念存在的形式，是超越个人的实物形态或观念形态。一种文化一旦被创造出来，就不再受时间、空间、个人的限制，就会被广泛地传播和使用。文化素质就是人们所拥有的所有文化知识在内在的积淀。文化素质对于人们的人生观、价值观的形成具有基础性的决定作用，并最终成为行为的指导规范。同样，人们已有的人生观、价值观也会反作用于文化素质。加强大学生素质教育，主要是指文化素质教育及创新精神、实践能力的培养。文化素质教育重点指人文素质教育，主要是通过对大学生加强文学、历史、哲学、艺术等人文社会科学、自然科学方面的教育，以提高全体大学生的文化品位、审美情趣、人文素养和科学素质。

（一）提高大学生文化素质教育的目的和意义

我国要发展，经济是中心；经济要振兴，科技是关键；科技要进步，教育是基础。由此可见，教育在我国发展中的作用和地位，是重中之重。在发展过程中，需要主体——人，是有知识、有文化、有创造力的人，进行社会发展和变革，因此，发展最根本地又被归结为人的发展。高校教育，主要是培育有知识、有文化、创新型人才，高校教育能够产生新的科学知识、新的生产力。高校教育所培养的不同专业、不同层次的各种文化素质人才在社会生活各领域的作用，将直接、间接地影响全社会的可持续发展，可持续发展的教育观念即应从全社会可持续发展的角度来审视教育的创新与发展。在高校教育中，我国已从办学体制、投资体制、管理体制、教育教学、招生就业、考试制度等方面进行了多层次的创新，已经逐步走上了一条可持续发展的新道路。当然这条道路并不平坦，在进行创新的过程中会有诸多的问题凸显出来，其中，提高大学生文化素质教育，显得尤为重要。

（二）观念变化对大学生文化素质的影响

我们生活的时代正处于急剧变革的社会转型时期，人们的生存方式和形态也随之发生了历史性的变化，这一变化深刻而广泛地改变了社会背景和机制，使道德的权威性与制约作用受到了很大的影响，甚至呈现出一定程度的弱化。目前，受社会上一些阴暗现象的影响，各种媒介的导向作用，使我国大学生的价值观、文化观都发生了巨大的变化。"价值观是人们对人和事的评价标准、评价原则和评价方法的观点的体系。它具体表现为信念、信仰、理想和追求等形态。一定的价值观反映着在一定生产关系条件下人们的利益需求，决定着人们的思想取向和行为选择。"在经济日益全球化的今天，经济的迅速发展，物质的极大丰富，也影响着大学校园。大学生作为最敏感的社会群体之一，其价值观也随之不断变化，几经波折，最终表现出功利主义的价值取向，出现以自我为中心，急功近利，重应试轻应用、重感性轻理性等行为现象；以享乐为荣，以劳动为耻，缺乏正义感等价值观。当前经济发展、文化思潮、教育创新与媒体导向等是影响大学生价值观变化的主要因素。

文化观是一个人对待文化的态度。我们要树立正确的文化观，不狂妄自大，不妄自菲薄。正确对待外来文化，不一概排斥，但也绝不崇洋媚外。我们生活在一个急剧变革的时代。经济的迅速发展在短期内大大刺激了人们的物质需要，而在物质需要达到一定的满足时，精神需求方面的问题就会显现出来。面对这个由经济的躁动带来的五彩缤纷的世界，西方文化盛行，传统文化的优势在减弱，大学生的文化观也在发生着巨大的变化。对传统文化的取舍是一个非常尖锐的现实问题。中华民族有着历史非常悠久的传统文化，有着不同于西方文化的独特理念。其中最能体现中华优秀传统文化之一的就是它的道德观念。我国传统文化具有非常浓厚的道德色彩，我国古代思想家的思想与理论中充满了道德观点。传统思想文化的突出特点和优点之一就是它的道德精神。而部分当代大学生恰恰缺乏对这种传统道德精神文化的理解、继承和发扬，而是把它作为一种过时的腐朽的文化思想，把它和所有的传统文化一并遗弃，抛弃了我们中华民族的传统美德。但是，历史是不能忘却的，社会主义精神文明建设和社会主义的发展离不开我国优秀的文化传统。所谓"有中国特色"，它的主要含义之一就是我国的文化传统。深入研究我国传统文化，发扬其精华，对繁荣社会主义新文化，提高我国人的自尊心、自信心，增强国家凝聚力和提供民族精神支柱等，是一项不可缺少的基础工程。我国传统文化是历史的产物，有精华也有糟粕，我们对待传统文化应采取历史的、分析的态度，不应全盘否定。

西方文化的冲击也是一个应该引起我们警觉的现实问题。当代西方文化思潮，是西方文化的结晶，是西方文化在当代的重要思想形式和理论形式。我们身处高度发达的信息时代，媒介的广泛传播诱导，对西方生活方式的渲染传播，使部分大学生对西方文化盲目追随，以致拜金主义、享乐主义、暴力主义泛滥及极端个人主义等盛行。当然，任何民族文化要延续发展，要勇于和善于借鉴、吸收外来优秀文化，要对世界上其他文化采取开放、兼容的态度，而不是闭关自守、故步自封。因此，继承和发扬我国传统文化的精华和吸收西方文化中的合理因素，有助于我们树立竞争观念、创新观念、权力制衡等一系列新的文化观念；吸收西方文化的精华有助于建设我国现代文化。我们只有对传统文化、西方文化采取合理扬弃的态度，才能形成具有中国特色社会主义的新文化。

（三）提高大学生文化素质的途径

提高大学生文化素质教育，必须将文化素质教育贯穿于大学教育的全过程，要求培养出的大学生具备人文科学素质、自然科学素质，具有较强的综合能力，如观察分析能力，研究思考能力，语言、文字表达能力，决策能力，组织能力，处理复杂关系的能力以及应用计算机和现代信息技术进行学习、工作和生活的能力，从而实现教育过程的整体优化，以达到教书育人的目的。提高大学生文化素质，必须从以下几方面做起：

提高大学生文化素质教育，高校必须转变教育观念，进一步加大教育教学创新力度，建立科学的课程体系，创新教学内容和教学方法。首先，转变教育思想和更新教育观念。从目前的情况看，我国高校教育继承和保留了科学、严谨、系统化等优良传统，但重理论轻应用、重传授轻能力和缺乏素质培养的现象仍很严重，尤其是学生创新能力的培养和个性的发展，长期没有得到应有的重视和真正的落实。因此，我们要转变教育思想，更新教育观念，在教育过程中要注重对学生创新能力的培养，开发学生的潜力，让学生在受教育过程中享受到创新的乐趣，积极进取，把学生培养成为全面发展的人。其次，构建科学的课程体系，进行教学内容和课程体系创新，充分发挥以课堂教学为主体的导向作用。文化素质不能纯粹以自然的方式在现实生活中靠个体的感悟和体验来获得或提高，而是需要精心设计和安排，以科学而系统的课程体系为支撑，通过发挥课堂教学的主导作用，来实现大学生文化素质教育的目的。总的来说，要全面提高大学生的科学素质与人文素养，在具体教学过程中，应强调人文与科学的自然渗透与融合，必须包括文、史、哲、自然科学等多学科门类的知识内容来构建多学科交叉的高校课程体系，为培养大学生科学素质和人文素养提供广博而深厚的文化底蕴。强调课程体系的科学性，使大学生通过各种必修课和选修课的学习，形成合理的知识结构和深厚的知识基础。

提高大学生文化素质教育，高校必须提高教师队伍质量，使教师的科学素质和人文素质全面提高。"师者，所以传道受业解惑也"，教育工作者是社会主义核心价值体系的宣传者和教育者，"身教重于言教"，教育工作者要发扬严于律己、以身作则、率先垂范的优良作风，自觉自愿地做到诚信、肯学、肯干，带头实践我们所提倡的道德标准、价值观念和理论要求，真正起到教育和带动广大学生的领头作用，只有这样，才能真正提高和发挥社会主义核心价值体系中教育工作的说服力、吸引力和感染力。

加强大学生文化素质教育，必须创新人才培养模式，把知识、能力和素质三者有机地结合起来，贯穿于大学教育的全过程，使大学生在这三个方面获得和谐同步的提高，以期造就出高素质的全面发展的人才。要培养大学生拥有良好的文化素质修养，不仅是传授和灌输文化知识，而且要教给他们获取知识的方法和技能，在获取知识的同时，让能力得到充分发挥，个人素质得到充分提高，这才是教育创新的最终目的，这才是教育的真正目的。除此之外，还要全社会的积极配合，媒介充分发挥积极正面的舆论导向作用，等等。只有这样，培养出的大学生才是全面发展的人，才会成为有益于社会、有益于人类的有价值的新型知识人才，才能继续推动教育创新，才能推进整个社会的可持续发展。

第四节 高校教育教学创新的策略

一、树立终身教育的教学理念

终身教育、终身学习的思想是近代以来各国教育界乃至思想界的热门研究课题之一，构建终身教育体系、创建学习型社会逐渐成为联合国以及世界各国指导教育改革和社会发展的基本理念。终身教育论者认为教育具有时空的整体持续性。即教育与学习"时时都有，处处皆在"。传统教育往往将人的一生分为三个时期，即学习期、工作期、退休期。终身教育则冲破传统教育的观念，认为教育应当包括人的发展的各个阶段及各个方面的教育活动，既包括纵向的一个人从胎教开始直至死亡各个不同发展阶段所受到的各级各类教育，也包括横向从学校、家庭、社会等各个不同领域受到的教育。《中华人民共和国教育法》明确提出，要"建全终身教育体系"。《面向21世纪教育振兴行动计划》进一步明确，"终身教育将是教育发展与社会进步的共同要求"，"逐步建立和完善终身学习体系"。可见，终身教育、终身学习，已经成为我们的教育和社会理想，建立和完善终身教育体系，已成为我们义不容辞的职责。因此，要树立终身教育的教学理念，将各类教育形式有机结合，合理配置，创新高校教育的教学模式。高校教育应肩负起发展终身教育的责任，依据社会的发展、职业的需求做好高等教育、岗位培训、知识更新教育和继续教育工作，尽可能满足社会和经济发展对于各种人才的要求。

高校教育应强化开放办学的指导思想。世界许多发达国家通过开放办学使高等教育从精英教育转向大众教育，甚至普及教育，我国高校教育要由封闭办学转为开放办学，一方面要大力发展远程教育和网络大学，采取"宽进严出"政策，向每一个人提供接受大学本、专科水平的高校教育。远程教育和网络大学由于不受时间和空间限制，更加适合各类在职人员的学习需要，必将部分取代传统高校教育的函授、夜大和自学考试等多种助学方式，成为21世纪高校教育发展的新生长点。另一方面要充分利用高校学员是社会主义经济建设接班人这个得天独厚的优势，与企业、社会建立更为密切的关系，把学校办成教学、科研和经济建设的联合体，提高高校教育在市场经济条件下的办学效益和"造血"功能，使高校教育在自身发展壮大的同时，进一步提高为社会服务的功能，还要有强烈的国际意识，推进和发展高校教育的国际交流与合作，大胆吸收和借鉴世界高校教育的成功经验，将我国的高校教育建成一个面向社会、放眼世界、兼收并蓄、博采众长的开放体系。

二、拓展德育教学的教学模式

从职业发展理论来讲，高校教育在德育教学上的缺失，将严重影响职场个体的职业发展精神和职业道德素养的培育。但是高校教育对象的特殊性，决定了学员的德育教学的艰巨性、复杂性，一般意义上的德行教学很难达到令人满意的效果，高校德育教学也成为高校教育中最为薄弱的环节。

因此，创新基于职业发展理论的高校教育教学模式，应当积极拓展高校教育中的德育教学这一首要模块。

（一）拓展德育教学的内容结构

现代德育是以社会现代化、人的现代化为基础，以促进人的现代化为中心，进而促进社会的现代化的德育。现代德育必然要反映现代社会中人自身德行发展的要求，反映现代社会发展的要求。因此，围绕高等德育内容的构成，应该更具广泛性、现实性。职业道德是衡量一个从业者道德水平高低的重要标尺，它影响和决定着人们劳动的态度和方向，成为决定劳动者素质水平的灵魂，在高等教育内容中居于核心地位。在现实社会生活中，人们对于国家政策法规的认识了解还尚未普及，甚至存在着无知和漠视，经常出现行为过失，市场经济条件下更应强调法治意识，运用政策法规来规范社会秩序，维护正当权益，这已经成为高等德育教学的必修内容。另外，高等德育不是向受教育者灌输一些既有的道德知识、道德规范，而是要指导受教育者运用科学先进的价值理念学会判断、学会选择、学会创造。随着科技、经济、社会的发展，人们的生活方式、价值观，包括道德观念、道德准则不断变化，原有的某些道德观念、道德规范有可能过时，不可避免地需要提出一些新的道德准则和规范。

（二）拓展德育教学的教学形式

拓展德育教学的教学形式必须充分利用现有教学资源和条件，选取在教学中已经成形的教学方法和模式，进行拓展延伸。

1. 应当充分运用课堂教学，实施德育

课堂教学是学生学习的主要形式。在课堂德育教学实施过程中，根据高等学习的特点，在教学计划和教学内容上，都要做特殊要求，教育内容应该根据市场经济的形势，适时调整德育目标。将以往的"完人道德""圣人道德"调整为"高等道德"教育。教育过程中要坚持先进性和普遍性相统一的原则，立足市场经济的实际，提倡"为己利他"的道德建设目标，把"利己不损人"作为道德底线，并且把健全的人格铸造放在德育工作的首位。同时，注重发挥学员主观能动性，强化课堂师生双向互动，创造轻松、活泼的德育氛围，保证对学生实施有效的德育教育。总之，无论课堂内外，德育目标和德育重点应放在学生健康人格的塑造上，使学生明了道德建设是人格修养不可或缺的一部分时，他们才能接受我们的教育。

2. 利用多媒体教学，强化德育教学效果

传统的授课方式无法满足现代高等教育德育教学的需要。因此，在德育教学过程中，要克服枯燥的德育灌输，代之以鲜活生动的实例来感染学生。通过学生自主的情感判断来塑造道德榜样，唤起对道德善行的崇敬之情，在纷繁复杂的社会现象中找到自己的道德归宿。注重现代教育技术的充分运用以及信息技术与学科资源的整合。充分利用电影、电视、教学录像等信息化、电子化、智能化的多媒体教学手段，借助于这些灵活多样、内涵丰富的声、光、图像等教学形式的直观冲击力，增强学生的兴趣，使学生的认识更加深刻，产生事半功倍的理想教学效果。此外，可以利用函授及远程教学发挥网络教学的优势，拓展德育教学空间，克服高等教育教学时空上的局限性，整合课堂教学和多媒体教学的优势，充分发挥网络资源在教育教学中的作用；借助网络实施网络教学，可以将专家、学者的精彩专题报告、德育教学录像制作成教学辅导光盘在教学辅导网站上和有条件的教学点进行播放。这一生动、灵活、便捷的德育教学形式克服了高等教育时空上的制约，发挥了网络便捷、高效、涵盖广、辐射面大的优势，最大限度拓展了德育教学空间，为广大学生提供了全天候德育教学服务。

（三）拓展德育教学的评价体系

基于高等教育的特殊性，高等学习者的德育考核评价有别于其他一般的考核，具有自身的特殊性。因此，凡是列入教学计划的内容，可以通过知识考试的手段进行考核评价；对于学员的思想观念的考察，可以通过日常管理中的操行鉴定来考核评价；对于学员的行为考核主要由学员工作单位出具考核鉴定和进行跟踪问卷调查。另外，为了充分调动广大高等学习者的积极性，鼓励他们在思想上、学习上积极进取，可以建立评优奖励制度，进行精神和物质奖励。对表现差的学员进行批评教育。通过长期的探索，以及多年以来高等教学的实践，制定一系列评判原则和标准，建立以职业发展为基础的高等教育德育教学全方位评价体系。使德育从禁锢人的头脑、抑制人的主动性和创造性的灌输性德育，转向开放性的、激发学员自主创造潜能的发展性德育。

（四）拓展德育教学的管理网络

高等教育的德育教学是一项复杂的系统工程，必须要动员主办学校、学员家庭等全方位参与，才能实施有效的组织管理。主办学校根据国家的有关规定，结合高等教育的特点，制订德育教学计划，以及科学、规范、可行的评价考核标准及考核措施，如班主任配备和班级临时党、团支部活动安排等，负责德育教学的实施和知识考核。学员居住的社区和学员所在单位承担着对高等学习者的平时监督、检查的作用，负责平时的思想教育。高等学习者所在单位具体负责学员日常行为、思想观念等方面的鉴定意见。通过三个环节的协调一致，才能形成高等德育教学的组织管理网络。

三、确立多元化的教学模式

创新基于职业发展理论的高等教育教学模式，需要以高等教育学员的职业发展需求为导向来设计多元化的教学模式，创造一种超越时空限制的弹性化学习机制。确立多元化的高等教育教学模式，必须体现高等特点并以高等的生活、需要与问题为中心，突出能力培养与多种教学范式综合运用的教学活动与形式。新的教学模式应强调个体的思维能力和动手能力，而非仅仅学习基础知识；强调创新性解决问题的能力；强调培养学生面对快速变革的职业生涯和多元的价值取向所应具有的包容能力和理解能力。

在课程建设目标上，要更加强调综合能力和建立在个性自由发展基础上的创新能力，以克服与全球知识经济发展相悖的"知识本位"课程设置所导致的知、能脱节顽症。在教育建设中注入科学精神和人文精神，以滋养和陶冶学员的性情，帮助其顺利走上职业发展道路。按照教学对象的细分，我们可以把多元化的教学模式分为学员为脱产生的教学模式、学员为业余生的教学模式和学员为函授生的教学模式。

在具体的实践中，确立多元化的教学目标应注意以下几点：第一，确立多元化的教学模式应突出学员的能力培养。函授生、业余生来源于生产、服务、管理第一线，具有较丰富的实践工作经验，但理论知识相对缺乏，因此需要通过专业知识的学习与深化，强化理论知识与实践的结合，培养专业技术知识的综合运用能力，而脱产生的学习目的是适应市场变化新形势，通过学习找到较满意的工作。因此，高等教育教学模式必须体现以高等需要为中心的"突出能力培养"的目标。第二，应提倡跨时空的教学形式。高等教育学生的工学矛盾突出，文化基础差异较大，这为教学组织和教学质量的提高增加了困难。而以网络为基础的教学手段则有效地解决了以上问题，因为网络教育不受时空限制，从而为成人教育学生提供了跨时空的学习环境。网络教育作为一种教学补充，有利于基础较差者的知识补充。因此，多元教学模式必须具备"虚拟学习环境与学习社区"功能。第三，确立多元化的教学模式，应转变教育观念，改革和创新教学方法，采用适合于高等教育特点和社会、技术、生活发展需要的教学方法。

四、引入校企合作的教学模式

在高等教育过程中，由于高等学员身份的特殊性，他们往往要兼顾学习和工作的双重压力，难以在二者之间恰当地分配时间、精力，形成较难解决的工学矛盾。另外，就职业发展理论而言，高等教育教学模式必须考虑到学员的职业发展需求是以学习专业理论和专业技能为主。为了找到学习和工作之间的平衡点，并提高成人教育学员的实践动手能力，必要时可以引入校企合作的双元制教学模式，以夯实学员的职业发展道路。

（一）建立校企联动机制

合作的前提是信任和需求，关键是寻求联动的结合点，否则难以形成合力。校政企联动的逻辑起点应该是"发展"。学校发展主要体现在人才培养，政府（社会）、企业发展需要人才，"人才"就成为双方或多方联动的结合点。要让学校、政府、企业围绕人才培养走到一起，必须建立有效的联动机制，包括管理制度和运行模式。必须建立以现代信息技术为依托的网络交流平台及信息员联络制度和信息发布制度，畅通对外宣传和信息沟通渠道。

（二）规范校企管理模式

双方或多方合作，必须以合同或协议的形式建立一种有约束力的办学关系，明确双方的责任与义务，从而确保合作的有效性和规范性。同时，必须充分尊重高等教育规律和高等学员特点以及政府、企业的实际需要，建立以主办学校为主、政府和企业参与的教学管理制度，共同商议、决定重大事宜，合理安排各教学环节，确保教学质量，达到规范性与灵活性的完美结合。在办学实践中，我们实行的是项目管理，即由学校高等教育主管部门和企业、政府负责人组成项目管理组，共同研究制订培养计划、管理制度并组织实施。在具体的教学实施过程中，校政企各方紧密合作，及时掌握教、学情况，有力地保证了人才培养质量。

（三）合理设置培养目标与教学计划

高等教育的目标是培养适应生产、建设、管理、服务第一线需要的德才兼备的应用型高级专门人才。要实现这个培养目标，关键是要制订一个以较高层次的技术应用能力为主线的培养方案，构建科学、合理的课程体系，确定学以致用的教学内容及与学员的职业发展、从业岗位密切相关的实践教学环节。因此，必须彻底改变过多地沿袭普通高等教育的人才培养模式，建立"学历+技能"的学科课程与技能培训相结合的课程体系。学员来自各行各业生产、管理、服务一线，有的还是管理和技术岗位骨干，对职业、技术及其所需知识有着深刻的认识；学员所在单位和部门也希望自己的员工能学有所获、学有所成、学以致用。因此，我们在制订教学计划时，应该充分利用学员及其所在单位这一宝贵资源，让学员和社会各界充分参与到教学计划制订和课程设置中来，使教学计划、教学内容更具针对性和实用性。实践证明，高等教育校政企合作人才培养模式是一种多方"共赢"的人才培养模式，也是高等教育事业可持续发展非常有效的一种模式。随着科技、经济、社会的持续快速发展，它必将拥有一个美好的前景。

第六章　高校学生管理创新

高校管理是构建高校诸多因素中的一个，它所涉及的工作内容颇为广泛。随着社会经济的快速发展和信息时代的到来，我国许多高校的管理水平都显著提高了。但与此同时，它们也在接受着社会的监督和考验。高校学生管理的创新是很有必要的。

第一节　当前高校学生的特点

一、思想认识多元化

（一）坚定的理想信念

相关学者的调查数据统计结果表明，目前我国大学生在思想政治方面的状况总体来讲是积极的、健康的、向上的。不仅如此，大学生能够十分理性地看待国家在发展过程中所面临的问题、机遇，保持了较高的爱国热情，且对稳定的经济、政治局势的未来发展充满信心。

相关调查数据显示，大部分大学生对涉及民族尊严乃至国家根本利益的问题颇为关注。当今的大学生将自己的未来与国家发展联系在一起。这充分体现了当代大学生对国家未来发展的关注度，以及对祖国的热爱之情。

（二）务实进取，积极实现自我价值

就目前而言，务实进取、健康积极地学习和生活是大学生的主流价值观和人生观。他们注重自我价值的实现，并且愿意为社会发展做出贡献，也愿意将社会贡献以及个人价值的实现统一起来。

大学生对价值的基本判断是大学生健康积极人生态度的一个表现途径。例

如，在人与人之间的关系问题上，大部分学生对"利益最牢靠"这一观点持反对意见。除此之外，对于类似"帮助他人自己会吃亏"等观点，大部分大学生表示反对。从上述内容中就不难发现，当代大学生有着强烈的历史责任感，他们务实进取，极其渴望将自己的全部才华施展出来，为社会乃至国家贡献出自己的一份力量，且事实也证明了，大部分大学生在国家、集体、个人三者利益关系问题上选择了服从国家和集体的利益。

但需要注意的是，虽然健康向上的人生价值观是大学生目前的主流价值观，但由于部分大学生认为自我实现以及发展更为可贵，便呈现了其价值观、人生观多样化的特点。

（三）注重全面素质的提高

相关调查数据显示，当代大学生对学校建设以及相关发展都颇为关注，对于有利于自身发展或是能够提高自己在社会中的竞争力的改革更是高度重视。由此可见，大部分大学生是赞同深化教学改革、全面推进素质教育的。除此之外，大部分大学生对自主创业以及对毕业生就业制度的改革也持有肯定态度。相关调查结果显示，大学生一致认为，高校后勤社会化改革增强了其相关社会服务意识，并在一定程度上改善了学校的生活环境及学习环境。

社会竞争越发激烈这一现实情况是身处校园的大学生所深知的。面对这样一种局面，大部分大学生希望通过不断学习来提升自身在社会中的竞争力，从而获取一个较高的就业起点，获得发展上的主动权。与此同时，大学生也深知，在竞争激烈的现实社会中，仅具备单一的专业知识是不可行的，自身除了具备相应且足够的专业知识和技能之外，还需要具备一些其他素质，也就是说，要提高自己的全面素质。

二、性格特征复杂化

（一）心理及个性化发展的不协调性

目前大多数大学生都是独生子女，自我意识及竞争意识较强是他们的显著特征。同时，他们还追求个性化的发展。也正因为如此，目前大学生的自控能力相对较差，且团队协作精神以及集体主义观念也都相对较弱，心理素质不高。在该背景下，部分大学生很容易因环境不适、学习压力大、恋爱受挫、人际关系不协调以及就业压力等原因而产生心理障碍，从而对学习或是社会产生排斥心理。还有部分大学生并不了解社会竞争具有复杂性，而对学校和社会的期望值过高，以至于在现实情况达不到自己的期望时，便会产生强烈的挫败感。他们虽然具有较强的自我意识，但对实现自我价值的过程中可能会遇到的困难了解尚浅。

（二）自主学习与专业成长的不协调性

大学生就像吸水的海绵一样，迫切想要了解新鲜事物，且乐于吸收多元化的新观念。他们有着较强的自主选择知识进行学习的欲望及要求，与此同时，对选择知识的目的性较以往相比也有所增强。但仅从该层面来看，大部分大学生只是对自己喜欢的或是眼前的一些热门事物比较关注，而对于自己的相关专业、知识、能力等方面的判断还会出现一定误差，且相对而言并没有什么更为长远的目标及要求。

三、生活、学习方式多样化

（一）生活方式多样化

生活方式指人们在衣、食、住、行以及民俗风气、爱好、文化活动等方面的行为习惯和方式。曾有相关人员对大学生生活方式相关内容进行过调查，其调查结果显示，每个大学生都有属于自己的生活方式，言外之意，每个学生的生活方式都有所不同。例如，有些学生经常旷课出去玩；有些学生把大量时间用在学习上；有些学生生活没有规律；有些学生喜欢结伴去旅行；等等。由此可见，当代大学生的生活方式趋于多样化。

除了性别、地域、个人爱好等不同的原因外，大学生生活方式之所以呈现多样化还因为他们在经济状况上存在差异。相关调查数据显示，目前，我国在校贫困大学生比例接近30%，可以毫不夸张地说，我国几乎每所大学中都有贫困生存在。而且，这些贫困生并不仅来自偏远的农村，还有部分来自城镇，且已经占据了贫困生总人数的一半之多。这些贫困生大多来自经济条件相对较差的家庭，他们一般通过政府良好的政策以及"奖、贷、勤、补、减"等"五位一体"的"联动助学"的机制获得资助来坚持完成学业。

（二）学习方式多样化

由于大学各类活动颇多，且知识浩如烟海，因此为大学生的个人发展提供了十分广阔的天地。但运用什么样的学习方式才能将课本与课外知识有机结合起来，如何对专业学习能力进行培养和提高等问题，是大多数大学生所面临的一个重要问题。

除了听课这一学习方式外，大学生还可以进行多媒体学习、学术交流以及社会实践等，来提高自己的专业技能以及拓宽自己的知识面。但实际上，上述这些学习方式在中小学时期也是可以的，只不过在大学中更容易被采用。曾有学者做过相关问卷调查，调查结果显示，有的学生只会采用听教师讲课的方式进行学习，而有的大学生则可以灵活自如运用多种方式进行学习，还有一类学生，马上面临毕业了，却还不知如何在校图书馆查阅各种资料。由此可见，大学生应当掌握多种学习方式进行学习。

实际上，大学生有多种学习和获取知识的方式和渠道，特别是随着素质教育的实行以及学分制的推行，大学生在自定目标、自选专业、自修课程以及自我发展意识方面的能力有所提高，特别是随着大学后勤服务社会化的不断完善以及大学生居住趋于公寓化，因学习、住宿而结识的大学生群体规模不断扩大，而以班集体为主的学生组织形式被逐渐弱化等。

第二节 高校学生管理的问题与原因分析

一、高校学生管理的问题

（一）方法相对陈旧

到目前为止，高校学生管理仍然是向上汇报工作、向下传达精神的行政命令式管理。其中，院系学生会、团总支、班委会及宿管中心等，都对学生产生了直接影响。监督学生是否有违纪行为等，是这些组织的主要作用。一些做得不错的班委会还会组织一些娱乐活动等。由此可见，这些组织的本质并非用科学的方法来指导和帮助学生成才的，而是外部控制。这些组织并不能激发学生所具备的创造性，而主要是告诉学生"允许他们做什么""不允许他们做什么"。

现在的高校管理模式并没有重视大学生自我教育以及管理能力的培养，以至于大部分大学生都没有培养和锻炼管理能力的机会，只有少数学生干部有这样的锻炼机会。但是，这些有锻炼机会的少数学生干部在组织实施过程中，也只是学会了监督控制罢了。除此之外，目前的高校学生工作围绕的中心是管理，而不是培养人。部分大学生的自我管理实际上都是自发的，其效果并不是很好，不能把学生所具备的潜能完全挖掘出来，因此并不能达到在减轻工作人员压力的同时培养学生的创新素质。

相关调查显示，目前大学生的自我教育观念相对薄弱，自我服务意识和管理能力不强；容易感情用事，不够冷静和理智；虽然有较强的可塑性，但是容易受外界因素干扰；在生活以及学习上缺少独立自主的精神，有较强的依赖性，不能在短时间内适应新环境及要求等。以上这些情况主要归因于我国高校对大学生自我教育和管理能力的培养不够重视。

（二）体制相对滞后

由于高校学生管理在不同的历史阶段有着不同的外部环境和影响因素，以至于其最终呈现出不同的组织结构和体制特征。自新中国成立之后的17年里，"分散管理"是这一时期全国普遍使用的管理体制。到了20世纪80年代，"专兼管理"的管理体制逐渐萌芽，并逐渐被高校采纳使用。

1. 分散管理

分散管理包括立体机构和实施系统。该时期的分散管理系统是非集中部门式管理，即权限分散在诸多部门，且其工作职能也由这些部门分别予以发挥。系总支负责系一级学生工作，负责设立年级辅导员以及班级辅导员岗位。辅导员需要负责学生所有的事务，但他们也只属于学校基层学生工作者。系一级组织在该时期具有较大管理权限，且其运行机制表现为"以块为主"。

2. 专兼管理

党总支副书记在校一级主要负责管理领导和管理学生，建立学生工作领导小组，以此来协调和指导全校学生工作。与此同时，各班级配班的辅导员一级班主任应当加强日常的管理工作以及思想教育工作。此时的高校内部已经逐渐形成了较具规模的学生工作网络和运营机制。这个学生工作网络和运营机制都需要有新的完整的学生管理系统来保障。而这个学生管理系统尚未完全被建成。

二、高校学生管理存在问题的原因

（一）教学管理制度改革扩大了学生的自主权

1. 陈旧的教学内容和方法不能满足学生的需求

由于学分制的实施，大学生拥有了更大的自主权。这种自主权的扩大尤其体现在学生对教师的选择上。这极大程度地推动了教学管理向多元化方向发展。

一成不变的教学内容和方法无法满足学生"选"的需要。为此，教师应当对自己的教学行为予以审视，转变自己固有的教育理念，并提高自主学习意识，定期更新自己的知识，最终能够充分满足学生的需求，并提高教学质量。

2. 学习由被动变为主动

毫不夸张地讲，使学生成为知识奴隶是传统教育的根本弊端所在。传统教育抑制了学生的个性发展，使其难以发挥潜在的创造力，因此会出现学而无用的情况。在学分制、主辅修制、弹性学制等相关教学管理制度改革后，学生终于掌握了学习的主动权，此时的学生不仅消除了对学习的厌恶感，还会把学习当成一件快乐的事情去做。这无疑使学生的个性得到了充分发挥。但事物往往具有双面性，教学管理制度改革的同时也给学生管理工作模式带来了新的挑战。

（1）载体发生了变化

在传统教学管理制度下，因为一个班的学生在一起上课，所以管理者管理起来十分方便。但在学分制模式下，一个班的学生很可能在同一时间上着不同的课程，且被分派到不同的教室。而新的教学管理制度与传统教学管理制度的区别在于，它在客观上造成了"同学不同班，同班不同学"的现象。在新教学管理制度背景下，传统的自然班级概念被淡化，而以班级作为学生工作核心载体的传统模式也随之发生了一系列变化。如教学进度、课程设置、成绩管理、学籍管理、教材管理等诸多方面都发生了变化，由此可见，学生管理工作的难度系数增加了许多。

（2）管理对象呈现出新特点

随着新教学管理制度的实施，大学生有了更为良好且宽松的学习环境，除此之外，还拥有了展现自我的广阔空间。但就在学生个性化得以增强的同时，其团队精神以及集体意识被大大削弱。不仅如此，在高等教育普及的背景下，大学生的生源质量却没有呈现上升趋势。各种知识水平、思想层次、学习目标的学生都聚到了校园之中。这便会给学生管理工作带来更大、更复杂的问题。很明显，那些处于快速发展中的高等学校并没有意识到这一点，同时也没有制定相应措施。

（二）收费制度改革改变了学生与学校之间的关系

作为受教育者的大学生，长期以来都处于一种被管理的地位，而教育则被视为一种管理活动。与传统教育管理观念有所出入的是，新高等教育管理观念强调教育不仅仅是一种管理活动，同时也是一种消费。那么，既然是一种消费，师生之间也就不再是一种单一的教育者与受教育者的关系，更确切地说，应当是一种契约关系、合作关系。由此可见，师生在该新型关系之中是平等的。大学生在此关系之中对教育质量有了更高的要求，且迫切想要参与到学校建设和管理之中。不仅如此，大学生对自身权益的保护意识越发增强。而对教师而言，其在整个教学过程中，都要维护学生（消费者）的合法权益。

但这种新观念显然没有被高校深入理解。受传统思想观念的干扰，高校管理者在思想及行为上，都或多或少侵害了学生的基本权益。他们认为，学校就应当管理学生，而学生也应当服从学校以及教师的安排。这种思想和行为忽视了学生的理性思维。也就是说，这种教育和管理给予了学生诸多限制，缺乏对西方文化的兼容性，限制了学生的自主能力以及自我管理能力。

（三）高校后勤社会化改革引发了诸多问题

据相关报道，我国高校后勤社会化改革在近几年取得了空前绝后的进展，并积累了诸多宝贵经验，成了高等教育快速发展的有力保障。那么，什么是后勤社会化呢？它实际上主要通过分流的形式使高校的后勤服务融入社会主义市场经济体制中，从而建立相关的市场化服务体系，使高校后勤服务发展成一个独立的高校后勤产业，同时推动学生管理工作的开展。这导致了一些新情况出现。

其一，目前有许多学生都选择住在校外，呈现出大学生的成才环境社会化和生活社区化的新趋势。高校对大学生行为的约束力极大程度上被削弱了。

其二，学生公寓在改革之后实行成本收费。这使大学生的生活条件和学习条件都得到了一定程度的改善，但削弱了大学生的劳动观念，且弱化了宿舍的育人功能。

其三，共同居住的学生群体相对而言规模较大。因此管理者在管理时会比较吃力。就目前而言，已经陆续出现了一些问题。

上述这三点只是诸多新情况中的一部分，因此高校应当予以高度重视。争取在短时间内建立一个相对科学、健全、切实可行的管理制度，对高校学生管理工作来说，无疑是一个新考验。

（四）就业形势严峻给学生管理工作带来冲击

随着科技、经济的不断发展，我国高校毕业生的就业制度也随之不断改革和完善。特别是毕业生就业市场体制的确立，为诸多大学生提供了施展才华以及公平竞争的机会，但也正因为如此，部分毕业生也同时被残酷而严峻的就业形势所困扰。

目前，我国的各大高等院校对外实施扩招。这种行为使毕业生与就业之间的供求矛盾更为突出。相关调查结果显示，与市场需求不对口的高校毕业生的就业率极低。部分学生在这种就业形势下，会迷茫，不知道要如何选择，甚至有些学生还会对择业产生恐惧和烦躁的心理。所以，现在很多本科高校生会专门留出一年的时间（大学最后一年）去找工作，而专科高校学生则会专门留出半年的时间（专科最后半年时间）去找工作。那么问题就来了，即教学质量无法得到保证。

且不说如此，每个学生由于自身的实际情况不同，也会做出不同的选择。部分学生已经找到了相对稳定的工作，并愿意在该单位上班；还有一些学生则不想马上成为上班族，他们还想继续学习深造，向着更高层次的学历迈进；除此之外，还有一部分学生既不想继续学习深造，又没有找到适合自己的工作，整天四处奔波。就上述这些情况而言，我们不难看出，毕业生犹如一盘散沙。这无疑给大学生管理工作增加了难度。同时，就业困难也逐渐成了部分大学生厌学甚至做出其他不良行为的诱因之一。

第三节　高校学生管理的改进对策

一、明确管理目标

（一）让学生形成正确积极心态

俗话说"心态决定一切"。仔细想想，这句话并非空穴来风。大学生是祖国的未来和希望，应当具有社会责任感。但当今大学生多为独生子女，他们终日被网络信息包围，虽然没有体验过父辈的艰辛，但是，他们比父辈更为理性。因为，他们清楚地知道，没有付出就很难有回报。

仅凭教育是不能改变现状的。高校还要鼓励大学生积极参加多样化的社会实践活动，帮助他们认清并接受社会，并对这个社会产生爱意，让他们自愿为社会做出贡献，使他们对"国家兴亡，匹夫有责"有更为深入的了解，要让他们学会理性思考，而非绝对服从。

（二）兼容中西方优秀文化，培养学生的良好品行

中西方文化都属于现代文明的宝贵财富，它们并非对立的。当代大学生多是受到老一辈人宠爱的，因此难免会表现出自私的一面。所以培养他们的团队合作能力是有必要的，培养他们的付出心态也是有必要的。高校要引导大学生做一个集尊老爱幼、文明礼貌于一身的品行良好的人。同时，高校还应当对西方文化"取其精华，去其糟粕"，与我国文化进行适宜的结合，从而推动我国文化的发展。

（三）培养学生模仿性意识与能力

这也是我们目前的基本策略，先引入西方先进理念和技术，而后进行消化，最后对其进行完善和提高。实施这一策略的主要原因是，我国目前与发达国家还有一定差距。如果我国从零开始研发一个事物，那么将会耗费大量时间。因此，高校应当对大学生模仿性创造意识与能力予以培养。

二、树立科学管理理念

（一）管理必须以学生为中心

1. 强调人的主体性

其一，我们都知道，人作为活动主体的质的规定性是人的主体性。它是人类在认识并对外部世界和自身进行改造的过程中所表现出来的自主性、主动性以及创造性。就此观点而言，在学生管理工作中，大学生既可以被视为管理的主体，又可以被视为管理的客体。这是因为高校学生管理的本质是对大学生进行相应的管理。而从管理的决策、组织实施、最终目标的实现来看，都需要大学生的参与。如果在管理的过程中没有大学生的参与，那么该管理工作可以说是毫无意义的。由此我们可以理解为，大学生是高校管理工作中的主体。

其二，在高校学生管理工作中，学生是被管理者。这是因为在管理过程中，大学生需要管理者的相关引导。如果仅从该方面来讲，那么大学生便无疑是管理的客体。

由此可知，大学生既是高校学生管理工作的主体，又是高校学生管理工作的客体。简言之，在高校学生管理工作中确立"以大学生为中心"的思想是十分必要的，同时也是十分重要的。因为这一活动的实施归根结底是为了更好地服务于大学生。所以相关人员有必要尊重大学生的人格特点，并最大限度激发出学生所具备的主动性与创造性，使其能够主动接受管理，并以主体的姿态参与到自我管理活动中。

2. 注重人的主观特性

人是具有思想感情的。这一点毋庸置疑，人的认识过程相对而言是一个较为复杂的系统。理性思维是建立在欲望以及情感的主观性层面上的。正如俗话所说的，"理乃情之所系"。从这一点不难看出，人的欲望以及情感和基本要求是它的根本动力。如果人类的情感以及非理性本能要求被长期压制的话，就不会有什么所谓的理性之光的存在。

相关心理学家的研究表明，人与人之间必须具备一定的心理基础，才能进行相关信息的交流与传递。如果相互交流的教育者与受教育者之间是建立在信任的心理基础上的，那么受教育者便会很愿意以及顺畅地接受教育者所发出的信息以及目标要求，且受教育者在此过程中会产生积极的行为效应。

高校学生管理者和大学生是组成高校学生管理工作的两个重要组成部分。简言之，他们是由"人—人"构成的管理系统。在整个管理过程中，如果不渗透"人性"，如果不对师生情感加以重视，那么就很难调动起大学生的积极性和主动性。所以，要消除管理制度中的冷漠性，就需要加入情感因素，使其作为润滑剂，从而提高管理的效果。

所谓情感管理，即管理者在管理过程中，尊重人的个性特点，以及考虑人的情感因素。在学校中，情感管理强调教师与学生之间的双向情感交流，反对和防止任何践踏和伤害学生情感的管理行为。要做到"以情感人"，相关管理者就要在办事过程中做到急学生之所急，想学生之所想，真心实意地为学生服务；除此之外，还应当及时与学生进行沟通，争取在短时间内对学生的实际情况有所了解，有针对性地给予他们帮助和引导，从而达到最终的教育管理目的。

3. 尊重人的个体多样化

①市场经济中有一个颇为重要的理念，即"客户不一定对，但是，客户很重要"。我们都知道，学生是学校的主体。这是不可否认的事实。因此学校应当以学生为中心。如果将上述所说的市场经济重要理念与学校教育结合起来，那么便可以得出"学生不一定都对，但是，学生很重要"这样一个理念。

当相关管理者认清并接受了这个理念之后，就一定能做好学生管理工作。师生之间的关系应当是和谐的，而不应当是对立的。教育与被教育之间的关系也是相辅相成的。因此，各高校定期举办师生交流活动是很有必要的。因为学生在接受教师教育的同时，也对教师产生了一定的影响；而教师在教育学生的同时，也在接受教育。

②学生管理工作应当重在服务。服务是高尚的，是相互的。可以说，每个人都是服务的对象。如果没有了服务的对象，那么我们的工作也就失去了意义。"以人为本"是切实的。相关管理者不应当只将之作为口号喊喊便不了了之。

③强调自我管理模式。该管理模式主要指的是学生在学校的正确指导下，运用现代科学的管理方法，根据学校教育的培养目标要求以及教育目标对自己的行为以及思想进行自我调控。

要知道，激发学生的主动性、创造性和积极性是高校学生管理工作的重要目的之一。从多个角度来讲，高校管理的主客体具有相同的目标，即学生希望自己能够成才，管理者希望培养出优秀的学生。

那么，在信息、经济和科技发展迅猛的时代里，学生管理工作应当向学生自主管理转变，以便更好地适应新情况、新形势。在此过程中，学校管理者要让学生了解学校的管理目标，从而消除学生在被管理过程中所产生的对抗以及消极思想，从真正意义上化管理为大学生的自觉行为。从心理学角度来说，没有谁喜欢被他人管理，人们往往可以接受领袖、接受楷模的影响，但很难接受管理。学校管理者在学生的自我管理过程中应该做到以下几点。

其一，让学生自己设定管理规范。因为这样在执行过程中，他们的自觉性会更强。

其二，少一些限制，多一些自由；少一些制度，多一些文化。

其三，使学生主动参与到学生管理之中，并使其在该过程中充分发挥自己各方面的潜能，锻炼自己，同时约束自己的行为，最终成为具有健全人格的、符合社会主义公民标准的人才。每一个学生都应有管理他人的机会。这样可以提高学生之间的理解以及沟通能力，同时发现更多的人才。但需要注意的是，在强化学生自我管理的同时，不要忘记帮助学生寻求及明确自我管理的最终目的和意义，引导学生正确运用自我管理的方法。

④以表扬为主，建立激励机制。该方法主要是通过对学生的动机进行激发，并且引导学生的行为，最终使其能够将内在潜力最大限度地发挥出来，从而实现自己制定的目标。常用的激励方法有以下几种。

其一，目标激励法。该方法主要可以增强学生的责任感。在激励过程中，通过对学生制定各种目标来引导他们不断朝着目标奋进，使他们在学习工作方面有奔头。

其二，信息激励法。这种方法主要使学生产生危机感，使其在学习和工作过程中有适度的紧迫感。这种方法主要是通过交流与反馈学生信息来达到使其奔着目标前进的目的。

其三，理想激励法。这种方法主要可以增强学生的自豪感，使学生朝着自己的理想奋进，实现自己的价值，努力、积极去面对生活、学习和工作等。

其四，精神激励法。这种方法主要通过授予或者表扬的形式，使学生不断前行，但该种激励方法主要是从大学生的文化精神生活方面出发的。

其五，物质激励法。这种方法主要可以调动起学生的积极性，通过一些物质奖励来满足大学生的日常生活需要。

（二）以引导替代限制

在社会快速发展的过程中，不管是自然科学还是社会科学，都出现了诸多新问题。面对这些问题，不论是学生，还是教师，都会感到不同程度的困惑。这便说明了人们不能简单地给予某些事物绝对的肯定或者否定。

相关实践证明，管理者要善待少数人，因为他们手里往往握着真理。针对那些一时不能解决的问题，先不要去下定义或结论，尤其是对与学生创意有关的事物。管理者需要做到的只是告诉学生什么是不可以做的，什么是可以做的，什么是底线等。

对于一些思维比较活跃的学生，管理者不应当去责罚或歧视，而是应当加以引导。师生之间也应当建立起相对和谐、良好的关系，心平气和地进行沟通，相互间进行平等交流和互动。

三、完善学生管理体制

其一，不断加强和完善学生的工作机构建设，同时强化其组织协调功能；进一步梳理学生管理系统的各部门以及层次、岗位职责等，做到各岗位人、责、权的统一。

其二，促进基层作用的发挥，适当放权。与传统高校管理体制有所不同，当前的高校管理体制担负了双重任务，即对学生进行思想教育和行政管理，且该双重任务主要以校、系两级职责分明、条块结合的学生工作运行机制和网络为显著特征。所以，基于该层面，各系应当具有开展学生管理工作的职责和权力，还应当做到责权统一。也就是说，要想便于及时发现并解决问题，高校就要适当下放管理权给系。这对于管理工作效率的提高也是有所帮助的。

其三，在适应学分制的同时，推行和实施年级辅导制。这主要是为了进一步强化以系为单位的年级管理，从而提高专业教学与班级管理间的融合度。但需要说明的一点是，上述这种做法并不意味着对班级管理的否定，因为基于学分制的学生班级实质上还是相对重要的学生单元组合，因此应当被纳入学生管理体制中。

经过对传统高校学生管理体制以及当前高校学生管理体制的深入研究，相关学者认为建立"精而专"的学生教育管理部可以改善学生管理体制。高校有责任和义务担起我国社会主义建设的重任，并培养新一代现代科学技术的传承者和创造者。

我国目前的高校学生管理实行的是党政合一、纵横联合、条块结合、两极运行的管理体制。从某种层面上讲，该体制不仅观念过于陈旧，而且其效率较低，整体的管理模式单一。因此，将陈旧的分散式管理转变为集中管理，也就是"精而专"的管理，才能更好地确保思想教育计划的顺利实施。

目前，从宏观上来看，要建立一个"精而专"模式，就需要设立一个学生教育管理部。简言之，就是把各个部门兼职管理的学生事务交给学生工作管理系统来处理。简单来讲，这种管理体制的结构实际上是对目前学生管理机制的分化和整合。

从某种角度上来讲，将"专兼管理"这种间接管理模式转变为"精而专"的直接管理模式，能在一定程度上起到积极的作用。一方面，它有利于组建专业学生工作队伍，取消系一级对学生管理的中间环节，形成畅通的信息渠道，从而提高整体工作效率；另一方面，它将"小而全"转变为"精而专"可以使学生管理工作形成一个相对专一的学生工作体系。

除此之外，高校学生教育管理部还有以下几点作用。

其一，随着科技、经济、信息的不断发展，高校学生教育管理工作也在发生巨大的变化。由于它所涉及的内容十分广泛，也就决定了它的内容相对复杂。学生教育管理部的出现，使招生、奖惩、勤工助学、心理咨询以及就业等一条龙服务得以顺利实现，为大学生的健康成长，以及未来的就业提供了较好的服务保障。由此可见，它使学生服务体系更为完善。

其二，高校学生教育管理部的出现，减少了诸多中间环节，摆脱了复杂局面，使工作更加迅捷有效，且不说如此，高校学生教育管理部具有一致的工作目标，而且其工作具有专一性和稳定性，这便为高校学生管理奠定了专业化基础。除此之外，各系在该体制下不再对学生进行管理，各系的领导便可主抓教学改革，从而使高校的整体教学质量有一个质的飞跃。由此可见，它能在一定程度上推动学生教育管理工作向着专业化以及科学化的方向发展。

其三，高校学生教育管理部的出现，使全体学生管理干部一并进行统一管理。这使相关人员的属性趋于一致，为高校学生管理干部素质的提高提供了有利条件。除此之外，这种相对集中的管理，对日常的工作安排而言也是极为方便合理的。由此可见，它能够极大程度上提高工作效率。

四、健全学生管理制度

（一）依法制定相关制度

在对大学生进行管理的过程中，高校应当根据相关法律来制定并实施各种规章制度；除此之外，还应当对现有的一些规章制度进行完善或者必要的清理。高校应当保留和继承之前有效的改革成果以及方法，摒弃那些无效或是效果不佳的方法；同时，还要使制度与当代社会法制以及依法治校原则的要求相符。最重要的一点是要使学生享有合法权益，这样才能切实体现出规章制度的存在和价值。

（二）更正错误观念

将法律视为一种手段和工具，然后用它来处理一切事情或者治理学校的这种观念是片面的。部分学校总是把法治化管理错误理解为"以法治校，以法代管"。要知道，这里所指代的"管理"并不是管制的意思，而是管理与服务的统一。在管理学校的过程中，管理者应当时刻将法律作为最高权威和依据。因为法律不仅具有预防、警戒和惩罚违法行为的基本功能，而且具有指引、评价和预测人们行为，保护、奖励合法行为，以及思想教育的基本功能。

五、改进学生管理方式

（一）学生管理工作进网络

1. 加强思想教育

提高大学生自控能力是有必要的。高校应当定期举办一些关于网络知识以及心理方面的讲座，针对学生上网问题，向学生进行正反两个方面的思想教育，从而使学生形成责任意识，让他们懂得分辨健康与非健康的相关信息内容，增强他们分辨是非的能力。

2. 加强网络管理

第一，各大高校应当从校园网主页的质量方面入手，严格入网要求。

第二，各大高校应当与校园外界网吧进行联系，防止有害信息入侵。

第三，各大高校应严格控制学生上网时间，确保其不会因熬夜过度疲劳而影响身心健康。

3.鼓励和引导大学生参加健康活动

经历过高考之后，大部分学生会感觉大学相对自由，且在课程时间安排上比较宽裕，那么，就会有诸多闲暇时间。高校应当充分利用这些闲暇时间，开展一些健康向上的活动，如计算机比赛、古诗词朗诵大赛、校园歌手大赛等，并鼓励和引导学生参与活动，使学生在闲暇时间既能放松心情，又能得到各方面的锻炼。

（二）学生管理工作进社团

1.提高校园社团文化的活动层次

目前，我国在建设校园社团文化过程中，出现了"三多三少"现象：社团名目多，但具有吸引力的少；娱乐型内容较多，涉及思考以及启发性的内容相对较少；校园内部的活动颇多，但真正能够拿出去的东西少之又少。

造成上述这种现象的原因主要是校园社团文化活动层次普遍较低，所以加强校园文化建设是有必要的。高校应当使其更符合大学生现阶段的理解和欣赏水平。

2.加强对学生社团的管理

其一，学生社团应当在法律、宪法、校园规范内活动，应当服从学校的各项管理规定。

其二，当学校社团需要邀请校外人员举行相关学术或社会政治活动时，应当经过校方同意。

其三，学生社团内创办的面向校内的刊物，须经学校批准，并接受学校管理。

3.重视文化活动的长期性与实效性

部分高校只有在一些重要节日时才举办相关活动，在其他时间举办的活动次数屈指可数。这种只追求轰动效应的行为，是不能在真正意义上使学生从中受益的，且这种行为也不符合当今教育的要求。各高校应当减少或避免这种现象的发生。由此可见，各大高校应当重视开展校园文化活动的实效性以及长期性。

第四节　高校学生管理的模式创新

一、大类招生背景下高校学生管理模式的探索

现在有很多高校都将按大类招生的培养模式用在了本科教育之中，也就是在高考录取时不按照专业分类，而是按大类进行招生，且进校后的学生在经过一段时间的课程学习之后，才按照自己的社会需求与条件对专业进行选择。这种做法能够让学生的志愿更符合其专业的选择，也能更多地体现出社会需求的趋向。同时，该模式也密切关联着如今高校实行的学分制改革，所以是符合高等教育教学改革趋势的，并且也具有人才培养的灵活性。越来越多的高校都开始实行这一模式了。

曾经我国在专业设置方面有很多缺点，如划分专业太过细化、针对性太强以及口径太窄，培养出的学生创新性并不是很强，思想也相对古板。而大类招生可以有效地利用学校内部各个学科的优点，突破原有院、系框架限制，并打通相邻专业的基础课程，最终实现多专业的有机组合。并且，大类招生还能使单一的专业转化为复合型专业，从而加强新专业的建设，全面地对学生进行培养，顺应科学技术发展趋势。但也应注意，这种高校经常会采用的学分制以及大类招生模式，给高校学生管理带来了新的挑战和要求。

在目前的高校体制改革下，在高校学生工作评价中导入ISO9000标准可以说是高校学生制度规范化与科学化的需求。ISO标准适用于世界的各类组织中，其属于国际标准化组织所颁布的质量管理体系标准。对ISO9000标准进行贯彻，就是控制组织的工作过程，以确保组织的产品与服务对象等与管理、技术规范和法律法规等要求是相符合的。

高校学生工作组织的管理与服务对象为学生，那么其管理学生的过程就是动态的。即高校学生管理者对学生的管理是有组织与有计划的，所以非常适合ISO9000的标准体系。

二、对美国高校学生管理体制的学习借鉴

我国高校与美国的高校学生管理体制不同。我国高校的学生在院系中投入的精力是很大的，每个院系都会有管理学生工作的副院长和党总支部副书记，往下有以班和年级作为单位来对学生进行管理的年级政治辅导员。但是在美国，宿舍部才是学生管理工作的重心，且配备了若干名正副部长与部长助理等，宿舍部之下就是学生宿舍，其配备了专职的管理员，是以学生宿舍为单位对学生进行管理的。

促使美国高校将宿舍作为主要的学生管理工作基地的原因就是学分制度。美国各高校是完全按照学分制运行的，在学生刚进校时并不会先分班级与年级。并且学生在刚入学的一两年中也完全没有系和专业的概念。对学生来说，集体宿舍是他们觉得较为安定的场所。所以，高校管理学生基本上都是以宿舍为单位的。

而我国的管理体制可以说是块状的，一个块代表的就是一个学院，并且每个学院的工作都较全面，包括了学生管理、教学科研和党政工作等；而美国高校管理体制则呈条状，每项工作都被细化为不同的条状，学生的生活被包含在宿舍部这一线条中，而教学科研则在系里的线条中。我国学生管理工作的基地主要是在学院、年级和班里，而美国的学生管理工作主要集中在学生宿舍中。造成这些差异的原因是教育管理体制上的差异。

我们不难发现，我国与美国基本上是存在一个共识的，即学生工作的开展需要有抓手在，其体现形式就是集体。我国高校抓的主要是学院、年级和班这样的集体，而美国高校抓的主要是宿舍的每一层与各个寝室。

我国高校的学生管理是有制度化这一特点的，而美国高校也有这样一个特点。以学生宿舍作为例子，我国有各种宿舍制度，其中包含熄灯制、会客制、家具电器使用制和清洁卫生制等。我国高校和美国高校在规章制度的建立方面是有很多共同点的。都认为在教育学生时，不仅要展开说服工作，也应有一套必需且相对完善的规章制度。其中，前者是自觉性的，后者则有些强制，而两者又是相互作用、缺一不可的。一套合理的规章制度能够为学生创造有序且良好的生活、学习环境，让更多人的利益都能得到保证，同时还能促进学生建立良好的行为规范。

美国高校在管理学生时广泛地应用计算机。他们不管做什么事都会用到电脑。刚入校的学生在进入学校之前都要填写住宿申请单，并应写清楚自己希望的宿舍、本人的生活习惯、对舍友的要求等，一般情况下是可以报三个志愿的。宿舍部在收到这些申请单之后就会将信息输进电脑中，进行分配后再把信息反馈给学生。于是，学生在自己入学之前就能够清楚知道自己的宿舍是哪一个，同时还能知道舍友的名字、电话等。我国的管理项目虽多，但有些地方还依旧不够到位，在科学化方面也没有美国先进，因此可以学习借鉴美国高校的学生管理体制。

第七章　高校教师管理创新

教师是学校组织的核心组成者，是学校的核心利益相关者，也是重要的教育资源之一。教师素质如何直接决定了学校的教学质量如何，教师管理和教师发展的状况决定了学校的发展状况。因此，高校教师管理创新具有重要的意义。

第一节　高校教师的发展现状与工作特点

一、高校教师队伍的发展现状

随着国家经济的快速发展，高等教育也迎来了一个飞速发展的时期。在高等教育大众化的过程中，高校教师规模不断扩大，师资队伍建设不断加强。师资队伍的结构逐步完善，教育水平大大提高，整体素质明显提升。师资梯队建设取得重大进展，学科带头人和骨干教师队伍不断壮大。随着高校人事制度改革的深入，就业效率大大提高。高校教师结构进一步优化，积极性增强。教师人数不断增加，师生比例大大提高。教师社会地位和经济待遇的改善，以及生活和工作条件的改善，吸引了更多的优秀人才加入高等学校的教师队伍，高校教师教学科研成果也不断出现。高校教师已成为我国知识创新和技术创新的重要力量。

二、高校教师的工作特点

（一）教书与育人相结合

高等学校的教师是教学、科研的主力军，承担着传授知识、培养技能、发展科学的光荣使命，同时又要承担教书育人，培养学生形成正确的世界观、人生观的重要职责。教书水平高、育人效果好，将教书与育人紧密结合起来，已成为一名优秀的高校教师标准。只教书不育人的教师已成为不合格的、不适应现代教育发展要求的教师。教师在提高知识传授、知识运用能力的时候，也要提高自己的育人能力，使自己真正成为学生的导师、育人的模范。

（二）复杂劳动和创造劳动相结合

高校教师培养目标的高标准、高层次，教育工作的学术性、探索性，决定了高校教师工作的高度复杂性和创造性的工作特点。高校教师工作作为一项复杂性的劳动，需要渊博的专业知识、丰富的教学经验、独立的研究能力以及较高的政治水平。教育对象的文化层次、年龄特征等又增加了工作的难度和复杂度。同时，高校教师要在有限的时间内，把丰富的现代科学文化知识加工成学生能接收的信息，进而转化成学生的智慧和才能，还要培养学生的良好品德及行为习惯。这些都需要通过教师的创造性工作才能实现。

（三）个别劳动和群体劳动相结合

高校教师不实行坐班制，他们一般采取个别活动的方式来工作。无论在教学、科研上，还是在思想政治工作中，教师都有较强的灵活性和独立性。他们的工作时间、地点不受时空的限制，可以在 8 小时之内，也可以在 8 小时之外；可以在课堂上、教室中，也可以在其他场所。这种工作方式可以充分发挥教师的积极性、自觉性、主动性、创造性。

另外，教育也是一种群体的工作、合作的工作。因为培养人是一项系统的综合性的工程，需要学校各方面的部门和人员的合作才能完成，即需要教师的个别劳动与教育工作者的群体劳动相结合、相配合才能完成。单纯强调其中的一个方面，而忽视其他方面，是片面的，是不和谐的教育。

第二节 高校教师在学校发展中的地位

一、教师是学校发展的战略资源

教师在学校发展中具有非常重要的地位，是支撑学校发展甚至是整个教育事业发展的最重要资源。或者说，教师是学校发展的第一资源，是学校发展中最难替代的生产要素。

所谓战略资源原指在战争之中对全局起到重要影响的资源,现在泛指对某一事物、现象或者组织的总体走向起着重要作用的资源。在知识传授的场所中,传授知识者必然是其战略性资源。因为,在知识传授的场所中,唯有知识的传授者能够持续不断地为其存在和发展提供动力。

在学校组织之中,教师通过参与"教与学"这一学校核心活动,将自身的知识传递给学生,提升学生素质、发展学生能力,为学校组织的存在和发展提供动力,保持学校的运转。从根本上说,学生的发展是学校的立校之本;培养学生是学校存在的最基本理由,学生的培养质量是学校的核心竞争力。也就是说,通过"教与学"活动的开展,教师用自己的人力资本为学校的发展持续不断地提供着不可替代的资源。

设立学校及其他教育机构必须具备的四个基本条件之一就是要有合格的教师,仅此便可以看出教师对学校而言属于不可替代的战略资源。教师是学校发展中不可替代的战略资源主要体现在以下两个方面。

(一)专业性使教师成为学校发展中不可替代的资源

专业性是指从事某项职业需要满足的一定的专门知识和技能标准。一般来说,专业标准主要包括:从业人员在工作时必须运用专门的知识和技能;从业人员必须要经过长期的训练才能够胜任;工作要为社会发展提供不可缺少的服务并强调服务精神,而非过分强调经济报酬;从业人员在其专业领域具有较大的自主权;从业人员需要有一定的职业道德约束;从业人员需要不断进修才能够保持其专业性;从业人员必须获得较高的社会评价。

1. 从事教育工作必须广泛掌握多方面知识

从教师职业的准入制度来看,从事教育工作必须要运用一定的教育教学知识和技能,并且需要在某一领域广泛掌握所要传授的知识。一个未能掌握基本教育教学知识和技能的教师显然不是一个合格的教师。世界各国对教师都有一定的准入制度。其中,教育教学知识和技能是必须要经过考核的项目。并且,在教师职业的准入制度中,不同层级教师的知识水平和学历水平也是重要的考核内容之一。取得高等学校教师资格的人,应当具备研究生或者大学本科学历。

2. 从事教育工作必须要经过较长期的训练

我国教师职业准入制度虽没有明确规定教师必须由接受过师范教育的人来

担任，但是目前教师主要来源于师范院校毕业生。大部分教师在师范院校的学习时间一般都超过了3年，经过了一个较长期的训练过程。

3. 教师职业为社会发展提供了不可缺少的服务

教师是培养社会人才的重要职业，为社会输送了大量的优质人力资源。在现代社会中，人力资源已经超越资本而成为第一资源。教师在社会人力资源开发中扮演着非常重要的角色。人力资源研究者认为人力资源的开发主要有两大途径：一是通过科学有效地对现有人力资源进行配置，发挥现有人力资源的最佳效益；二是大力发展教育，通过教育手段不断提高人的受教育水平，增加其知识和技能，以此提高人力资源水平。

从根本上说，社会人力资源的开发取决于教育的水平和质量，而教师作为学校教学活动主体，通过教育活动为社会提供了培养人才、开发人力资源等不可或缺的服务。并且，实践也证明了教师职业并未也不可能完全依靠物质激励得以维持。教师职业事实上更多地强调了一种服务精神：服务学生、服务社会。现在所提倡的"以学生为中心"和"生本教育"以及大学社会服务职能的衍生都体现了教师职业的服务精神。同样的，一些对教师职业的赞扬之词也表明了教师职业的服务精神，如将教师比喻成蜡烛和春蚕。

4. 教师必须要坚守严格的职业道德

教师职业如同其他专业化的职业一样，需要遵守一定的职业道德。教师必须要遵守宪法、法律和职业道德，为人师表。教育关系着整个社会发展与国家竞争力的人力资源基础，也关系着实现中华民族伟大复兴梦想的建设者的培养质量。教育事业的直接责任肩负者毫无疑问是教师。作为教育事业直接肩负者的教师如果不能坚守职业道德，教育事业就会陷入困顿，社会人力资源开发将失去根本，社会发展和中华民族伟大复兴的梦想也无从谈起。教师的基本职业道德大而笼统地可以概括为"忠诚奉献、热爱学生、诲人不倦"。这是教师的基本义务，也是教师的基本职业道德。

教师职业具有较为明显的专业性，基本满足了专业性的几个重要标准。正是由于教师职业的专业性，所以教师在社会发展和学校发展的生态群落中才具有不可替代的位置，成为学校发展不可替代的资源。

（二）教师有能力监护学校发展并具有相应公共品格

教师由于其较强的专业性、较高的文化知识要求以及处于学校"教与学"核心技术层面等而具有了监护学校发展的能力。不仅如此，教师还具有监护学校发展的公共品格。教师职业的准入制度已经规定了教师通常都具有较高的文化知识水平。国内外的研究结果和实践都已经表明文化知识水平同个人能力和参与民主管理意愿都有着密切关系。通常，文化知识水平越高，个人能力就越强，参与民主管理的意愿也越强。

1. 教师有能力监护学校发展

（1）教师对学校发展具有敏感性

教师是学校组织中占绝大多数的群体，广泛分布于学校核心工作一线，对学校发展具有敏感性。由于教师处于学校教育工作的一线，所以是对学生的学习和发展情况最有发言权的群体，同样也是对学校发展状况和发展方向最有发言权的群体。他们通常能够非常及时地了解学生学习、发展及学校发展的最新动向，也能够依据其专业知识预测学校发展的战略方向。教师在学校发展监控系统之中相当于无处不在的传感器，能够广泛收取来自学校发展各个方面的信息并及时进行传导。一旦学校发展偏离了预定的轨道，最先发现问题的人往往是一线教师，而非那些学校管理阶层。正是因为如此，教师是学校发展的最佳监护群体。

（2）教师具有分析学校发展信息的能力

文化知识水平和对知识的兴趣使得大部分教师能够自觉地了解学校外部环境的相关信息，并结合学校发展过程中的信息进行分析。外部信息、学校发展信息和教师文化知识水平相结合使得教师具备了分析学校发展信息的能力，能够较准确地把握学校发展信息的实质性内容。教师能够分析学校当前发展是否偏离了环境需求、学校内在发展需求以及相比于预定发展规划偏离了多少，能分析出主要原因并寻找解决办法。

2. 教师具有监护学校发展的公共品格

美国著名社会心理学家马斯洛的需求层次理论将人的需求从低到高依次划分为生理需求、安全需求、归属需求、尊重需求和自我实现的需求五个层次。生理需求主要包括呼吸、食物、睡眠、性等基本生存需求；安全需求主要包括健康、财产、人身等需求；归属需求主要包括友情、爱情、性亲密等需求；尊重需求主要包括自我尊重、被他人尊重及对他人尊重的需求；自我实现的需求是最高层次的需求，主要包括道德、创造力、自觉性、问题解决能力、公正度、接受现实的能力等需求。

对教师而言，需求的五个层次同时存在。但是，教师较高的文化知识水平和专业信仰在很大程度上影响了其需求程度在各个层次的分布状况。相对于其他职业人群而言，教师倾向于更高层次的需求。这是很多教师能够在艰苦的环境中始终坚持从事教育工作的重要原因，也是教师值得敬佩的重要方面。很多时候，教师在低层次的需求尚未得到完全满足的情况下，就会对高层次需求的满足表现出强烈的渴求。教师在对尊重的需求和自我实现的需求方面表现得特别明显。在很多教师眼中，尊重需要和自我实现的需要比工资和吃饭都要重要得多。

由于教师在学校工作中往往最重视的是尊重需要和自我实现的需要，所以教师通常将自己和学校发展联系在一起，认为自己和学校之间是一种共生共荣的关系，而不仅仅是一种雇佣与被雇佣的简单劳资关系。虽然薪酬会对教师尤其是青年教师的发展和工作积极性产生重要的影响，但大部分教师更关心的仍然是学校的发展以及依托学校而发生的"教与学"活动。对教师而言，没有什么比培养出优秀的学生更具优越感和幸福感，也没有什么比培养出众多优秀学生更加能够实现自我价值和满足自我实现的需求了。而优秀学生的培养必须要依赖学校的运转。因此，教师通常比公司的员工更加关心其所在组织的发展，将个人和学校的关系视为一种共生关系。一旦教师将自己和学校间的关系视为共生关系，那么他们关心、监护学校发展的公共品格就顺理成章地得以形成。

综合而言，教师对学校发展来说，既能够持续不断地提供不可替代的资源，又具有对学校发展进行全方位、全过程监护的能力和相应的公共品格。因此，教师是学校发展的战略性资源。

二、教师是学校教育质量的根基

对所有的学校而言，教育质量都是其生命线，决定着其生存和发展状态，这一点不懂行的人可能会提出质疑。即便是在组织目标多元化现象比较明显的高校，教育质量也是其生命线。一所高校一旦失去教育质量，那么它要么沦为公司，要么沦为科研机构，要么倒闭。因为教育质量不达标的学校不能被称为学校。对一所学校而言，其核心竞争力便在于教育质量。教育质量是衡量学校办学水平与竞争实力最重要的指标和维度。一所学校的教育质量决定了其在本层次教育领域和本地区教育领域中的地位和影响力。

换句话说，只有高质量的教育，才能培养出大量优秀毕业生；没有大量的优秀毕业生，优秀的学校就无从谈起。所以，教育质量犹如维护学校生存和发展的发动机。如果教育质量发生问题，轻则损害学校的形象，减慢学校发展的速度；重则会使学校停滞发展，在学校与学校之间的竞争中被淘汰出局。由此可见，教育质量对学校发展十分重要。说教育质量是学校赖以生存和发展的基础，是学校提升竞争力、走向卓越的根本依靠也不为过。

如果将学校教育看成一个服务过程，那么教育质量便可以被看作一种服务质量。与其他服务不同的是，教育不能按完全统一的标准选择学生，更没办法也不应该把所有的学生改造成预先设计好的具有统一标准的"成品"。因为教育的标准本来就是多元化的。学校教育的直接消费者是学生，但是学校教育这项服务的最终消费者却不仅是学生，还包括家长、用人单位、高一级学校、社会、政府等。不同消费者对学校教育的质量标准要求并不完全一致，并且不同消费者之间对学校教育服务的作用以及与学校教育服务的紧密程度存在差异。

学校教育这项服务既不能按照完全统一的标准选择学生（原材料），又不能把学生改造成预先设计好的统一标准的"成品"。所以，教育质量最大的可控制环节便是教育服务的过程。

在上述教育消费者中，教育过程通常是学生及其家长以及政府所关注的教育服务环节；对高一级学校和用人单位而言，他们仅仅关注教育服务的结果，即毕业生身上所固有的特性能够满足其需求的程度。从技术层面讲，教育服务过程这个可控环节实际上主要是"教与学"活动的过程。而"教与学"的活动恰恰是一个复杂而又专业的过程，加之教育标准的多元化，就使得教育服务过程这个看起来可控的环节也变得不怎么可控。"教与学"的复杂性和教育目标的多元化使得教育服务过程只有其核心主体的学生和教师能够直接感知。学生由于其心智尚未成熟或者尚未完全成熟而在对教育服务过程的理性感知和需求诉求表达方面大打折扣。

所以，教育服务过程实际上在很大程度上被掌握在"教与学"的另一个核心主体——教师之手。教师一方面是直接、具体的教育服务提供者和服务原材料（学生）的加工塑造者；另一方面，还具有教师职业的专业性和教师的教学自主权。教师对教育质量的理解、教师的价值观、教师的教学态度都在很大程度上影响着教育质量。

在学校教育过程中，学生毕竟不同于工业生产中的原材料，他们是有思想、有意识的活生生的人。在"教与学"的过程中，学生具有能动性和自主选择性。所以，这个过程是一个双向互动过程。一旦教师获得了学生的认可，教师的价值观便会对学生产生长远而深刻的影响。有时，教师在"教与学"活动中的一句话可能会影响学生的一生。并且，在"教与学"活动中，教师还扮演着管理者的角色。一名教师对课堂的把握和管理也会对教育服务的整体质量产生较大影响。比如，教师对课堂的管理方式、方法如果较科学，则整个班级的学习成绩就会偏高；而教师对课堂教学资源的分配则会对学生享受教育服务的公平性产生重要影响。

无论如何，教育质量的高低更多地取决于教师的整体素质、价值观和行动。所以，教师是学校教育质量的根基。教育质量最重要的影响因素是教师素质、工作态度、教师发展以及教师资源配置。其中，教师发展是根本性的影响因素。

第三节　高校教师管理制度与教师发展

一、教师薪酬制度与教师发展

在马斯洛需求层次理论中，教师同其他从业者在需求层次的分布方面存在差异，其更加看重诸如尊重需要和自我发展需要等高层次需求，但是作为现代社会中生存和生活的人，他们同样具有经济人的一面，同样有着最基本的生理需求。教师只有解决了物质需求的后顾之忧，才能够有更多的精力去追求那些高层次的需求，才能够努力实现自我发展，更进一步推动学校发展和教育质量提升。教师薪酬是教师基本物质需求得到满足的前提条件，同时也是激励教师发展的重要手段。

（一）相关概念

1. 教师薪酬

所谓教师薪酬是指教师因为工作劳动而获得的以工资、奖金以及实物形式支付的劳动回报，有时也被称作教师劳动报酬。它是国家或者学校基于教师的劳动而给予教师个体的一种经济性酬劳，其设计和管理与教师劳动的特点密切相关。

2. 教师薪酬管理

教师薪酬管理的概念有广义和狭义之分。广义的教师薪酬管理指的是教师人力资源管理的一项重要职能，涉及教师的工资、奖金、津贴、福利、服务等经济性劳动报酬分配的各个方面，包括教师薪酬水平、教师薪酬体系、教师薪酬结构、教师薪酬形式等内容，还包括教师薪酬计划的拟定、薪酬管理政策的制定等整个教师薪酬管理过程。狭义的教师薪酬管理则是指教师薪酬制度建立后的操作实施，包括教师薪酬分配的计划、组织、协调、沟通、评价等实际管理和控制工作。

（二）教师薪酬的表现形式

教师薪酬存在着多种表现形式，通常主要包括工资、奖金、津贴和福利等基本形式。不同形式的薪酬代表着不同的管理理念，不同形式的薪酬在总体薪酬中所占的比例隐含着特定的教师管理价值取向。它们对教师个体的工作行为会产生不同的影响。

1. 工资

工资是教师薪酬中的主要组成部分，是指国家或者学校对教师所承担的工作定期支付固定数额的基本的金钱形式的报酬。工资通常对其他可变薪酬的设定有着重要的影响。工资是教师薪酬中最容易被接受的部分，因为对教师个体而言，工资是薪酬中最稳定的部分，能够给教师的物质生活带来最稳定的保障；对学校而言，工资是最容易计算和进行成本控制的教师薪酬部分。虽然教师薪酬的工资形式是许多教师和学校管理者乐于接受的形式，但是仅以工资作为教师薪酬的做法也受到了来自各方的批评。并且工资通常与教师的努力程度、劳动成果没有直接的关系，很难对教师的工作起到激励作用。

2. 奖金

奖金属于可变薪酬的范畴，具有很强的激励性。教师薪酬中的奖金是指对教师工作中的超额劳动或者高于平均劳动质量的部分给予一定的金钱形式的奖励。奖金与教师的工作绩效直接相关。当教师的工作绩效发生变化时，奖金的数量就发生变化。因此，奖金是教师薪酬中的一种典型的按劳分配形式。由于奖金通常具有灵活性、及时性以及荣誉性，所以，如果奖金形式的教师薪酬运用得适当可以在很大程度上刺激教师的工作行为，促进教师积极主动发展自我。

3. 津贴

津贴也是当前许多国家教师薪酬的一种重要形式，具有调节教师工作地域、条件等和激励教师工作的作用。它主要是指补偿教师在特殊工作条件下的劳动消耗及生活费额外支出的教师薪酬补充形式。当前，我国教师薪酬中的津贴常见的有区域津贴、生活津贴、职务津贴及职称津贴。区域津贴通常是指被发放给那些艰苦地区、边远地区以及欠发达的农村职教人员的津贴，旨在鼓励教师到上述地区去从事教育工作。生活津贴主要是为了补偿教师某些额外的生活费用支出而设立的津贴，比较常见的是寒暑津贴和物价补贴。职务津贴和职称津贴通常是对担任相应职务、职称的教师，因现工资低于职务、职称最佳等级而给予的补贴。

4. 福利

福利也被称为边缘薪酬，是为了维护教职员工的身心健康和生活安定而在工资之外给予的各种补助和优惠，属于学校组织整体性报酬中的"免费赠送"部分。它可以是金钱形式的，也可以是物质形式的，还可以是其他形式的，如保险性福利、抚恤性福利、教育培训的福利以及带薪休假的福利等。教师具有带薪休寒暑假的权利。还有一些学校给教师提供午餐费、交通补助，建立免费或者半收费的托儿所、俱乐部，等等。这些都属于福利的范畴。

（三）教师薪酬设计的理论依据与原则

教师薪酬的设计与教师劳动的特殊性密切相关。

1. 教师劳动的特殊性

（1）教师的劳动对象和任务具有复杂性

教师的劳动对象主要是品质、性格、天赋、预备知识水平都存在差异的学生。教师在其劳动过程中需要根据不同学生的品质、性格、天赋、预备知识水平合理分配教育资源和采取不同的教育方式方法，因材施教。教师劳动任务的复杂性还表现在教师在"教与学"活动过程中要对学生进行全方面引导，让学生在德、智、体、美各方面得到全面发展。

（2）教师的劳动还具有表率性

教师应做到"为人师表"。"为人师表"不仅体现在正常的"教与学"活动中，还体现在教师平时生活中的一言一行上。从"为人师表"要求的角度讲，教师时刻处于工作状态之中。

（3）教师的部分劳动具有隐匿性和灵活性

教师的部分劳动具有的隐匿性和灵活性决定了教师的劳动很难被精确计量。教师除了要完成正常的课时工作量之外，还要对学生进行作业批改、课外辅导，对个别学生进行额外教育和业务自修等工作。

（4）教师的劳动在时间和空间方面都具有灵活性

通常情况下，很难通过教师在办公室和教室的时间来确定教师工作的勤奋程度。教师不在办公室或者教室并不能代表教师没有处在工作状态。在正常的办公时间和办公场所之外，教师还需要对学生进行家访、思想沟通等，甚至有时教师在散步的时候脑子里也在思考关于教育教学、科研等与工作相关的问题，并且此时的思考效果对于工作的帮助未必就小于在办公室或者实验室冥思苦想。教师劳动的特殊性决定了教师薪酬的确定需要综合运用不同的薪酬理论和原则。

2. 教师薪酬设计的理论依据

1890年，英国经济学家阿尔弗雷德·马歇尔在他的《经济学原理》一书中最早提出了供求均衡工资理论。该理论认为，劳动力的供给和需求之间的关系决定了工资水平和各职业、行业以及厂商的雇佣人数；劳动的边际生产率决定了劳动力的需求价格，劳动者的生活费用决定了劳动力的供给价格；工资的均衡水平就是劳动力供给价格曲线和需求价格曲线的交点。供求均衡工资理论可以用于确定教师薪酬中的工资部分。

效率工资理论通常将较高的工资解释为组织为防止员工偷懒而采取的激励办法。其基本观点是"支付高于市场工资率或者平均工资有助于激发员工的工作热情，从而使组织实现更高的效率"。效率工资理论认为实行效率工资一方面能够激励员工更加努力地提高工作水平和工作业绩，另一方面能够起到分选作用，吸引更加优秀的员工。这有点类似于我国古代"千金买马骨"的做法。效率工资理论可以在一定程度上用于确定教师薪酬中的奖金和福利部分。

补偿性工资理论最初由英国经济学家亚当·斯密提出。亚当·斯密认为，在做出工作决策之前，人们应该对该职位的有利因素和不利因素进行全面的考虑，然后选择出"净收益"最大的职位。基于这种认识，亚当·斯密提出在工资以外，公司应给予从业人员一些净收益性质的补偿。例如，应该基于工作的舒适程度、学习工作技能的难度和费用、责任、成功可能性等给予相应的收入补偿。换言之，如果工作舒适程度低、学习工作技能的难度和费用高、工作的责任大、保障程度低、失败的风险大，公司则应当给予从业人员必需的补偿。教师职业明显具有难度大、费用高、工作责任性要求高等特点。补偿性工资理论可以用于确定教师薪酬中的津贴部分。

公平工资理论的代表人物是霍曼斯。他认为，分配报酬的比例应依循三个方面的情况加以确定，以促成工资的公平发放。

①一个人在某个活动领域中以一种获取报酬的方式从一个团体中获得的价值，应与他在另一个领域中对该团体的贡献的价值成正比。

②某群体成员从其他成员那里获得的报酬价值应与其投资成正比。

③某群体成员获得的报酬应与其下属所没有的领导代价成本成正比。

公平工资理论对各种形式的教师薪酬设计都具有一定的指导作用。

3.教师薪酬设计的原则

教师薪酬设计应当遵循公平原则、竞争原则和经济原则等几项基本的原则。

只有上述几项原则在教师薪酬体系中得到了充分体现，才能够真正地激励教师发展，最终促进学校发展。

（1）教师薪酬设计应当遵循公平原则

公平原则是教师薪酬设计需要遵循的首要原则。它要求教师薪酬设计要体现内部和外部两个一致性。所谓教师薪酬的内部一致性是指教师的薪酬在本行业之中相同的付出要得到大致均等的回报。所谓教师薪酬的外部一致性是指教师同外部其他行业在劳动能力要求和劳动付出大致相当的情况下，其薪酬应当大致相当。教师经济人的一面驱使其必然在薪酬方面考虑投入和产出的比率来确认劳动的公平感。无论是教师薪酬内部不一致还是外部不一致都有可能导致教师降低其对薪酬的认同感和公平感。无论何种行业，一旦员工对薪酬的认同感和公平感缺失就会极可能影响到工作热情和对本职业的归属感，降低工作积极性。因此，教师薪酬的总体水平设计应当了解教师行业和本地区其他行业的薪酬水平，确保教师薪酬总体水平不低于本地区薪酬水平的平均水平。并且，教师薪酬的总体水平设计按照供求均衡工资理论还需要考虑市场供求关系。一旦大量优秀教师流失将会严重影响学校的教育质量，影响学校甚至整个教育事业的发展。学校内部教师工资的不一致同样会削弱教师对薪酬的公平感，从而影响教师工作的积极性，造成怠工现象，最终影响学校的长远发展。

总之，教师薪酬设计的公平原则要求体现教师薪酬的内外部公平性，使薪酬的分配公平和程序公平得以实现。

（2）教师薪酬设计应当遵循竞争原则

学校要想留住优秀的教师和激励教师发展就必须在设计薪酬时考虑引入竞争机制，而不是考虑平均主义。教师薪酬设计的竞争原则实际上是其公平原则的延伸。公平不仅指横向的基本公平，还指纵向的效率公平。绝对的平均并不等于公平。

竞争原则旨在刺激教师努力提升工作能力和工作绩效。竞争原则中的部分内容属于内部公平的延伸。在一个学校内部，如果教师的薪酬都处于平均水平，则几乎不会刺激教师的工作行为，所有的教师都将只安于现状，按部就班地进行工作。如此一来，学校仅能保持其基本的运转，对学校发展和教育质量提高而言没有多少的正向激励作用。因为假如将教师也看成完全的经济人，教师只有将其投入保持在平均水平才能保证自己的投入和产出基本持平。投入过多则投入和产出的比率偏高，似乎是做了"亏本买卖"；投入过低则容易受到领导的批评和别人的指责。

竞争原则中还有一部分内容属于外部公平的延伸。效率工资理论认为支付高于市场平均水平的薪酬有利于激发员工的工作积极性。一个教育质量在同行业保持领先的学校，可能会将内部的薪酬水平定位在市场的较高水平。这样该学校在寻求优秀教师时，容易由于较高的薪酬水平而吸引到优秀教师，从而保持或者进一步加大其对优秀教师的吸引力。

（3）教师薪酬设计应当遵循经济原则

所谓经济原则是指用尽可能少的支出达到目的的原则。学校在提高教师的薪酬水平以吸引优秀教师的同时，必然会给学校带来更多的成本支出。教师薪酬水平的提高也符合边际收益递减规律，即当教师的薪酬标准达到一定的水平之后，增加的薪酬对教师工作绩效、教师发展及学校发展的贡献程度会呈现递减的趋势。因此，教师薪酬水平应当被控制在合理的区间之内，而非越高越好。教师薪酬设计应当考虑到薪酬的投入产出效益，即对教师投入工作和发展的激励作用。教师薪酬水平的最佳状态是教师薪酬的边际收益等于边际成本的状态。这种最优状态在教师薪酬设计实践中很难达到。在现实中，学校只要确保以较低的成本保持教师薪酬在人才市场的竞争力和教师较高的薪酬满意度即可。

（四）教师薪酬对教师管理和教师发展的作用

1. 教师薪酬对教师发展的保障作用

从本质上讲，教师薪酬是教师的劳动力作为生产要素的价格形式，是提供劳动力生产要素的教师与其消费者在市场上达成的供求契约，消费者由于使用了教师的劳动力生产要素对教师的劳动付出进行的一种补偿。

对教师而言，获得的薪酬为他们提供了维持自身基本物质生活需求的基础，同时也为他们提供了学习提高、养育子女、赡养老人等方面的基本物质保障，补偿了他们在工作中所消耗的脑力与体力付出，从而使他们能够继续和更积极地投入工作中去。

根据马斯洛的需求层次理论，人只有在基本的生理需求得到满足的前提下才有可能追求上一层次的需求。教师群体虽然特殊，但作为生活在现实社会中的活生生的人，同样具有养育子女、赡养老人等基本社会义务，同样需要生存。因此，教师群体虽然在对基本物质需求方面的渴求没有其他群体强烈，但是同样需要在基本物质需求得到满足的前提下才能够具有更多的时间、精力追求高层次的需求。并且，在劳动分工程度较高的现代社会，薪酬还是教师追求更高层次需求的基本条件。

2. 教师薪酬对教师管理和发展的信号作用

教师薪酬的形式、结构、水平等实际上也属于表示一定含义的信号。这些信号隐含了教师管理的理念，能够对教师管理和发展起到一定的作用。

（1）教师薪酬对教师管理和发展具有表征作用

一方面，教师薪酬总体水平的信号反映了社会对教育行业和教师职业的价值认可度，教师薪酬总体水平越高，就表明社会对教育行业及教师职业的价值认可度越高，教师社会地位也就越高；另一方面，在教育行业内部，某个教师的薪酬水平也反映了教师个体在行业内部的价值认可度和层次。

（2）教师薪酬对教师管理和发展还具有引导作用

教师薪酬具有的表征作用顺理成章地促成了其引导作用的生成。

一方面，从宏观角度讲，教师薪酬所表征的社会地位和社会价值认可度可以引导社会劳动力在教育行业和其他行业之间的流动。如果教师薪酬所表征的社会地位和社会价值认可度高于社会平均水平就能够引导其他行业的优秀人才转到教育行业，从事教师工作。

另一方面，从微观角度讲，教师薪酬在教育行业内部的高低水平所表征的教师个体在行业内的价值认可度和层次，以及教师薪酬结构所隐含的管理理念共同为教师指明努力和发展的方向。比如，如果一所学校非常重视科研，那么该学校可能会在教师薪酬结构上体现出对科研的高度奖励。如此，教师便会努力提高科研能力。如果一所学校非常重视教育质量的提高，则该学校可能会在薪酬结构上体现为对教学质量的奖励比重较大。如此，教师便会努力提高教育教学技能，以提高教育质量。

3.教师薪酬对教师发展的激励作用

薪酬不仅对教师具有稳定和保障作用，还对教师工作积极性的发挥具有刺激作用。激励作用是教师薪酬的重要作用之一，因为激励本身就是管理的一种重要手段和方式。当教师薪酬设计中引入了竞争性要素时，薪酬对教师发展的激励作用将变得更加明显。因为在引入了竞争性要素之后，薪酬不仅是一种经济刺激，还表征了教师自我成就和自我发展的实现程度。对教师群体而言，自我成就和自我发展的刺激对工作的激励作用丝毫不弱于经济刺激。因此，需求层次的提出者马斯洛也曾明确提倡学校组织应该提供能够满足教师最高层次需求的条件。因为追求自我实现的学生、教师、管理者是最好的实践者，教师对自我成就和自我发展的追求永无止境。这意味着它们可以持久地激励教师不断发展自我。

二、教师人事管理制度与教师发展

教师人事管理是教师管理的重要内容。良好的教师人事管理制度和文化对教师发展起着重要的正向作用，而不合时宜的教师人事管理制度则会阻碍教师发展。

（一）教师的聘任制度

1.教师的任用资格

教育质量的高低在很大程度上取决于教师素质的高低。因此，许多国家都通过法律法规等形式明确规定了教师的任职资格以保证教师的质量。如我国的《中华人民共和国教师法》、日本的《教育职员许可法》等都是以法律形式明确规定了教师的任职资格。在德国，中小学的正规教师必须接受综合大学的培训；学生必须完成大学的第二年基础课程，分数达标并完成师范培训课程后，才有资格申请教师许可证。在英国，大学毕业生要想获得教师资格证，必须再接受1年的教育教学培训。

2. 教师的任用方式

不同国家和同一国家的不同历史阶段对教师的任用方式由于教育发展水平和教育行政体制的差异而有所不同。我国在对教育事业实行集中统一教育行政体制的时期曾采取过由上级教育行政部门和组织人事部门按照计划向学校委派教师的派任制。改革开放之后，派任制的教师任用方式逐渐被淘汰，转而被聘任制的教师任用方式所代替。

3. 教师的任用流程

教师的任用流程由于学校的层级不同而存在一定的区别。我国的高等学校教师的任用流程与其他学校教师的任用流程具有较大差别。相对而言，高等学校由于其教师专业性更强而在教师的任用方面具有更大的自主权。

当前我国教师的任用通常都采取公开招聘的形式。高等学校教师的任用通常只需要各院系用人单位向学校申报用人计划，经学校同意后由学校人事处向社会公开发布招聘计划和条件，应聘者报名后由院系进行资格初审组织面试，待面试者通过体检和其他考核后，学校人事处和应聘者签订聘用合同，并报省教育厅等相关教育行政部门备案即可。

（二）教师的培训制度

参加培训既是教师的一项基本权利又是教师的一项基本义务，是教师人事管理的一项重要内容。教师的考核是指学校和其他教育机构根据国家制定的教师职务任职条件和职责，运用定性和定量相结合的方法对教师的工作进行定期或者不定期的考查与评价。这也是教师人事管理的一项重要内容。

教师的培训包括脱产培训和在职培训两种，此处主要是指在职培训。所谓教师的在职培训是指对已经在岗的教师在不脱离岗位工作的条件下进行有组织、有计划的再培养，其要旨在于满足在职教师的自身发展需要，提高教师的专业知识和技能以及端正其教学态度。

比较常见的教师培训形式有讲授式培训、自学式培训、参观考察式培训、专题研究式培训、集体讨论式培训等。各种教师培训的形式涉及的内容十分丰富，以实际需要为导向，归纳起来大致包括教师教学、班级管理、师德教育、考试与考试评价、教学技能等方面的内容。

教师的培训需求来自内外两个方面。一方面，社会发展、教育事业的发展以及教育工作本身对教师提出不断提升工作能力的要求。它通常表现为培训部门对教师提出的培训要求。这种教育培训需求可以被称为外部培训需求。另一方面，教师面对外部环境的变化会有一种提升自己以实现自我和发展自我的渴求，从而形成一种对自身教育教学能力提升的内驱力。它通常表现为教师自己提出接受培训的要求，这种培训需求可以被称为内部培训需求。

（三）教师人事管理制度对教师发展的作用

无论是教师的任用、教师的培训还是教师的考核都对教师发展乃至整个教育事业发展具有重要的意义和作用。教师人事管理制度对教师发展的正向作用主要表现在保持和提高教师专业化程度、监督和促进教师自我发展、维持教师发展秩序三个方面。

1. 保持和提高教师专业化程度

教师的专业化程度低的问题一直是教师教育所要解决的重大问题。相比于医生、律师，教师职业的专业化程度明显较低。因此，提升教师的专业化程度是教师发展的重要内容和目标。

教师培训可以在很大程度上提升教师的专业化程度。教师专业化主要是指教师能够掌握其所教学科的专门知识和技能体系、系统的教育教学知识和技能；树立高尚的职业道德观；具有自我学习和自我提升的意识和能力等。教师专业化是一个发展的概念，是一个根植于特定社会发展阶段的概念。教师专业化往往随着社会的发展、科学技术的发展而不断提高其基本标准。也就是说，当前既定的学科专门知识和技能、教育教学知识和技能、职业道德、自我学习和自我提升的意识和能力等水平被认为是达到了专业化的要求，但是这个水平在将来便会被认为是没有达到专业化的要求。那么，如何才能保持和提升教师的专业化程度？唯有通过不间断的教师培训和教师的自我学习才能够不断更新教师专业化的各个构成要素，才能保持同社会和科学技术发展同步的知识、技能、能力、职业道德，才能保持和提升教师的专业化程度。

2. 监督和促进教师自我发展

教师发展的需求来自内外两个方面，但最终需要通过教师自己的实际行动才能得以实现。教师虽有实现自我发展的内在需求，但并非每个人都能够自觉地付诸行动。因此，完全依靠自觉的教师自我发展是不现实也是不应该的，还需要外部的制约和监督机制发挥作用，内外齐动，双管齐下。其中，教师薪酬、教师考核的制度及日常管理安排就能够对教师自我发展起到较大的外部刺激、引导和监督作用。

世界各国对教师的考核内容及考核方式各有不同，但基本都会将考核结果和教师的聘用、晋级、晋职、评优、薪酬等联系起来。教师如果不能够持续不断地自我学习和自我提高，其考核结果必然不理想，那么随之而来的晋级、晋职、评优、薪酬都会受到很大影响。在严重的情况下，教师甚至会被解聘或者开除。在通常情况下，如果教师在工作中由于个人工作能力不足或者工作态度差等原因导致出现差错，由学校或者政府其他部门给予其一定的惩罚，对于违反法律者，还将追究其法律责任。因此，教师管理对教师过错、过失的惩罚制度会对教师形成一种潜在的威慑力，促使教师不断地自我发展。

教师管理制度实际上既对教师的自我发展提供了一种激励，又提供了一种可能的惩罚。相关心理学研究表明，激励会通过对教师自我发展行为提供一种强化刺激从而增强教师的自我发展行为；而惩罚则会通过对教师自我发展的懈怠行为产生一定的抑制作用，从而减少教师自我发展的懈怠行为。

总之，学校组织的管理制度能通过激励和惩罚来强化和抑制教师某种行为来达到监督和促进教师自我发展的目的。

3. 维持教师发展秩序

教师发展不仅是教师个体的发展，还包括教师的团队发展和相互发展。教师发展行为不仅是教师的个人行为，还包括教师的团体行为。只有教师团体发展了，教育质量才能够真正得以提高。而要想实现教师的团体发展和相互发展就必须形成一种良好的教师发展秩序。教师发展秩序的形成可以依靠教师个体的自觉，更重要的是要形成良好的、规范的教师管理制度。没有秩序的教师发展注定是混乱和失败的。

管理具有一定的权威性和强制性。通过良好的、规范的教师管理制度，教育行政部门和学校能够形成有重点的、分层次的和有针对性的教师发展计划，科学合理地分配教师，促进教师的团队发展和相互发展。无论是整个国家还是一所具体的学校，其有利于教师发展的资源都是有限和相对稀缺的，因此，不可能也不应该让所有的教师按照统一标准以齐步走的形式发展。

第四节 高校教师管理的创新探索

一、教育资源分配公平导向的教师管理与创新发展

对教师管理和教师发展而言，教育资源的公平分配起着非常重要的作用。教育资源的公平分配能够使全国教师的发展趋于均衡化。同时，它还能增强教师的认同感，从而使教师端正自己的工作态度和自我发展态度。教师资源本身就是最重要的教育资源。教师发展的不公平会导致学生所享有的教育资源不公平，最终导致教育起点、教育过程和教育结果的不公平。而且，教育资源不公平的分配会导致教师对教师管理制度产生一种不认同感，减弱教师管理制度的合法性。因此，教育资源的公平分配既是教师管理的重要考虑因素，又是教师发展的重要影响因素。当前我国在教师薪酬、教师培训等方面都存在着一定的不公平现象，导致这些不公平现象产生的最为本质的原因还是教育资源分配不公平。

（一）教育资源分配公平导向的教师薪酬管理

教育资源分配公平导向的教师薪酬管理能够满足教师生存和发展的基本要求。这个基本要求主要体现在四个重要方面。

第一，教师的薪酬水平不能低于其他同等劳动付出行业的薪酬水平。

第二，教师的薪酬在城乡之间、东中西部地区之间要基本公平。

第三，教师个人薪酬的获得必须体现付出与收入对等的原则。

第四，行业内的教师薪酬设计应当体现出差别公平原则，即要向那些处于天然弱势地位的教师进行适当的补偿。

只有教师薪酬设计充分体现了上述四个方面，才能够在稳定优质教师资源的同时吸引外部优秀人才从事教育行业，从而增加优质教师资源；只有教师薪酬设计充分体现了上述四个方面，才能够促使教师努力地自我发展；只有教师薪酬设计充分体现了上述四个方面，才能够在城乡之间和东中西部地区之间实现优质教师资源均衡配置，最终为教育资源分配公平贡献应有的力量。

（二）教育资源分配公平导向的教师培训

教育资源分配公平导向的教师培训属于教师培训资源分配的公平问题，最终需要解决的问题归根结底是围绕资源而展开的。谁来培训实际上是谁提供和提供什么样的教师培训资源的问题，培训谁实际上是将教师培训资源分配给谁享用的问题，培训什么实际上是培训主体给培训客体提供何种教师培训资源内容的问题，如何培训实际上是将教师培训资源分配给培训客体的方法选择问题。

1. 谁培训的问题

教师培训属于公共服务范畴，应当由政府承担相关费用。既然教师培训属于政府公共服务，那么公平便应当成为教师培训的优先考虑要素。我国教师培训经费主要还是由政府来提供的。但现行的教师培训体制中，培训经费基本上由地方政府提供。这便会容易导致一个和公平原则偏离的问题出现：地区的财政支付能力不均衡导致不同地区的教师培训经费不同，最终导致教师培训这种公共服务不均等。教育资源分配公平要求政府在教师培训的费用承担方面加大中央投入力度，并注意中央财政在不同区域的支持力度，以实现教师培训公共服务的区域均等化。

2. 培训谁的问题

我国在教师培训对象的选择方面，即培训谁的问题上也存在着如何公平选择标准的难题。培训资源的有限性决定了必须对教师培训的对象进行甄选。而目前我国对于教师培训对象的甄选问题尚无明确的具体规定，其公平性难以得到有效保障。在很多时候，教师培训机构也为此感到为难。培训谁的问题实际上就是获得教师培训资源的教师个体的机会问题。只有建立公平的培训对象选择机制才能够保证教师个体接受公平的培训机会。这也是教育资源分配公平导向下教师培训制度的重要内容和要求。

3. 培训什么和怎么培训的问题

教育资源分配公平导向下的教师培训还要求保障教师培训内容和培训手段、方法的标准化及促进各教师培训承担机构之间的相互配合和交流，以保证教师培训资源分配的程序公平、过程公平，最终实现教师培训资源分配的结果公平。

总而言之，教育资源分配公平导向下的教师管理是通过教师薪酬设计、教师任用、教师培训等一系列管理过程促成有助于教师发展的资源的公平分配，实现教师发展机会、过程和结果公平,最终达到提高教师素质和提高教育质量的目的。

二、高校教师管理指挥系统的创新探索

(一)高校教师管理指挥系统的建立

教师管理指挥系统的功能在于联结领导者与被领导者之间的关系,通过一定的管理措施和良好的沟通以及领导者的组织等,有效激励被领导者为完成管理目标而努力。因此,教师管理指挥系统一般包含以下几个方面的内容。

1. 人员系统

人是指挥系统的主体,离开了人就谈不上人与人之间的关系,也就谈不上指挥与领导。指挥系统中的人员包括指挥人员和被指挥人员,他们处于不同的地位,完成不同的职责。这是由组织系统中的职务结构所决定的。

指挥人员借助组织赋予的权力行使其指挥的职责,采用一定的手段,促使被指挥人员完成指挥人员认为必须完成的任务(指令),而被指挥人员则接受指挥人员的指令,执行和完成任务。当然,被指挥人员不是被动地接受指挥人员下达的任务,消极地完成任务。一个完善的人员系统应该充分发挥被指挥人员在指挥系统中的重要作用。

在教师管理的指挥系统中,管理者中的一部分处于指挥人员的地位,通常被称为领导者。领导者根据目标要求和工作经验,提出某一阶段的任务及完成办法,但是,领导者对目标的理解也不一定是完全正确的,其精力也不可能永远充沛,其所下达的某项任务与整体目标发生偏差的事是不可避免的。这时候就需要被指挥人员深入思考、提出问题,并及时解决问题,以保证整体目标的实现。当然,在一般情况下,这种调整需要得到指挥人员的首肯。这样才能保证指挥系统的协调运行,教师管理指挥系统更需要这种协调。

2. 信息系统

除了人员系统之外,一个指挥系统必不可少的是人与人之间的信息沟通。这些信息包括指挥系统内部的,如指挥人员下达的任务等,也包括指挥系统外部与内部交换的信息,主要为环境信息,指挥人员不仅需要了解组织内部及组织对象的一般信息、被指挥人员处理信息的能力、组织对象的行为表现等,更

重要的是指挥人员要善于发现环境信息，为决策提供基本素材。新的社会形势给高校教师队伍建设带来了巨大的挑战，所以，指挥人员根据对环境信息和组织内部信息的综合分析，及时做出调整决策，对于稳定教师队伍、提高教师队伍基本素质、激发教师工作热情都十分必要。

3. 制度系统

在一个指挥系统内，指挥人员不可能事事都照顾到，事事都亲自做出决策。往往一些常规性的管理活动并不需要由指挥人员发布任务。事实上，建立完善的管理制度系统是指挥人员直接指挥的一个重要形式。对于一些常规性教师管理的内容，通过一定的制度形式规定管理的具体办法，实际上也是指挥系统必不可少的重要内容。我们知道，人的精力毕竟是有限的，指挥人员应该把这有限的精力用到处理大事上去。对于一般的管理问题，指挥人员可以通过下放指挥权的办法让被指挥人员来解决，而更重要的是要用制度的形式使任务规范化，增强制度的严肃性和权威性，以达到使被指挥人员接受指挥人员间接指令的目的，从而使指挥系统更有效地发挥作用。这样做，既可以提高指挥系统的效率，又可以保证指挥系统不因一些人为的因素而失去效力。实际上，如果每一项管理活动都由指挥人员直接指挥才能产生效力的话，那么管理本身的效率十分低下，是不可能适应现代管理的基本要求的。现代高校教师管理指挥系统需要建立完善的制度系统。

4. 控制系统

由于领导者不可能永远正确，那么领导者所发出的指令也就有可能偏离教师管理的目标。特别是当某些管理指令被制度固定以后，管理系统在运行过程中，或者由于管理者对制度的理解存在偏差，或者由于制度本身不适用于新的形势而造成管理上的失误，进而导致管理指挥系统失效。因此，管理指挥系统本身应该具有自我控制的功能。这项功能是由其控制系统来实现的。就高校教师管理系统来说，一般作为控制系统的可以是教师管理委员会等。这一系统就教师管理过程中所出现的指挥失误或执行失误加以调整和纠正，以保证管理行为不偏离应达到的教师管理的整体目标的轨道。

以上系统组成了教师管理指挥系统，缺一不可。人员系统是教师管理指挥系统的主体，是处理管理信息制度的制定和执行者；而信息系统为指挥系统提供中介，保证了指挥系统的有效运行；制度系统是指挥系统概念的延伸，可以保证指挥系统的高效率；控制系统则是指挥系统不偏离整体目标的重要保障。

（二）高校教师管理指挥系统的完善

建立教师管理指挥系统是教师管理组织建设的重要内容，而教师管理指挥系统的维护和进一步完善则是指挥系统发挥效力的必然要求。任何系统都有其建设和维护的过程，系统的维护往往比系统的建立更为重要和复杂。事物总是处于变化发展之中。这种变化发展不仅体现在物质生产、经济活动领域，也体现在教师管理系统中，因此，教师管理指挥系统应该能充分适应这种变化，不仅要通过自身的控制系统来适应变化，更重要的是要在控制系统控制的范围之外完善指挥系统。

1. 人员系统的完善

教师管理指挥系统是以人为主体的系统。人员系统是教师管理指挥系统中最重要的系统之一，其完善程度关系着指挥系统的运行状况。

（1）人员素质的提高

要完善人员系统，首先要提高人员素质。人员素质的提高包括两个方面的内容：一是指挥人员素质的提高；二是被指挥人员素质的提高。

指挥人员素质的提高主要指政策水平、领导能力和领导艺术的提高，特别是决策能力的提高。指挥人员应该具备掌握管理内容、管理信息的能力，具有处理突发事件的能力，特别是要具有善用人、激发人的积极性的能力。管理者在这方面的能力要更强，因为教师通常是一些高层次的优秀人才。这就需要管理者具有较高的基本素质，特别是作为指挥人员的领导素质。

被指挥人员素质的提高是完善人员系统的重要内容。一切管理活动都是通过被指挥人员才得以实施的。被指挥人员通常是指教师管理组织中的一般管理者，其素质的提高主要包括：管理学科知识的增长，对教师心理素质、行为特征理解能力的训练，教师管理的特殊方法训练等。

人员素质的提高通常有以下几种方法。

①脱产进修。掌握管理理论知识、教育科学知识最好的办法就是脱产进修。通过一段时间的学习和提高，达到完善知识结构的目的。

②在实践中积累经验。教师管理活动是一种实践性的活动。管理工作的经验只有在实践中才能形成，因此，注重在管理实践活动中提高管理者的相应能力，是管理者素质提高的重要途径。

③不断提高自我修养。提高管理者素质的关键是提高自我修养。外在的作用必须转化为内在的动力才能成为促进管理者素质提高的重要因素。

（2）人事协调

一个有效的指挥系统需要有一个高效的指挥队伍。在一个高效率的指挥队伍中，组织中人与人之间的协调关系是十分重要的。要想实现人事协调，指挥队伍中的每个成员就必须具有共同一致的管理意识，可以创设相互合作的群体环境，形成协调的群体结构等。共同一致的管理意识是使管理人员向着一个共同目标努力的重要保障。相互合作的群体环境则是完成管理任务的必要条件。互相倾轧的环境不可能产生好的效果，而协调的群体结构是组织效率优化的重要内容。老中青的结合、异质性格的结合、不同学科人员的结合都是协调群体结构的重要内容。人事协调是一个广泛的概念，不仅包括人际关系的协调，也包括人事结构的协调。协调的人事关系和人事结构是一个指挥系统发挥高效力的必要条件。

2. 制度系统的完善

制度系统在指挥系统中所起的作用不容忽视，完善制度系统和建立制度系统有着同样重要的作用。制度系统的完善包括两个方面的内容。

（1）制度系统的修正

制度系统的完善不是指制度系统的重建，而主要指在原有系统基础上的修正。教师培养制度、教师职务评审制度、教师职务聘任制度、教师工作质量评价制度等一直在教师管理系统中起着重要的作用。在教师管理过程中，由于环境、形势、对象等的变化，管理者应对解决问题的措施、办法及时做出调整，如在教师职务评审过程中对某个教师的突出贡献给予特定的评价。

当然，修正制度系统绝不是为了否定制度系统本身的严肃性和权威性，而是为了充分保证制度的连续性和长效性。管理者对于制度系统的修正必须慎重考虑，绝不能因为某个个人问题使整个制度系统出现间断，进而使制度系统失去它的公正性，否则就不可能使制度系统产生其所应该产生的作用。

（2）制度系统的自我调控

制度系统本身是严肃的，但这绝不是说制度系统是死板的，制度系统的运行恰恰需要其具有必要的灵活性。我们说制度系统一旦建立，无论是教师选任制度、教师职务评聘制度还是教师工作质量的评价制度，都应该具有稳定性和持久性。但事实上，由于人的管理本身的局限性，不同的人在不同的环境下所出现的问题不可能一样，如教师职务评审，由于每一个教师的科研成果、工作业绩、思想状况都不一样，所以用一个固定的衡量标准来对不同对象加以衡量比较就是一件复杂的事。再加上环境不同、学科内容不同，不同管理者对制度的理解也不同，就导致用一个固定的标准来衡量不同的对象不合理。这就要求制度本身具有一定的灵活性，也就是说，制度本身不仅是一种普遍适用指令，而且在对于某些特殊问题的处理上应具有相应的伸缩性。这实际上是制度系统自我调控的内容。除了指挥系统本身的修正外，制度系统自我调控也是十分重要的。这是制度系统完善的最重要的内容之一。

（三）加快高校教师管理指挥系统的运行技巧

系统的运行过程主要是指系统各要素为达成系统目标而进行的活动过程。教师管理指挥系统的运行过程也是指挥人员通过指挥管理活动的实施过程，从而使教师管理的整体目标得以达成的一个完整过程，其中最重要的部分就是调动教师教学、科研工作的积极性和主动性。这是教师管理活动的主要目的，而教师管理指挥系统的运行过程也正是激励教师发挥作用的过程。

1.激励与激励因素

管理工作涉及如何为达成共同目标而在一起的人们创造并维持一个良好的工作环境。所以如果一个管理者不知道怎么样去激发人的积极性那是不可能胜任管理者这一岗位的。事实上，所有那些对某一个组织的管理工作负有职责的人都必然要把能激励人们尽可能有效地做出贡献的因素体现在整个组织系统中。

（1）激励

激励能够激发人的积极性和创造性。激励与人的动机密切相关，人的行为是由动机支配的，而动机又是由需要引起的。人们的行为不管是有意识的还是无意识的，都是基于需要而发生的。因此，行为学家把促成行为的欲望称为需要。管理者要激励他们的下属，实际上就是使下属的需要得到满足。

（2）激励因素

激励因素是能够促使人工作的因素，通常包括较高的薪水、有声望的头衔和职务、同事们的捧场等。激励措施反映了人们的各种需求、欲望，促使人们去实现自己的愿望或目标。同时，激励措施也是调整需求冲突的一种手段。

一个管理者可以创建一种可以激发出下属工作动力的环境。例如，教师在一个享有较高知名度的高校工作，一般会因受到激励而为维护高校的知名度做出贡献。同样，一所管理得法并取得显著效果的学校也会提高教师管理质量。有效的教师管理活动必须把每一个教师的干劲充分地激发出来并使他们的需求得到满足。

2. 激励的艺术与技巧

激励是使有利动机得到强化，使不利动机得到削弱的过程；或是肯定某种行为，使其动机得到强化，否定某种行为，使其动机得到削弱。激励的方法是多种多样的，教师管理的激励措施更具有特殊性。教师作为高层次的人才个体，其需要有着不同的特点，他们除了基本需要外，高成就的需要在教师需要中占据重要的地位。人的需要不同，针对其所使用的激励方法和技巧也应不同。这里笔者简单阐述几种常用的激励方法。

（1）利益激励

要使金钱成为最有效的激励因素，教师管理者必须谨记以下几点。

首先，金钱对那些较为年轻并正在供养一个家庭的教师来说，比对那些在金钱的需要方面已经"到了顶"，不那么急需的教师来说更为重要。这里的金钱包括与金钱相关的物质，如住房、生活条件等。

其次，就目前来说，正如管理理论所指出的那样，金钱主要是一个组织配备并维持足够的人员的一种手段，而不是激励的因素。因此，在人们看来，工资是他付出劳动的一份报酬，很难具有较大的激励作用，而且不少学校的奖金也不具备激励的作用。

最后，只有当预期的报酬与一个人现在的收入相比，差额较大时，金钱才能成为一个人的工作动力。而目前的问题是大部分额外工资和薪金，甚至奖金并没有多到足以对教师产生激励作用的地步。另外，金钱激励也往往带有一定程度的副作用。在其中一部分人得到额外的报酬或工资（津贴）的时候，另一部分人或许会因为没有得到而不再努力，从而对教师工作产生消极的影响。这也是管理者必须充分认识到的重要内容。

（2）参与激励

大学教师普遍具有强烈的学者意识，往往不希望管理者过多地干涉他们的工作。也就是说，大学教师具有不开放接纳管理的心理特点。针对这一点，管理者应该让教师进行自身管理,参与到有关政策、制度的制定和决策活动中,以使教师个体在心理上产生一种自觉的意识。这样,教师通常会认为决策是个体意志的反映,因而对工作的满意度较高,较易产生极强的工作积极性。

有很多教师不关心教学质量的要求,也不关心教师培养的规划,只是凭着经验来组织教学、科研活动,甚至对教师管理也有抵触情绪。管理者为实施有效管理而制定的一些政策、措施,在他们看来竟是一种管制教师的"枷锁",而不能自觉地参与到管理活动中,从而导致许多制度执行效果不佳。这一点很值得管理者引起足够重视。管理者应该使教师了解教师管理的过程和具体内容、有关规定,让教师参与到决策活动中来,改变管理者与教师之间的这种不协调关系,调动教师参与管理、配合管理的主动性,以保证教师管理的有效运行。

三、高校教师岗位分类管理的创新探索

增强教职员工在工作中的活力和创造力,分类管理教师岗位,建立竞争科学、激励有效的现代大学人事制度,是我国高校人事制度改革的重要内容。但目前的高校教师岗位分类管理仍然存在一些问题,如缺乏分类的科学依据,设立的层级过多,岗位设置具有明显的功利性等。因此,人事制度改革应使教师岗位的竞争性与教师职业的自主性有机地结合起来,努力使教师的人事安排既能达到激励的效果,又能保证教师得到自由的发展。

(一)加强高校教师岗位分类管理的意义

第一,我国大部分高校目前对教师的分类是不够细化的。这不利于不同类型的教师充分发挥出不同的作用,也不利于教师队伍的积极性的调动。所以,加强高校教师的岗位分类管理是非常有必要的。

第二,在教学、科研和管理上,不同类型的教师有不同的偏好。每个教师都有自己的优势和劣势,每个教师都有不同的潜力和特征。在岗位设置上,只有让更适合这个岗位的人去干这个岗位的事,才能将每个人的最大潜能发挥出来,才能达到良好的工作效果。这样做,不仅符合教师自身发展的内在需求,也是人力资源管理的基本要求。

第三,社会对高等教育有很高的期望和要求。只有加强高校教师岗位分类管理,才能促使更加科学的岗位分类管理制度得以建立,才能使职业发展的通道更加自由和畅通,才能使核心教师队伍的积极性和创造性被激发出来。

（二）加强高校教师岗位分类创新管理的原则

我国高校在加强教师岗位分类管理时应该遵循以下几项原则。

第一，将教师岗位的竞争性和教师职业的自主性有机地结合起来。

第二，在制度安排上，使激励机制能够在有效发挥作用的同时，确保教师的自由发展。

第三，在岗位分类的管理方面，应该保证根据实际需要设置相应的岗位，更加科学合理地设置岗位，在不同的岗位之间建立能够互相沟通的渠道。

第四，在人事制度的革新方面，要确保激励机制的有效性，同时要使教师能够拥有自由发展的空间。

（三）加强高校教师岗位分类创新管理的措施

1. 根据实际情况设置岗位

高校应根据自身工作地址以及工作内容的实际情况，设置不同类型的教师岗位。目前高校的岗位有三大类别，第一类是兼具教学和科研职能的岗位，第二类是以教学为主要任务的岗位，第三类是以科研为主要任务的岗位。高校在这些岗位划分的基础上，还能再进一步进行完善和细分，并且对每个岗位的具体工作内容进行分析，从而使每个岗位的划分界线更加清晰明确、科学合理。另外，应允许已经在岗的教师根据自己的发展方向和兴趣提出岗位调整的要求，并完善相应的流转通道，从而保证每个教师都能被安排在最适合自己的岗位上。

2. 打破岗位终身制

聘任制和任期制应该在高校设计激励制度时被真正运用起来，岗位终身制是目前我国大部分高校对教师普遍实行的岗位制度。在教师被安排到岗位上之后，长期没有变动的问题比较突出。岗位终身制不利于激发教师的工作和自我提升的积极性，容易使教师在工作中产生懈怠的心理，也不利于岗位之间的流动。因此，各高校应实行聘任制和任期制，并且建立和完善考核制度，随时对教师进行公正合理的考评。

第八章 高校教学质量管理创新

高校处于教育链条的末端,其培养出来的人才将会直接接受国家、社会、岗位以及人民的检验。反过来说,高校的教学质量将会直接影响人才的培养质量。

第一节 教学质量管理概述

一、质量和教学质量的概念

(一)质量的概念

质量就是产品或工作的优劣程度,即以某一特定标准衡量产品或有关的各项工作后得出的符合程度。质量可以分为产品质量和工作质量,而产品的质量取决于工作的质量。

(二)教学质量的概念

狭义的教学质量指的是课堂教学的优劣程度。例如,一位数学教师在教学过程中,按照教学大纲和教科书的要求进行教学,完成一定教学任务所取得的成绩就是教学质量,是教学优劣程度的一种反映。人们通常所说的教学质量,多指这种狭义的教学质量。如果单纯以此来衡量校长的办学成绩、教师的教学水平、学生的学习质量,就不够全面合理了。

学校进行道德教育、智力教育、体质教育、美学教育工作的质量和学生综合发展的情况就是广义上的教学质量。这种教学质量的评价依据的是多方面的内容,如党的教育方针是否被全面地贯彻执行,学生的身心是否得到了全面的培养和发展,学生在道德品质、智力、体质、审美等方面是不是在原有基础上得到了持续的大幅度的提升，学生毕业后劳动或升学是否适应社会发展和经济建设的要求。教学质量好体现为毕业生为社会发展和经济建设服务得好，有后劲，有系统的文化科学知识、很强的自学能力、崇高的思想境界、高尚的道德品质和强健的体质。最后的衡量标准是学生日后在社会上所起的作用，是否成了有理想、有道德、有文化、守纪律的一代新人。因此，分析一个学校的教学质量，不仅要看考试成绩，而且要看教职员工和干部的工作质量和学习质量。

二、管理和教学质量管理

（一）管理的概念

对于管理的含义，目前各个学派说法不一。有的学派认为管理就是效率，有的学派认为管理就是决策，还有的学派认为管理主要就是对人的管理。目前比较新的理论认为，管理是为了实现预期目标的一个集体对各种资源充分组织和使用的过程。我国一些教育家也有不同的解释，他们认为，很多人为了一个共同的目标，聚在一起进行协作劳动的过程中，每个人必须要听从组织的安排和指挥，否则每个人的活动就难以协调，并难以按计划达到预期的效果。这种对劳动的组织、指挥、协调的工作便是管理。

（二）教学质量管理的概念

教学质量管理实质上就是管理教学质量形成的全过程和各环节，把有关人员组织起来，把影响教学质量的各种因素控制起来，以保证在教学质量形成的过程中不出差错，或少出差错，并且逐步提高教和学的质量。所以，实行教学质量管理是提高教学质量的重要保障。有些管理者习惯于把考试当成教学质量管理的主要手段，这是由来已久的一种误解，教学质量不是考出来的，而是教出来的、学出来的。管理者应将教学质量管理的重点放在平时的形成教学质量的全过程和各环节上，而不应当放在考试上。

（三）教学管理与教学质量的关系

学校对各个方面实施的管理就是教学管理。在设立了具体管理目标的前提下，学校通过教学管理手段对整个教学工作进行有序的调节和控制。教学管理的所有环节与教学质量都具有密切的关系。无论是教学任务的安排还是教学质量的评价等都属于教学管理的范畴。例如，查看教学方法是否先进、授课内容是否新颖、是否做到了将理论与实践有效结合起来、学生的学习水平是否稳步提高的教学跟踪监测，就是教学管理中非常强大的一种监测手段。全面提高教学质量是教学管理始终围绕进行的工作重心。高校应重视教学管理体制的改革和完善，创造和建立新型的教学管理制度，从而促进人才的培养及其素质的提高。

三、教学质量管理的主要内容

第一，管理者应进行宣传教育，做好思想工作，充分发挥全校教职员工的聪明才智，提高他们的质量意识，使人人关心教学质量、个个参与质量监督、认真负责地做好质量管理工作。

第二，管理者应建立和健全教学质量管理体系。校长应负责组织所有与教学质量相关的人员进入教学质量管理系统。每个人都应充分履行自己的岗位职责，每个人都应充分发挥自己的岗位职能，使上下左右信息渠道畅通。

第三，在每学期开学之前，管理者应根据上一学期的经验教训，采取上下结合的方法，提出新学期的要求或目标，实施相应的计划。

第四，管理者应检查各职能部门、各教研组、各班级的实施情况，控制和调节影响教学质量的各种因素。

第五，管理者要充分了解和掌握教学质量的情况，要用数据说话，不能停留在用生动的和突出的事例来说明问题的水平上。

四、教学质量管理的分类

（一）预防性质量管理

预防性质量管理主要指校长、教导主任、教研组长，通过抽样检查，及时了解教师备课、上课、批改、辅导的质量，及时了解学生预习、听课、复习、作业的质量，从中发现经验，及时总结推广，发现问题，及时研究解决。这种管理可以防患于未然，也可以避免在升级或升学考试前再去"亡羊补牢"，可以防止和减少教学中的倾向性问题发生。所以，预防性质量管理是稳步提高教学质量的一种可靠的保证。

（二）鉴定性质量管理

因为鉴定性质量管理是管理者到了一定阶段后所进行的质量检查和质量分析，所以又叫阶段性质量管理。比如，在新生刚入学后，有的学校进行摸底测验或编班测验，及时了解学生在上一个学段完成学习任务的情况，并及时进行查漏补缺的做法，就属于这种管理；有的学校在每个学年对学生德、智、体等的发展情况进行全面的分析评定，做出升留级的决定，并且总结这方面的经验教训的做法，也属于这种管理；对毕业班学生德、智、体、美等方面的发展情况进行质量检查和质量分析，总结经验教训的做法，也属于这种管理。

（三）实验性质量管理

在教学质量管理过程中，许多做法都要经过科学研究和科学实验，只有被证明是切实可行、行之有效的，才能被逐步推广。这样做，不仅能够让管理者提高自觉性，减少盲目性，学会按照客观规律办事，而且可以防止挫伤师生员工的积极性的情况出现。如果管理者见到新方法就直接拿来用，而不经过研究和实验，很有可能会在实施过程中出现各种问题，从而造成资源和时间的浪费。

五、教学质量管理的原则

（一）坚持以教学为主

新中国成立以来的实践证明，"坚持以教学为主"的原则是符合普通教育工作规律的。1953年，教育部提出"学校以教学为中心"，在以后的几年里，学校领导应自觉地坚持以教学为主，全面发展学生德、智、体、美等方面，逐步提高教学质量，培养了一大批人才。1958年，我国进行"教育革命"，学校发展受到了干扰，教学质量就明显下降了。1959年，我国重新提出"学校以教学为主"，之后又进一步总结经验教训，制定了大、中、小学的工作条例，继续贯彻"以教学为主"的原则，使教学质量又有了显著的提高。

学校以教学为主是由学校本身的性质、任务决定的。教学是学校的根本任务，就像生产是工厂的根本任务一样，否则学校就不能被称为学校了。学校的这种性质、任务，决定了教学工作是学校工作的中心，是处理矛盾、全面安排工作的出发点和落脚点。当然，坚持以教学为主，并不是一件轻而易举的事情，学校必须端正办学指导思想，提高科学管理水平，改进工作作风和工作方法，才能切实做到这点。

在一所学校内，各班级各学科发展不平衡的状况说明，要切实做到以教学为主，就要使全体学生德、智、体、美诸方面都得到发展，还要提高教师的思想水平、业务水平和教学水平，充分发挥教师的主导作用和学生的学习积极性等。

（二）坚持实事求是

"实事求是"是做好工作必须遵循的一项重要原则，也是学校实行科学管理的一项重要原则。不少学校领导对全面教学质量管理，还不是很熟悉。此时，学校领导就要努力学习、刻苦钻研、认真探索，从而逐步熟悉起来。在这个过程中，新情况、新问题不断出现，学校领导甚至会遇到挫折和失败，这都不足为怪。目前值得重视的一个问题是，在学校管理工作中，不少学校领导存在着"重经验，轻理论"的问题，进而阻碍了科学研究和科学实验广泛深入的开展。将这个问题解决了，学校领导学习科学理论指导学校管理实践的自觉性就会提高，工作的盲目性就会减少；将理论同实践结合在一起，就能从实际出发，找出周围事物的内部联系。

（三）坚持民主集中制

许多学校师生员工心情舒畅、干劲倍增，这是学校发扬社会主义民主取得的成果。但是，我们不能只要民主，不要集中；只要自由，不要纪律。否则，连正常的教学秩序都无法保证，还谈什么教学质量管理呢？目前，学校领导在实施教学质量管理时应当注意以下几点。

1. 全党服从中央的原则

学校领导要坚持个人服从组织，少数服从多数，下级服从上级，全党服从中央的原则。全党服从中央是维护党的集中统一领导的首要条件，是贯彻执行党的路线、方针、政策的根本保证，也是在政治上、思想上同党中央保持一致的重要条件。

2. 坚持领导与群众相结合

学校领导要继承和发扬党的优良传统和作风，与群众同甘共苦，保持最密切的联系，不能脱离群众，凌驾于群众之上。在新的历史时期，新情况、新问题不断出现。不论是决策与计划、组织与实施，还是检查与指导、总结与改进，都要从群众中来，到群众中去。

3. 集体领导必须和个人负责相结合

每个学校领导都要明确所负的具体责任，做到"事事有人管，人人有专责"，严格执行质量责任制。

（四）坚持思想政治工作优先

学校领导是师生员工的带路人。一所学校能否按照党中央和国务院指引的方向前进，成为社会主义精神文明基地，要看学校领导能否做好思想政治工作，能否对于来自校内外的不良影响采取有力措施加以遏制。近些年来在教育质量管理过程中，一些学校出现了重视文化成绩，忽视学生德、智、体、美全面发展的倾向；重视知识传授，忽视发展能力的倾向。是否能够及时克服，也要看学校领导能否做好思想政治工作。在教学质量管理工作中，学校领导应该明确思想政治工作的地位和作用；应该明确在新的历史时期加强思想政治工作的重要性；也应该明确，在学校里，思想政治工作不能离开以教学为中心的轨道而孤立地进行。因此，学校领导还要结合业务工作和日常管理活动进行思想工作。

第二节 高校教学质量管理体系的构建

一、构建高校教学质量管理体系的必要性

（一）经济发展的必然要求

经济发展的要求主要在两个方面体现出来：一方面，经济体制的转轨变革和社会主义市场经济体制的确立，要求高等学校改进原有的质量评估方法，研究与开发适应新型经济体制的高校教学质量管理体系。另一方面，要求转变经济增长方式。经过几十年的经济建设尤其是改革开放以来四十余年的发展，我国经济建设取得了很大进展。

从我国高等教育当前的发展形势来看，我国面临着两方面的压力：其一，根据经济发展对紧缺人才的要求，对人才培养做出结构性调整；其二，依据社会发展对未来人才的新要求，提出高等教育的新目标与教育质量的新标准。要确保这种结构性调整的到位以及新目标与新标准的实现，强化教育质量管理，建立适合我国国情的高校教学质量管理体系势在必行。

（二）解决高等教育中学生数对教育质量矛盾的需要

随着我国高等教育事业突飞猛进的发展，高等学校的招生人数、在校生人数和毕业生人数均显著增加。特别是高等院校在20世纪末广泛扩大招生规模，逐步加快了高等教育大众进程。近些年，虽然在"高校合并"的大背景下，我国高校的数量有所减少，但是扩大招生规模的热潮并没有在高等学校褪去。高等学校在校生的数量仍然呈现迅猛增长的态势。但从历史中得出的经验来看，高校教育的质量随着高校学生数目的增长呈现了下降的趋势。所以，为了在我国扩大高等教育规模的同时，使高等教育的质量也能得到充分的保障，从而适应社会发展的客观需要，建立高校教学质量管理体系已经迫在眉睫。

（三）高等教育面临的难题亟待解决

高校招生结构失衡、教育质量下降、失去鲜明的特色、各方面的效益不明显、声望和名誉受到损害等一系列因高校扩招带来的麻烦，使高校难以应对，并直接影响了教学质量。虽然多样性是大众的呼声，但是如何在维持高等教育基本底线的基础上做好多样性是当前高等教育领域的一个难点。我国高等教育当前面临的难题迫切需要通过建立高校教学质量管理体系得以解决，以确保我国高等教育在普及过程中的质量。

二、构建高校教学质量管理体系的原则

（一）动态性原则

动态性原则是构建高校教学质量管理体系的基本要求。高等教育的发展是一个不断变化的动态过程。各高校应从本地区高等教育发展变化的实际出发，根据自身的现实情况，动态地构建高校教学质量管理体系。动态性原则是指构建高校教学质量管理体系必须根据不同的情况，确定和采取不同的措施、策略和方法，使高校教学质量管理体系具有针对性和适应性。

（二）发展性原则

随着社会的变化，高等教育也在不断发展。所以，针对它而构建的高校教学质量管理体系也并不是一成不变的。有效的高校教学质量管理体系应可以根据环境的变化，针对社会发展变化做出及时的调整，从而不断适应高等教育的发展。此外，高校教学质量管理体系还应该吸收国内外先进的技术和经验，及时反映出教学质量管理的新概念、新思想和新方法。只有保持先进性和超前性，才能使教学质量管理体系保持相对稳定性。

三、构建高校教学质量管理体系的路径

（一）建立多元的高校教学质量管理观

高等教育规模的不断扩大使高等教育普及化的进程越来越快。数量的增长只是大众化的表面现象，它带来的更深层次的变化是观念的变化和模式的创新。高等院校在思想观念上主动转变，以积极的心态面对高等教育大众化阶段带来的挑战。高等教育大众化阶段的发展多样化促使高校教学质量管理观和高等教育目标向多元化发展。所以，管理者必须在思想观念上及时转变，将封闭的内向型思维转变为现代开放的国际型思维。为了形成多元化的高校教学质量管理观，管理者应主动进行高等教育的理论与实践研究，从而使多元化的高校教学质量管理观得到确立，避免用一种质量标准去衡量所有的高校活动质量。

建立多元的高校教学质量管理观，是现代教育发展的必然趋势。这种管理观强调教学质量评价不再单一地依赖于传统的考试分数或教师评价，而是从多个维度、多个角度全面考量教学质量。它涵盖了教学内容的深度与广度、教学方法的创新与多样性、学生学习效果的反馈与提升等多个方面。多元的教学质量管理观旨在构建一个开放、包容、创新的教学环境，促进教师与学生之间的有效互动，提升整体的教学质量。

在多元的高校教学质量管理观下，我们需要关注不同学生群体的学习需求和特点，制定差异化的教学策略和评价体系。同时，也应尊重教师的教学风格和特长，鼓励他们在教学实践中发挥创造性和自主性。此外，教学质量管理还应使学生、家长、企业等多方参与，形成多元化的评价主体，共同推动教学质量的提升。这种管理观不仅有利于激发学生的学习兴趣和潜能，也有助于培养具有创新精神和实践能力的高素质人才。

要实现多元的高校教学质量管理观，我们需要建立健全的教学质量保障机制和激励机制。这包括制定明确的教学质量标准和评估体系，建立科学的教学评价方法和工具，以及加强教学质量监控和反馈机制等。同时，我们还应加强对教学质量管理人员的培训和教育，提高他们的专业素养和管理能力。此外，还应注重教学资源的优化配置和共享，为教学质量的提升提供有力保障。通过

这些措施的实施，我们可以逐步建立起一个多元化、高效化的高校教学质量管理体系，为培养优秀人才提供有力支持。

（二）建立完善的高校教学质量管理体系

高校主要通过建立完善的教学质量管理体系来保障教学质量。高校应树立牢固的质量意识，建立教学质量管理体系，充分发挥管理体系的作用。所有外部的评估与监督措施要达到对高等教育质量应有的保障效果，就离不开高校自身的教学质量管理体系。所以，关键是要建立起完善的高校教学质量管理体系。

建立完善的高校教学质量管理体系，是确保高等教育质量稳步提升的基石。这一体系旨在明确教学目标、优化教学资源配置、监控教学过程并评估教学效果。在构建这一体系时，我们首先要明确教学质量的核心要素，包括教学内容的前沿性、教学方法的多样性、教学环境的舒适性以及师生互动的有效性。通过设立明确的教学质量标准，我们可以为教师和学生提供清晰的方向，使教学活动更加规范、有序。

在构建高校教学质量管理体系的过程中，我们需要注重过程管理和结果评估的有机结合。过程管理强调对教学活动的实时监控和持续改进，通过收集和分析教学过程中的数据，我们可以及时发现问题并进行调整。结果评估则侧重于对教学效果的量化评价，通过学生的学业成绩、教师的教学评价以及毕业生的就业情况等指标，我们可以客观评估教学质量，为未来的教学改进提供依据。同时，我们还应加强教学质量管理的信息化建设，利用现代信息技术手段提高管理效率和质量。

建立完善的高校教学质量管理体系，还需要注重持续改进和创新。随着社会的快速发展和知识的不断更新，我们需要不断更新教学内容和方法，以适应时代的需求。同时，我们还要鼓励教师进行教学创新，探索新的教学模式和教学方法，以提高学生的学习兴趣和积极性。此外，我们还应加强与其他高校和企业的合作与交流，借鉴他们的先进经验和管理模式，不断提升自身的教学质量和管理水平。通过持续改进和创新，我们可以使高校教学质量管理体系更加完善、更加有效。

（三）建立国际高校教学质量管理体系经验吸收观

我国高校必须借鉴国外的成功经验，加强国际交流与合作，建立符合国际标准的高校教学质量管理体系，建立有我国特色的高校教学质量管理体系。经过十多年的飞速发展，我国高等教育进入大众化阶段。质量是高等学校生存与发展的关键。所以，高校要重新审视高等教育教学质量问题，重新树立高校教学质量管理观，建立更加完善的教学质量管理体系。学校要想生存和持续地发展下去，大众化高等教育的规模扩大和发展就必须以保证质量为前提。也只有这样，大众化高等教育才有意义。高校应建立一套与现实背景相适应的多元化的综合性高校教学质量管理体系，从各个层次和角度确保人才培养质量，促进高等教育质量的提高，最终实现全面的、可持续的中国高等教育的发展之路。

在构建和完善高校教学质量管理体系的过程中，吸收和借鉴国际先进经验是不可或缺的一环。建立国际高校教学质量管理体系经验吸收观，强调的是开放性和包容性。这意味着我们应当广泛吸收国际上优秀高校在教学质量管理方面的先进理念和实践经验，如国际认证标准、教学质量评估体系等，并结合我国高等教育的实际情况，进行本土化改造和创新。通过这一方式，我们可以迅速提高我国高校教学质量管理的水平，更好地满足社会对高等教育的期望。

建立国际高校教学质量管理体系经验吸收观，也要求我们注重与国际高校的合作与交流。通过与国际高校开展教学科研合作、师生互访、学术交流等活动，我们可以深入了解国际高校在教学质量管理方面的最新动态和先进经验，并将其应用到自身的教学实践中。这种跨文化的交流和合作，不仅可以促进我们在教学质量管理方面的创新和发展，还可以提升我国高等教育的国际影响力和竞争力。

在吸收和借鉴国际经验的同时，我们还需要注意保持自身的特色和优势。每个国家、每个高校都有其独特的教学传统和文化背景，这些特色和优势是我们在教学质量管理中应当保持和发扬的。因此，在吸收国际经验的过程中，我们应当注重将其与自身的实际情况相结合，形成具有自身特色的教学质量管理体系。这样，我们才能在保持国际先进性的同时，更好地发挥自身的优势和特色，为我国高等教育的发展做出更大的贡献。

第三节 高校教学质量管理的创新措施

一、做好标准化工作

（一）制定明确的教学质量标准

教学质量形成的全过程和各个环节中都必须有明确的质量标准，否则我们就难以准确衡量和评定教学质量的优劣程度，也难以准确地判定究竟是否全面地贯彻了党的教育方针，是否实现了管理目标。所以要实行教学质量管理，就要研究和制定评定教学质量优劣程度的标准。各科教学质量的标准是以各科教学大纲、教学计划和教科书为依据而制定的。教导主任要按照国家颁发的教学计划排课，要指导教师学习教学大纲，钻研教材。教师要按照教学计划、教学大纲和教科书的要求上课，并且在每个学年、每个学期、每个单元、每一节课的教学过程中和各个环节中去落实。因此，教导主任要协助校长研究并制定教师教学工作各个环节的质量标准。

（二）制定明确的学习质量标准

只有管理者明确了学习的质量标准，才有可能使学生明确每一学年、每一学期、每一单元、每一节课的学习任务和要求，从而主动地完成学习任务，达到学习要求。有些地方、有些学校提出的分年级要求，提供的教学参考资料，就为有关学校和教师制定学生学习质量的标准提供了有利条件。作为分管教学的校长和教导主任，应当充分利用这些条件，研究并制定学生预习、听课复习、做作业等几个环节的标准，而且要严格检查，通过学习质量标准化的工作，调动学生的学习积极性，培养良好的学风。

（三）制定明确的教学质量管理工作标准

教学质量管理的所有工作都要标准化。各项工作都要有一个标准。这样，管理者才能评定其优劣程度。标准应便于执行，便于检查。例如，管理者在制定实验室管理员的工作标准时可参考以下几点。

第一，仪器、药品、标本、材料、设备等账目清楚，制度健全，随手可查、可取。

第二，要分类编号各种仪器、药品、标本、挂图、材料，存放要有规律。试剂要有标签，要定点存放配套附件，要保持玻璃仪器清洁干净。

第三，能提前一周为实验课和演示实验做好必要的准备，协助教师上好实验课。

第四，做好保管、维修、安全工作。标准要如实反映情况，不断修改，不断完善。无论是成功的经验还是失败的教训，都应该加以总结使其标准化。待下次再做同样的工作时，可直接按标准进行，借鉴成功的经验，防止再次失败。这样可使学校的工作条理化、专职化，简化了管理工作，达到了高效率的目的。

标准化既是质量管理的结果，又是下一循环的起点。所以，全面质量管理从标准化开始，到标准化告终。如此周而复始，螺旋上升，逐步完善，整个学校就会出现欣欣向荣的局面。

二、做好质量情报工作

随着社会的发展，教学质量管理在提高教学质量过程中的作用越来越大。

这就促使校长和教导主任必须及时掌握学校内外教学改革信息情报。有条件的学校，还要及时了解校内外、省内外、国内外的教育科学和管理科学研究的新成果和新经验。在科学技术日新月异的今天，孤陋寡闻，闭关自守，无论如何也办不好现代化的学校。因此，学校教导处，要及时收集教学研究的资料，观摩教学的资料，课外活动的资料，学生健康与生活的资料，学生课外阅读的资料，学生兴趣爱好的资料，学校领导听课和抽样检查的资料，教师相互听课的资料，质量分析的资料，教师健康状况和生活状况的资料。教导主任要特别注意教学方法研究的新成果和新经验，从而开阔眼界，增长见识，取长补短，引导本校教师不断改进教学方法。此外，还要定期收集毕业生在高一级学校的情况，在工作岗位上的情况，以及他们本人和单位对学校的意见和建议。这也是衡量学校全面贯彻党的教育方针的一个重要方面。为了使学生的身心得到全面的培养和发展，还要通过班主任及时了解学生在校外的表现，并将重要情况及时向教导处汇报。教导主任要亲自研究三好学生的发展情况和规律，研究各科"拔尖"学生的发展情况和规律，研究优秀班主任和优秀教师的发展情况和规律。

要充分发挥各种质量情报和教学资料的作用，教导主任要指导教导员，或者亲自整理分类。属于教学资料，由资料室整理保管；属于学生品德方面的校外信息，传递给班主任后，查有实据的资料，应由教导处保管；教师健康情况和生活状况的资料，应在校长、党支部书记、教导主任、总务主任、工会主席传阅后，交人事部门保管，并主动帮助教师克服困难。对教育科学和管理科学研究的新成果，图书资料室要及时传递给校长和教导主任。不论何种情报资料，都要有收发和保管的制度。公共财物不可以化为私有，遗失的和损坏的要赔偿，要检讨，要建立严格的规章制度。学校领导要以身作则，有关职员就好办事。

对校内外的各种反馈信息，进行科学分析，去粗取精，去伪存真，并进行由此及彼、由表及里的思索，进行综合、概括，做出正确的判断，以充分发挥质量情报的作用，是教导主任义不容辞的责任。

实行教学质量管理，必须从质量管理教育入手，而教育质量管理实践，又教育和训练着干部和教职员工。质量管理是一项充分发挥人的潜力，属于人才开发和利用的工作。对校长来说，还是一项具有挑战性的工作。为了使教育事业尽快适应时代发展的需要，应当在实践中探索和积累质量管理经验，在实践中发现真理和发展真理。事实证明，已经实行教学质量管理，并且已经取得显著成绩的学校，就是边学边干，边干边学的。教学是一门科学，更是一门艺术，它的魅力就在于不断地发展、创新。不断地赋予新的内容。要做到如此，办法只有一个，就是要坚持实事求是，从实际出发，理论与实践相结合。只有这样，才能少走弯路，加快全面提高教育教学质量的进程。

苏联著名的教育家马卡连柯曾经指出，教育技巧的必要特征之一，就是要有随机应变的能力。所以每一个教育工作者都要避免刻板公式，要随时根据自己的实际情况，以及工作条件与学生情况的变化，找到适当的手段。实际上，一些经验丰富的校长，在管理过程中对各种教育方法、教育手段、管理方法、管理手段，都善于综合运用，灵活运用，并在运用过程中有所发现、有所发明、有所创造、有所提高。如果所有的中小学校长都能这样做，那么教育质量管理水平就会大幅提升，学校的教学质量也必然会得到大幅度的提高。

第九章　高校大学生创新能力的创新教育

21世纪是一个以高新技术为主的知识经济时代，知识经济是建立在知识和信息生产、分配、使用基础上的经济，是以科技开发为基础，以信息产业为中心，以科技服务为主角，以人力素质为前提的经济。其核心是知识生产，本质是创新。《高等教育法》规定："高等教育的任务是培养具有社会责任感、创新精神和实践能力的高级专门人才，发展科学技术文化，促进社会主义现代化建设。"显然，高等教育发展战略的核心，是加快培养创新型人才，而创新型人才是通过创新教育培养的，那么，什么是创新教育呢？

第一节　大学生创新教育的内涵

一、创新教育的内涵

欧盟1995年发布的《创新绿皮书》中指出，创新是"在经济和社会领域内成功地生产、吸收和应用新事物。它提供解决问题的新方法，并使得满足个人和社会的需求成为可能"。因此，可以说创新就是人们从新的视角、以新的方式为自己、为社会展现新世界。创新既是一个过程，也是一种结果。就过程而言，创新涉及对现有的知识和信息不断做出新的组合，涉及对解决问题新方法的选择和检验，涉及对既成现实所可能存在的疑难的敏锐反应；就结果而言，创新就是发明、发现、创新艺术作品，形成新观念，创建新理论等。

所谓"创新教育"，就是把创新学、教育学、心理学等相关学科的理论有机结合起来，通过课堂教学与课外活动的途径，通过学生主动参与、主动实践、主动思考、主动探索、主动创新，并有意识地将潜存于个体身上无意识的或潜意识的创新潜能激发出来，帮助学生树立创新志向，发展创新性思维，培养创新精神，从而培养创新能力的教育。从人才学的角度来看，创新教育是开发人的创新能力、培养创新型人才的教育；从教育学的角度来看，创新教育是为人们将来创新发明打基础做准备的教育；从心理学角度来看，创新教育是培养、训练人的思维（尤其是求异思维、创新性思维）的教育。其基本特征如下。

（一）超越性

创新教育本质上是引导和激励学生不断超越与前进的教育。它包括超越遭遇的困难、障碍去获取新知；超越令人不满的现状去改造世界，建设新的生活环境；超越现实的自我状态，使自己的能力和修养得到提高。如果教师在教学与教育中只能平庸地按常规、按教参、按惯例行事，不能朝气蓬勃、满怀激情地引导学生对种种困难、障碍、现状进行探究、突破，实现超越，就不可能有进步与创新。要实现超越，不仅要不满足于客观现状，敢于改造客观世界，更重要的是要不满足于自我，完善自己的修养，提高自己的能力。要重视内因，重视内在的动力，促进学生自我认识，自我要求，自我教育，自我修养，使之自觉地树立理想自我的奋斗目标，顽强地超越现实自我，实现理想自我。

人既是现实的存在，又是超越现实的存在。作为现实的存在，人是环境的产物；而作为超越现实的存在，人又以其主动的活动否定现实、改造现实。人以超越现实的理想去审视并引导自己的现实，从而把现存的现实变为人的理想所要求的现实。这种变化的过程实际上也就是创新的过程。创新教育，从时间的维度来审视，就是一个立足于现实并以现实为基础，指导年轻一代不断地构建未来的过程；而从空间的维度来审视，则是指导年轻一代面对现实的环境，以其主动的实践改造环境的过程。创新教育在于通过批判性思维的教育理念，激发受教育者不断进行自我反省，向人类已经获得的现成物或结论不断提出新挑战，展现新的世界。人既是社会的创新物，也是人自己的创新物。人在创新社会的同时也在创新着自我。创新教育就是提升人自己所拥有的创新意识，培养其把创新意识变成现实的能力。创新教育的超越性本质决定了它在实践中必须坚持如下方面。

1.高扬受教育者的主体性和个性

创新是"我思"的过程，也是"我思"的结果。"我思"就是"自我"对环境的"所予"进行新的组合，从而使主体的个性和独特性在对象上得以显现。所以创新是贯注着人的主体精神的自由自觉的活动。"我思"是一个主动的过程，所以创新是个体主动追求的结果。由此可见，创新教育应当在两个方面体现出创新的本质要求。一是充分发挥学生的主体精神。只有一个具有自我意识的个体才能够在社会生活的各个方面显现出创新的欲望。因为创新从本质上说是主体的自我开拓，自我发展，自我完善。二是培养学生的独立个性。换一个角度来看，创新就是人的个性与独特性的张扬，是一个人不同于他人的主体精神的对象化与外化。在教育过程中，只有充分调动学生的主动性和积极性，才能够使学生的"创新"行为得以表现。创新教育不是任意地改造学生，而是引导学生主动参与，进行自主活动，在自主活动中，自我完善。因此在创新教育中，应当确立学生是学习主体的教育观，要把学生当作一个完整的生命体，而不仅仅是认知主体。教学中，应当把传授知识的过程变成学生探究知识的过程，使学习具有探究性。

2. 突出教育过程的开放性

创新从根本上说是人从新的视角、以新的方式展现出新的理想。因此，创新内涵以批判性思维去对待人们所面对的现实，揭示现实所蕴含的多种可能性。在创新教育的过程中，学生的主体精神力量要得以显现，个性独特性要得以外化，就需要有一个开放的教育。创新教育的开放性就是在教育过程中始终把学生看作是处于不断发展过程中的学习主体，看作是一个身心两个方面处在不断构建、升华过程中的人；始终把教学过程当作是一个动态的、变化的、不断生成新质的过程。开放的教育过程需要创造一个高度自由的思维时间和实践空间，通过学习主体生动活泼、主动的自由活动，使其主体作用得以充分发挥。学生身心发展的开放性和教学过程的开放性集中体现在教学活动过程中学生的自主性上。学生在课堂上的智力活动包括两个方面：一方面是不断掌握人类知识的内化过程；另一方面是通过自己的主动活动将已有的个性品质表现出来的外显过程。内化是外显的必要条件，外显行为取决于其内化的程度。因此，创新教育的开放性就是学生内化知识的过程。这里要强调：一是科学结论的条件性，即教育者要力求使学生相信任何一种科学结论都是有条件的，一旦条件变化了，结论也会随之变化。二是开放式课堂讨论，即课堂教学应当努力创设一个让学生能积极主动参与教育教学过程，并乐于、敢于表现自己所知、所想、所能的民主氛围，以利于共同进行知识的发现、创新和分享。三是求异的思维风格，即学生的思维活动应当既表现出一种批判性思维风格，也表现出一种发散性思维风格，前者是对既有的或传统的方式的否定，后者则是个体对新颖性和多样性的追求。四是活动的自由表现，即课堂教学应当为学生提供一个自由活动的空间，为学生展开自由想象、进行创新活动提供良好的条件。

创新教育不是狭隘的、自我封闭的、自我孤立的活动，不应当局限于课堂上、束缚在教材的规范中、限制于教师的指导与布置的圈子内。创新教育应能开阔视野，增长知识，集思广益，重组经验，发挥出创新的潜能。若按传统做法自我封闭、自我孤立，充其量只能按教师的要求掌握书本知识，哪能有学生在学习与实践中的创新呢？为了创新，教育活动应注重生动活泼地联系学生的生活实际，联系社会生活的实际，联系当代世界社会、经济、科学技术和文化发展的实际。一方面要吸收有关的新信息、新知识，使教育内容反映学科的最新发展状况，并不断地使之充实与更新；另一方面要引导学生将知识运用于实际，去说明、理解或解决各种具体问题，使学生从中获得丰富而实用的新知。学生学习上的开放，对创新更为关键，应当引导和鼓励学生突破课堂教学的局限，根据自己的兴趣，通过课外阅读、参与课外活动来扩充知识，扩大视野，经受各种锻炼。

3. 民主性

创新要求有民主的环境与氛围。学生感到宽松、融洽、愉快、自由、坦然，没有任何形式的压抑与强制，才能自由与自主地思考、探究，提出理论的假设；无所顾忌地发表见解，大胆果断而自主地决策和实践，才有可能创新与超越。如果没有民主，学生感到有压力，担心不安全，时时处处小心翼翼、顾虑重重、如履薄冰，一味看教师或领导的眼色行事，个人的聪明才智与激情都被扼杀，只能表现出依赖性、奴性，越来越笨拙与迟钝，怎么可能有创新！故民主性是创新教育不可或缺的内在特性。

创新不仅是对知识的追求与超越，更是对个人潜能的深入挖掘与释放。而要实现这一点，一个民主的环境与氛围是不可或缺的。在这样的环境中，学生感受到的不仅仅是宽松与融洽，更是一种深入骨髓的尊重与信任。他们不再担心因表达不同意见而受到打压或排斥；相反，他们被鼓励去自由、自主地思考，去探究未知，去挑战权威。

在这样的民主氛围中，学生不再被束缚于传统的框架和模式，他们可以无拘无束地发挥想象力，提出各种理论假设。他们的见解不再被轻易否定，而是被当作宝贵的资源，被大家共同讨论和探讨。这种自由与自主的氛围让学生敢于表达自己的观点，即使这些观点与主流不同，也不会受到排斥或打压。

同时，民主的环境也鼓励学生大胆果断地做出决策和实践。他们不再需要事事请示、处处依赖，而是可以根据自己的判断和想法去行动。这种自主性和决断力是创新的重要品质，也是未来社会所需要的重要素质。

综上，民主性是创新教育不可或缺的内在特性。它为学生提供了一个宽松、融洽、愉快、自由的环境，让他们能够自由与自主地思考、探究和实践。在这样的环境中，学生的潜能得以充分释放，他们的创新精神得以激发，他们的创新能力得以提升。这样培养出来的学生不仅具有扎实的知识基础，更具备独立思考、勇于创新的精神品质，是未来社会所需要的重要人才。

4.体现课堂活动的实践性

马克思在《关于费尔巴哈的提纲》中说："人应该在实践中证明自己的思维的真理性，即自己思维的现实性和力量，亦即自己思维的此岸性。"实践是人的存在方式之一。创新教育强调实践性具有多重含义：其一，只有通过实践，创新思想才能转化为现实；其二，只有通过不断实践，人的创新意识和能力才能得到培养；其三，实践为人们的创新提供必要的问题情境，因为任何一种有意识、有目的的行为，都发生于一定的环境之中，都是针对特定的问题。有问题要解决，人们才会千方百计地想办法，以满足自己解决问题的需要，以获得一个对个体和社会都满意的行动结果。创新教育体现实践性，关键在于在教育过程中呈现问题情境。人的发现、发明、创作、创新是在不断遇到现实问题中产生并形成的，人类的创新史可以验证这一点。问题的存在，是由人的活动所遇到的挫折与失败引起的，是由人自身的行为与行为者主观思维中的不足而引起的。例如，德国有一位造纸厂的工人，一次因粗心大意弄错配方，出了一批不能书写的废纸而遭解雇。无奈之中，这位不甘失败的工人对这种废纸的性能进行研究，发现其吸水性特别好。于是这位工人廉价买下这批废纸，切成小块出售，并称之为"吸水纸"，并且申请了专利。可以说这位工人因绝境而"发明"了"吸水纸"，这位工人之所以因祸得福，正是在于困境下产生的求变通的意识和品质。在这里，创新不是发明，而是改变用途。纸还是原来的纸，只不过发现了它的新用途，使之具有新的使用价值，成为社会所需要的产品。总之，理性地审视创新教育，将有助于全面推进素质教育，深化教育改革。

（二）全面性

创新教育要求引导学生掌握全面的、百科全书式的基础知识，开发学生各方面的潜能，使学生在智、德、美、体、劳等方面发展，这是学生赖以创新的基础与源泉。要尽可能地使学生知识面宽广，以博取胜，不宜失之太窄；应当鼓励学生对学科有所偏爱和擅长，也要使他们懂得不能偏废，造成某些知识领域的空白；在发展上不可偏重认知，忽视兴趣、情感与意志等非智力品质的培养；在认知上，又不可只重思维，忽视观察、记忆、想象等能力的培养；在思维上，也不可只重以逻辑思维为基础的复合思维，或偏重以形象思维为基础的发散思维。创新不能只靠某一两种素质，或某个方面的素质，它要求开发人的各方面潜能，需要运用人的整体素质，将一个人的全部经验、智慧、能力、情感和意志以最佳方式组合起来，用于解决问题，才能真正有所前进、超越和创新。全面性并非强求面面俱有、人人一样，而是要从学生的实际出发，使他们的个性全面而自由地得到发展。

（三）探究性

创新教育离不开对问题的探究。应当看到，在教学或教育活动中，如果没有对问题的探究，就不可能有学生主动积极的参与，不可能有学生的独立思考与相互之间思维激烈碰撞而迸发出的智慧的火花，学生的思维和能力也就得不到真正的磨炼与提高。总之一句话，没有探究就不可能有创新性的学习与应用，故探究乃是进行创新教育关键的一环。应当鼓励学生独立思考、积极探索，提出独到的见解、设想与独特的做法，完成富有个人特色的创新性作业，并注重让学生在探究过程中，不仅扩展个人的知识视野，而且形成探究的兴趣、创新性思考和学习的能力及人格和习惯。

二、创新教育的意义

21世纪是知识经济时代，在以依靠新的发明、发现、研究和创新的知识经济社会中，民族创新能力的培养成为时代的主旋律，创新教育已成为时代发展的必然趋势。创新教育对大学生创新能力的形成和发展具有十分重要的意义，具体表现在以下方面。

1. 创新教育促使人脑的均衡发展

20世纪80年代初，美国学者斯佩里等人的研究表明，人脑两半球的功能有差异。右半脑的功能同产生创新性思维密切相关。创新教育通过创新意识、创新精神的培养，激发人的想象力和灵感，促使右脑开发，进而促进大脑两半球协调发展。人脑的潜能将在创新教育中得到充分发掘。

2. 创新教育能提高人的综合素质

人的智力组成包括注意力、观察力、记忆力、理解力、想象力等因素，创新能力往往是这些因素的有效综合。反之，创新能力的能动作用又将促进各种智力因素的积极发展，逐步完善。此外，创新的过程往往不会一帆风顺，总要克服许多困难，需要有坚定的信念、坚强的意志、顽强的毅力等心理品质。创新教育的过程正是引导受教育者投身实践，磨炼上述种种非智力因素的过程。创新教育能使人的智力因素与非智力因素都得到改善，从而达到提高人的综合素质的效果。

3. 创新教育能促进人的个性发展

创新是以人的创新活动为基础的。创新是人首次获取崭新的精神成果或物质成果的思维与行为。创新的本质是新，是独特，是与众不同。个性则是区别于其他人的稳定心理特征，也是独特性的体现。因此，创新能力与个性相辅相成。提高创新能力的过程，正是体现个性的过程。随着创新教育的深入，受教育者的创新能力逐渐增强，独特的创新成果逐渐增多，个性也就日益鲜明。

4. 创新教育有利于创新人才的培养

在人类发展的历史中，教育经历了工具型教育—知识型教育—智能型教育三个阶段。古代社会，教育是统治阶级用来传播其伦理价值、社会道德规范和行为准则的工具，它主要是为统治阶级培养忠顺的臣民。近代资产阶级提出知识就是力量的口号后，教育随之进入了知识型阶段。科学知识在教育中的比重逐渐增大，提高学生的科学文化水平成为教育的基本目的。教育不仅要提高学生的道德、科学文化水平，更要提高学生的智力和技能水平。于是从20世纪50年代开始，教育又过渡到了智能型阶段。智能型教育视智能是人才的根本素质，因而更加重视人的智能的发展。尽管两种类型的教育关注的内容有差别，但它们都是以传递人类已积累的实践经验和成果为手段，强调对已有知识的记忆。传统的教育把掌握知识本身作为教学的目的，把教学过程理解为主要是知识的积累过程，以知识掌握的数量和精确性作为评价的标准。然而，随着信息时代的到来，传统的重知识、重技能的教育所培养出的知识型、专才型人才已不能满足社会的需要。

教育，面对个体的需求、时代的呼唤，应做出怎样的应答？21世纪，我们要重新审视教育的培养目标。现代社会，多媒体、网络技术的广泛应用使得人们获取知识的手段日趋多样。课堂不再是获取知识的唯一途径。而在知识增长日新月异，试图拥有所有知识已经完全没有可能的今天，个体能否具备分析、判断、选择和创新性地运用知识的能力已成为教学的关键。因此，学校教育不能再局限于传授知识的功能上，创新能力的培养应是 21 世纪教育的最高目标。正如皮亚杰所说，教育的主要目的在于造就一个能干的人，不仅能重复前人做过的事，而且是有创新力的人和发现者。

5.创新教育有利于开发创新潜能

提及创新能力，人们总要习惯性地联想到科学家、艺术家，似乎只有这些人才具备这种能力。事实上，创新力是一切正常的人都具有的潜能。人本主义心理学家罗杰斯认为，创新力的首要原因就在于人的自我实现的倾向。人的倾向在于自我实现。这一倾向是人的生命所固有的，它是个体要表达、要实现自己固有能力的需要。但这个倾向可能被深深地压抑在个人心中而不被发觉。然而它却实实在在地存在于每个人身上，而且一旦机会到来就会自我显露。

人不但有着高于一般动物的多种潜能，而且这些潜能需要通过释放的形式发挥出来，这是一种自然的倾向。教育对人类自身的生产是通过开发人的潜能并使之外化为适应、征服和改造自然的能力来实现的。创新力作为人的一种心理潜能，在其未被挖掘之前只是以可能的状态存在。较之生理潜能，心理潜能更为微弱，更有赖于后天的学习训练和培养才能使之充分地转化为人的实际能力。创新教育对人创新能力的培养正适应了挖掘人的潜能，实现自身价值的需要。

6.创新教育有利于教育的健康发展

这主要是因为创新教育以先进的教育观念切入现行教育存在的弊端，推进教育改革。当今时代，科学技术突飞猛进，知识经济已见端倪，国力竞争日趋激烈。教育在综合国力的形成中处于基础地位，国力的强弱越来越取决于劳动者的素质，取决于各类人才的质量和数量。改革开放以来，我国的教育事业成就卓著，但不容回避的是教育观念、教育体制、教育结构等滞后于时代的发展，不适应 21 世纪的要求，尤其是片面追求升学率的现象还不同程度地存在，升学竞争不断加剧，使学生难以得到全面发展。全面推进创新教育，对于改变我国教育的落后状况，促使教育健康发展具有重要作用。

第二节 创新教育的目标和任务

一、创新教育的目标

创新教育是一种不同于传统教育的新型教育,它既不以知识积累的数量为目标,也不以知识继承的程度为目标。与传统教育相比,创新教育同样强调必要知识的积累,但更强调合理的知识结构及获取知识的方式;同样强调培养学生的各种能力,但更强调学生创新能力的培养。创新教育不仅相信人人都有创新能力,而且认为创新能力是可以通过创新教育开发出来的。创新教育坚持应该根据学生的思维特点和才能情况,因材施教,把他们培养成创新型的人才。创新教育全力以赴去开发学生的创新力,矢志不渝地培养创新型、复合型、通才型的新型人才。这就是创新教育和传统教育在人才培养目标上的根本不同。

为实现创新教育培养创新型人才的目标,学生需要扩大专业知识,进行多学科教育,因为时代的发展要求人们全面掌握各种各样的知识。一个人如果只了解本专业的科学理论和技术方法,而对其他专业和其他领域的事物不熟悉、不了解、不掌握,那他就不算是一个成熟或合格的人才。进行多学科教育,有以下两个方面的意义:一是开展多学科创新教育,可以使学生不局限在一种专业上,摆脱一种专业所容易造成的单一思维模式,实现多学科知识互补、优势嫁接,从而在不同思维模式的基础上进行多向思维。二是开展多学科创新教育,可以使学生从其他学科中,找到原专业的不足之处,可以有意识地抛弃旧知识、吸收新知识,做到有所发现、有所突破,从而在开发自身创新能力上得以进步。因此,无论从学生创新性思维的培养,还是从学生创新性能力的提高上来看,进行多学科创新教育,有利于创新教育目标的实现。

二、创新教育的任务

(一)创新教育应完成的一般教学任务

1. 传授基础知识和基本技能

基础知识和基本技能就是通常所说的"双基"。所谓基础知识,是指构成各门科学的基本事实及其相应的基本概念、原理和公式等。它是组成一门学科知识的基本结构，揭示学科研究对象的规律性，反映科学文化发展的现代水平。所谓基本技能，则是指学生运用所掌握的各门学科中的知识去完成某种实际任务的最主要、最常用的能力。

2. 发展学生的智力和体力

智力是指个人在认识过程中表现出来的认识能力系统。它包括观察力、记忆力、想象力和思维力，其中思维力是智力的核心。智力和创新力不是正相关，但智力对创新力的作用不可忽视。发展体力不仅仅是体育的任务，也是各科教学的任务。教学要注意教学卫生，要防止学生课业负担过重，使学生有规律有节奏地学习与生活，保持旺盛的精力，发展健康的体魄。

3. 培养学生的共产主义世界观和高尚的道德品质

苏联教育家苏霍姆林斯基说："人的所有方面和特征的和谐，都是由某种主导的首要的东西所决定的，在这个和谐里起决定作用的、主导的成分就是道德。"思想品德是人发展的动力，只有用共产主义世界观和高尚的道德品质来教育学生，才能使他们把现代化建设的要求转化为自己的要求，转化为学习和创新的动力，从而使他们具有坚韧不拔的创新毅力和献身精神。否则，学生只是凭一时的兴趣和爱好，在条件优越的情况下，有所发明，有所创新，但一遇到困难和挫折，就会停滞不前，不思进取。在发明创新的征途上，有数不尽的困难，想象不到的挫折，只有具有共产主义世界观和高尚的道德品质，才能在艰苦曲折的创新道路上，经得起挫折和打击，勇往直前，为发明创新而贡献出自己毕生的精力，为人类社会的发展和进步做出自己力所能及的奉献。

（二）创新教育应完成的特殊教学任务

1. 培养学生的创新意识

创新意识即学生不人云亦云，书云亦云，师云亦云，不满足于现状，不束缚于传统，遇事爱问为什么，敢于质疑，勇于问难，善于发明，长于创新。创新意识是发明和创新的关键，没有创新意识的人，不可能有发明和创新。所以，创新性教学要培养学生的创新意识。

2. 培养学生的创新性思维能力

创新性思维包括求异思维、求同思维、直觉、灵感和创新想象。创新性思维能力是创新力的核心。发明、创新是创新性思维的成果，没有创新性思维便没有发明创新。创新性思维的实质是人类大脑两半球的功能,创新性教学必须培养学生的创新性思维能力,以充分开发人类大脑两半球的潜能。

3. 传授发明创新的技巧和方法

创新是伟大的,也是实在的,创新的成功有赖于创新的方法和技巧。人们已归纳和总结了众多发明创造的技巧和方法。例如,奥斯本提出9种创新技巧,考巴克在奥斯本9种技巧的基础上又提出35种附加技巧,戴维·斯特拉维提出66种战略(战略即技巧的别称),阿里特舒列尔总结出40种基本技巧等。目前,国内外学者提出的创新的技巧和方法已达300余种。在创新性教学过程中,这些发明创新的技巧和方法应让学生学习和训练,以提高他们发明创新的能力。

第三节　大学生创新教育的内容

一、创新的教育观念

目前,传统的教育观念、人才观念在人们的思想认识中根深蒂固,面临21世纪知识经济对创新人才的教育培养目标,人们的思想观念很难迅速改变与适应。因此,要真正把创新性的人才培养纳入实质性的轨道,必须树立全新的教育观念。

1. 创新的价值观

所谓创新的价值观,是指要充分认识创新在整个社会进步和个体发展中的重要意义与作用,要使创新力的伟大价值深入每个教育者和受教育者乃至全社会每个公民的心灵深处。从整个国家的角度讲,国家要把塑造民族的创新素质看作是民族腾飞和兴旺发达的基础,看作是民族综合实力和竞争力的重要标志,看作是民族生生不息的发展源泉和动力,看作是民族进步的灵魂和核心,把提高整个民族的创新素质置于教育工作的重中之重。对社会的每个个体成员来说,应该把创新素质看作是一个人最具有价值的一种能力体现,看作是不断突破自我、超越自我,获得更高层次发展的体现。要认识到创新能力不仅是一个人的智力特征,更是一种人格特征与精神状态及综合素质的体现。作为学校的教师,应该树立起以培养学生的创新素质为自己神圣职责的坚定观念,任何一个阻碍学生创新素质发展的做法，就是教育工作的最大失败，是最大的教育失误。作为学生，如果他们没把自身创新素质的发展看作是努力追求的目标，那就是缺乏理智的典型表现，他们不仅是对自己缺乏责任感的人，同样也是对社会缺乏责任感的人。对学校来说，如果不以培养受教育者的创新素质作为教育的目标，不能为学生创设有利于创新素质发展的环境与氛围，那么，这样的学校绝不是一所成功的学校。总之，我们要使所有的社会成员，尤其是教育工作者和学生树立起以创新为荣的观念，把不断探索，积极创新，推动社会进步作为自己的神圣职责和应尽的义务。这样的创新价值观，对整个社会成员的创新素质发展会起到持久有力的激励和推动作用。

在树立创新价值观的同时，我们还应该形成创新素质可塑性的观念，要打破对培养学生创新素质的神秘感。我国著名的教育家陶行知先生曾说过，人类社会处处是创新之地，天天是创新之时，人人是创新之人。这充分说明，每个人都具有创新的潜能。许多科学研究成果和教育实践也都证明了这一点，只是每个人创新潜能的表现形式不同而已。作为教育工作者，我们必须充分相信和尊重每个学生的创新潜能，应该坚信只要通过恰当的教育方式，一定会使学生的创新潜能变成现实。

2. 创新的教育功能观

创新的教育功能观即要求我们要对教育的作用和本质作一个新的理解和认识。当代的教育应该超越传统的"传道、授业、解惑"之功能，要把培养学生的创新素质作为自身的使命和任务。通过教育的手段来培养学生的创新性才能，才是当今教育的真谛。1972年联合国教科文组织国际教育发展委员会在《学会生存》报告中曾指出："人们愈益要求教育把所有人类意识的一切创新潜能都能解放出来""人的创新能力，是最容易受文化影响的能力，是最能发展并超越人类自身成就的能力，也是最容易受到压抑和挫伤的能力。教育具有开发创新精神和扼杀创新精神这样双重的力量"。这表明，在培养学生创新能力的过程中，教育是一把双刃剑，教育能否发挥其固有的正面功能和作用，其关键一点就在于我们是否对教育有一个正确的认识。一旦我们在思想意识的深层认识到教育对培养学生创新能力的重要作用，我们才会积极探索和挖掘教育中有利于创新能力培养的积极因素，而避开传统教育中对学生创新能力培养的消极因素。反之，我们的教育活动就可能在无意识中助长挫伤学生创新素质发展的消极因素。心理学家皮亚杰也曾指出，教育的首要目标就在于培养有创新能力的人，而不是重复前人所做的事情，使教育从以传统的传授、继承已有知识为中心的功能模式，转变为着重培养学生创新精神和创新能力的教育功能模式。

3. 创新的人才观、学生观和教师观

在21世纪，各个国家与民族竞争的焦点将越来越表现为创新实力的竞争。在这样的一个大背景下，社会对人才的标准也发生了明显的转变，新的人才观强调的是具有创新精神和创新能力，认为只有这样的人才能为社会的发展起到支持和推动作用。著名的计算机专家谭浩强教授指出，现在衡量人才的标准已由知识的积累改变为知识的检索和知识的创新。人们应该在最短的时间内，用最有效的方法获得原来不知道的知识，这就是一项本事；在这基础上再去发展知识。只靠背书获得高分的人在21世纪中将是没有出路的。这表明，在21世纪，知识经济社会中的人才标准已与传统农业社会和工业社会中的人才标准产生了质的飞跃。在新的人才标准下，人们对学生、教师及学校的认识评价观念也必将实现一次新的超越。

我们评价一个学生是不是好学生，不应再停留于这个学生是否"听话"与"顺从"上；反之，应该着意保护和支持那些在学习上"爱钻牛角尖"和"爱耍小聪明"的学生。这些学生往往敢于尝试，敢于标新立异，不怕失败，并容易形成不断开拓创新的学习品质，他们往往能创新性地完成学习任务。许多事实表明，这些学生在走上社会后，其创新意识和创新能力明显高于在学校中学习保守的学生。年轻的学生最具有可塑性，整个社会必须营造出适合学生创新能力发展的一个良好环境，使每一个学生都能在新的社会要求和标准下，个性得到充分发挥，创新的激情不断得到激发，并逐步形成敢于创新的个性品质，最终成为社会所需的真正人才。

另外，我们要求培养具有创新素质的学生，教师则先必须具有勇于创新的品质，那些教死书、死教书，整天拘泥于考试大纲和教科书的教师将逐步被淘汰。要彻底改变"以教师为中心、以课堂为中心、以教材为中心"的教学模式，就要求教师必须敢于打破常规，不断探索出新的教学方法和手段，使教学活动真正成为活跃学生思维、启发学生思维和激发学生创新的过程。教师应该从传统的知识传授者变为学生探求知识的引路者，以培养学生创新意识和创新能力为己任，这是创新教育对教师素质和角色的新的理解。而作为学生学习的场所——学校，也不应仅仅是传播知识的机构，更应该成为培养学生创新意识、创新思维、创新技能及创新个性的乐园。

总之，观念和思想是行动的指南，正确的教育观念和思想会对整个民族的教育发展起到积极的推动作用；反之，则会产生阻碍作用。教育要培养出具有创新素质的人才，其前提就是必须实现教育观念的创新。

二、课程内容的创新

面临时代对学生创新素质发展的迫切要求，实现我国各级各类学校的课程创新，已经成为目前创新教育急需解决的一个重要问题，也是实施创新教育的一个重要突破口。

（一）现行课程设置中存在的问题

课程设置是否科学合理对学生创新素质的发展具有重要的作用。从目前来看，我国的课程设置在培养学生创新素质方面并没有最优化地发挥作用，甚至在一定程度上阻碍了学生创新素质的发展。

1. 课程内容具有明显的滞后性

这与创新教育对教育内容所提出的新颖性特征形成了强烈的反差。有的教材十几年甚至几十年还是同一版本，这不论在小学、中学及大学中都有所体现。社会在不断发展，信息在不断变化，学生也在不断变化发展，而我们的教材还是旧面孔，以不变应万变，缺少新鲜的活力，过时陈旧的信息直接导致学生创新思维的僵化。

2. 课程内容具有明显的空洞性

创新来自生活与现实的需要，创新在现实生活和社会实践中产生和确证，并为现实生活和实践服务，但我们的教育却又暴露出教育内容严重脱离生活、脱离实际的弊端，为学生创新素质的发展加上了一道无情的枷锁。学生整日置身于书海之中，空洞的理论、烦琐的公式把学生与外界完全隔离开来。学生的学习负担在不断加重，学习难度在不断增加，但是学生在解决实际问题时，却又束手无策，可能仅有的一点创新智慧的火花也早已在深奥难懂的书海挣扎中淹灭了。

3. 课程结构具有明显的单一性

当前，我国教育仍普遍存在着重视学科课程，忽视实践课程；重视必修课程，忽视选修课程；重视单科课程，忽视综合课程等倾向。基于我国目前的教育内容和课程体系存在许多主客观方面的不利因素，已对学生创新素质的发展造成了难以突破的障碍。

（二）课程改革的方向

1. 课程内容应该体现时代性

创新的一个重要特点就是超前性和新颖性。因此，要培养学生的创新能力，实施创新教育，必须让学生掌握最新的知识内容，了解世界最新的发展动态，使学生的知识层次和结构与世界先进水平趋于同步。这样，才可能使学生在现有水平的基础上，有所突破和创新。情报学家的研究表明，教科书上的知识一般要比现有的先进科学技术滞后5年，这是导致许多课程内容明显陈旧的一个重要原因。学生即便全部掌握这些知识也只是建立了一座陈旧的知识仓库，教育内容的陈旧和滞后严重阻碍了学生接受新的信息，严重阻碍了学生在新领域的开拓意识和能力。这就要求一是在教育内容上应该把最新的科学研究成果和科学概念及时编进教材、引进课堂，帮助学生建立一个发展的而不是孤立静止的客观物质世界的概念，引导他们去探索新的知识，培养他们的创新精神。二是增加智能型结构内容，增加思维训练的内容。目前，教材的内容基本是知识型的，以知识的传授为主要内容，没有充分认识到智力、能力和价值等因素，而美国的学校，有相当一部分开设思维训练课，我们也应借鉴这一点，把思维的训练内容纳入学校的教学计划。在教材内容编写过程中，不仅要把可靠的结论作为基本内容，也要把结论的探索过程及尚未消除的疑问增加到教材中去。重视知识的学习方法，并逐步建立一套行之有效的思维训练机制。同时依据科学的逻辑顺序和学生不同年龄阶段发展的特点编写教学内容，使之具有最合理的体系。

2. 课程结构应注意广博性

创新能力的形成与发展以深厚的知识底蕴为基础。知识从构成的角度来看，可分为一般知识和专业知识两个层面，创新教育对这两个方面都提出了很高的要求。美国曾对1131位科学家的论文、成果、晋级等各方面进行了分析调查，发现这些人才大多数是以博取胜，很少是仅仅精通一门的专才。因此，美国主张在加强基础教育的同时，提倡"百科全书式"的教育。我国的教育（特别是高等教育）由于以前受苏联文理严格分科的影响，学生学得越来越专、越来越窄，对知识面的开拓产生了很不利的影响。这就要求在教育内容上要体现全面性的特点，要求学生的学习不能仅局限于学校课堂中所教的有限的知识范围，要鼓励学生通过各种途径了解其他更多的知识，以开放性的学习促进知识的全面发展，这样才能厚积薄发、触类旁通，不断出现创新智慧的闪光点。

第四节 创新高校教育的方法

一、创新教学方法应具备的几个基本要素

教学方法既是一种技术，也是一种综合能力，正确的教学方法能有力地促进学生创新素质的形成，而落后的教学方法则会成为学生创新素质发展的阻碍因素。目前，我国学生创新素质不高的一个重要原因很大程度上与落后的教学方式和方法有关。

在各级各类的学校教学中，"灌输式"教学方法仍然普遍存在，这种教学方法又可以称为"三中心"教学方法，即"以教师为中心""以课堂为中心""以课本为中心"。在"灌输式"的教学方法中，教师加班加点、拼命灌输，而学生则囫囵吞枣、死记硬背。这样的教学方法形成的结果就是"高分低能"，学生的思维处于一种机械呆板的状态，缺乏适应性、应变性和创新性。世界著名音乐家陈其钢先生曾对我国的教育方法提出尖锐的批评。他认为，东西方的教育存在明显差异的一个重要方面就是教学方法，我国的教育自小学到大学，一直沿用"灌输式"教学法，尽管在课程进度和理解能力方面会超过西方学生，但学生的创新能力则明显逊色。西方教育中提倡独立思考，让学生充分发挥他们的个性，鼓励学生提出各种问题，所以创新能力得到很大的提高。

有人曾对传统的灌输教学方法与创新教学方法做了比较，在传统教学方法下，由于片面地强调教师的主导性和支配地位，大大压抑了学生的积极性、主动性和创新性，而创新教育的一个重要特征就是主体的参与性，在这样一对矛盾因素对立之中，学生的创新素质发展受到了很大的牵制和压抑。

因此，要发展学生的创新素质，就必须采取有利于创新的教学方法，即采取培养学生创新性思维和能力的教学方法。有许多学者提出了许多有关创新性的教学方法，如情感教学法、发现式教学法、讨论式教学法、疑问式教学法、

程序教学法、范例教学法及暗示教学法等。除以上这些创新教学方法以外，还有许许多多类似的教学方法，但不论是哪种教学方法，作为培养学生创新素质的教学方法应该而且必须具备以下几个方面的要素：

1. 要注重启发引导

创新本身是一项自主性的活动，教师在学生创新教育过程中的主要作用在于启发和引导。在传统的教学方法中，有时片面强调烦琐的练习、盲目抄写、过多的背诵及偏重死记硬背的考试，只注重对知识的记忆，忽视对知识的理解和消化，阻碍了学生主观能动性及思维的发展，对知识的迁移能力大为降低，更谈不上创新思维和创新能力的发展。早在《学记》中就提出："君子之教，喻也，道而弗牵，强而弗抑，开而弗达。道而弗牵则和，强而弗抑则易，开而弗达则思，和易以思，可谓善喻矣。"这里强调了注重对学生的开导及培养学生独立性的重要意义，对当今培养创新型人才仍然有很重要的借鉴意义。只有通过启发式的教学才能调动学生的主动性和自觉性，使学生成为课堂的主人，使课堂教学氛围充满活力和激情，激发学生积极的思维，培养分析问题和解决问题的能力，在教师的启发和引导下，自己寻找规律，有新的发现和创新。从上面关于传统教学方法与创新教学方法的比较中，我们可以明显发现，传统的"填鸭式"灌输教学法已经成为当前学生创新素质发展的严重桎梏。要实现创新教育，必须把启发诱导的思想贯穿于教学方法之中，以创新的方法带动学生创新素质的发展。

2. 要注重民主化教学

课堂是师生共同交流信息和切磋学问的论坛，而非诵读经文的教堂。传统的教学方式往往是一言堂、满堂灌，过分强调教师的权威而忽视学生在教学过程中的主体性，学生的主动性无法得到发挥，学生的创新意识早就在教师的威严下被扼杀。因此，我们要寻求有利于学生创新素质发展的教学方式和方法，必须把民主性原则融入教学方式和方法之中。在课堂教学中，教师应努力使学生保持一种开放自由的心态，应该鼓励学生标新立异，鼓励学生勇于尝试探索，呵护学生创新思维萌芽的产生。

传统的教学方式常常是以教师为中心，学生被动接受知识，形成了一种"一言堂、满堂灌"的局面。在这种模式下，教师的权威被过分强调，而学生的主体性则被忽视，他们的主动性难以得到发挥，创新意识的萌芽也往往在教师威严的阴影下被扼杀。为了打破这一僵局，我们需要重新审视教学方式和方法，寻求一种更有利于学生创新素质发展的教学模式。在这一过程中，民主性原则的融入显得尤为重要。民主性原则不仅要求教师在课堂上给予学生更多的发言权和表达权，还要鼓励学生敢于挑战权威，勇于提出自己的见解和疑问。

在课堂教学中，教师应努力营造一个开放、自由、平等的学习氛围。在这种氛围下，学生可以放松心态，敢于表达自己的想法，敢于尝试新的方法和思路。教师应该鼓励学生标新立异，不要害怕犯错，因为每一次尝试都是一次学习和成长的机会。同时，教师还应该尊重学生的创新思维萌芽，即使这些想法在现阶段看来还不成熟或者存在缺陷，也应该给予肯定和鼓励。

此外，教师还应该通过多样化的教学方式来激发学生的创新潜力。例如，可以采用小组合作、角色扮演、案例分析等方式来引导学生主动思考和探究问题。这些方式能够让学生在实践中体验知识的应用和价值，从而激发他们的创新欲望和动力。

总之，把民主性原则融入教学方式和方法之中是培养学生创新素质的关键。只有在这样的课堂上，学生才能够真正发挥自己的主体性和主动性，敢于挑战权威、勇于尝试探索，从而激发出更多的创新火花。

3. 要注重开放式教学

当今世界的发展速度可谓日新月异，信息化是新世纪社会发展的基本特点之一，其中一个显著的特点就是知识的膨胀与迅速传播。新的理论和技术知识，每天都要更新，昨天还是科幻小说中的题材，今天就已经变成了现实。因此，这样的社会背景下，学校的教育必须采用开放式的教学方式和方法，不断与社会接触，吸收世界最新的知识和信息，课堂教学的内容不能仅仅局限于教材和教师有限的知识视野，教师应努力培养学生开放式的学习习惯和能力，使学生能自动地让自己的认识与世界最新发展保持同步，为学生创新素质的发展奠定基础。从具体的教学过程来说，采用开放式的教学方式和方法尤为必要，它对提高学生的求知能力和创新能力具有重要意义。

在美国西北部俄勒冈州的兰山学校实践了一种"极端自由"的教学模式。在这种教学方式中，没有固定教师，不分年级，不受约束，不需天天做作业，更不用考试。早晨学生来到学校后，没有人要求他们做什么，他们可以随便躺在地上听音乐，也可以三五成群地玩纸牌，甚至可以打篮球、织毛衣等。学校从不强迫学生上课，但当他们一旦发现了自己感兴趣的知识，就会主动学习，而且学习得特别快。学生不是把学习当作一种负担，而是当作一种乐趣。学生对知识的好奇心总是促使他们主动探求知识、发现知识，创新能力获得很大发展。美国已有 25 所学校采用了与兰山学校相同的"萨德伯理式"教学方式。在萨德伯理学校，有 75% 的毕业生升入大学，比例高于普通中学，其中该校的优秀学生还进入了哈佛、耶鲁等名牌大学。

相对于我国传统封闭的教学方式，美国流行的这种开放式的自由教学方式是否对我国培养学生的创新素质有所启示呢？我们应当而且必须突破以往以课堂教学培养学生能力的封闭教育方式，以开放式的教育途径共同促进学生创新素质的发展，如组织学生进行各种学科的智力竞赛、论文比赛、听讲座、成立科技小组、参加文体活动及社会调查等。

二、几种基本的创新教学方法

创新教育意义深远、作用巨大，已得到人们极大的重视，创新教育的具体教学方法可以多种多样，其基本方法有以下几种：

1. 思维开放教学法

在现代教育体制改革中，如何变思维封闭式教学为思维开放式教学，是人们探讨的核心问题。所谓思维开放式教学就是要求学生不要死记硬背书本现成的答案和教师给出的结论，要着眼于各种不同答案或结论的自主选择。它强调学生应注意现成知识的动态性和变化性，提倡学生要注重能力结构的稳定性和开放性。这类方法对革除旧有教学方法中封闭性和僵化性的弊病有很大作用。实际上，奥斯本创立的"智力激励法"就是一种思维开放式方法。这种方法用于创新教育，能激励学生发散思维、延迟评判、自由决策，从大量的发散结果中选择正确答案。

2. 情景交流教学法

这种教学法是利用各种条件，创立与教学内容有关的生动情景，并把学生带入这种情景之中，使学生在耳濡目染、亲身感受的同时，学习知识、开发潜能。现代教育实践的经验证明，若能在教学中为学生创设与教材内容一致的丰富心理环境，以便在学生的认识心理和情景感受方面形成丰富的刺激因素，使学生在一种模拟的心理环境中，产生思维共鸣和心理交流，设身处地考虑问题、解决问题，这样教学效果必定会大为提高。因此，创新教育十分看重并提倡这种教学方法。

3. 实验探索教学法

教学研究和科学探索两者是有密切联系的，不应把它们割裂开来。在创新教育中，强调以学生为主体，通过教学来培养学生的创新性和开发创新力，就必须探索其规律性的内容，就必须把教学看作科学研究的"模拟"。实验探索教学法就是要把教学和实验、科研结合起来，让它们相互促进，共同提高。

4. 系统思考教学法

系统思考具有创新的功能。创新技法中的检核目录法、特性列举法、缺点列举法、形态分析法等都是利用系统思考的原理，进行发明创新的常用方法。系统思考教学法就是要将这些行之有效的方法移植到创新教育的教学过程中来，锻炼学生的系统思考能力，培养学生的系统思考习惯，使学生能够从个别知识的整合或综合中，来把握新知识，获得新能力。

系统思考教学法是一种强调整体性、关联性和动态性的教学方法。在当今复杂多变的教育环境中，系统思考教学法以其独特的优势，被越来越多的教育者所采纳和实践。下面将从几个方面详细阐述系统思考教学法的内涵、特点以及其在教育实践中的应用。

（1）系统思考教学法的内涵

系统思考教学法是一种注重培养学生从全局出发，综合考虑问题的教学方法。它强调将学习内容视为一个相互关联、相互影响的整体系统，通过引导学生发现系统中的要素、关系、结构和动态变化，培养学生系统分析、系统设计和系统评价的能力。系统思考教学法不仅注重知识的传递，更强调知识的整合和应用，旨在帮助学生构建完整的知识体系，形成系统的思维模式。

（2）系统思考教学法的特点

整体性：系统思考教学法将学习内容视为一个整体系统，注重从整体出发，把握系统中的各个要素和它们之间的相互关系。

关联性：系统思考教学法强调各个要素之间的关联性，引导学生发现要素之间的相互作用和相互影响。

动态性：系统思考教学法关注系统的动态变化，引导学生理解系统的演变过程和发展趋势。

实践性：系统思考教学法注重知识的应用和实践，通过案例分析、项目实践等方式，让学生在实际操作中掌握系统思考的方法。

（3）系统思考教学法在教育实践中的应用

整合教学资源：系统思考教学法有助于教师整合各种教学资源，形成完整的教学体系。教师可以通过分析教学系统中的各个要素和它们之间的相互关系，确定教学目标、教学内容和教学方法，实现教学资源的优化配置。

提高学生综合素质：系统思考教学法能够培养学生的系统思维能力和创新能力，提高学生的综合素质。学生在系统思考的过程中，需要综合运用各种知识和技能，发现问题、分析问题并解决问题，从而提高自己的综合素质。

增强学生合作意识：系统思考教学法强调团队协作和合作学习，能够增强学生的合作意识。在解决问题的过程中，学生需要相互协作、共同探究，通过团队合作完成学习任务，培养学生的团队精神和协作能力。

拓展应用领域：系统思考教学法不仅适用于学科知识的学习，还可以应用于学生生活、社会实践等多个领域。学生可以将系统思考的方法运用到解决实际问题中，提高自己的实践能力和解决问题的能力。

5. 社会参与教学法

社会是创新的最大教室，也是创新的最大舞台。在社会上，有无数发明创新的课题和无数发明创新的机会，只有敢于投身于社会、献身于创新的人，才能有所作为。创新教育提倡采取"走出去，请进来"的教学方法，把书本知识与社会实践结合起来，让学生承担社会责任，了解社会需要，参与社会活动，进行社会服务，这样，学生就可以在实际生活和社会实践中，主动地掌握教材所规定的内容，同时还能创新性地掌握教材所没有规定的内容。

6. 启发式教学方法

启发式教学方法是以学生为学习的主体，教师从实际出发，启迪、诱导学生发现问题、思考问题，点燃学生创新的火花。教师在教学过程中常用的启发式方法有以下几种：

第一，比喻启发，引起想象。形象的比喻具有神奇的力量，能诱发学生的创新想象。例如，陶行知先生把束缚儿童创新力的迷信、成见比喻为"要不得的包头布"，要人们把它一块一块撕下来，如同中国女子勇敢地撕下了裹脚布一样。

第二，现场启发，激发兴趣。上海一小学生发明"多用升降篮球架"，就是一次冬季体育课上老师现场启发的结果。篮球架高大，不适合不同年级不同身高的学生。老师说，要是哪位同学能发明一个能升降的篮球架就好了。于是这位学生便受到了启发，发明了可升降的篮球架。

第三，视听启发，激发想象。教师利用现代化教学手段，呈现给学生绚丽多彩的画面和悦耳动听的音乐，化抽象为具体，化静为动，化无声为有声，开拓学生思路，激发学生想象。

第四，问题启发，启迪思考。"思源于疑"，创新往往是从疑问开始的。爱因斯坦也认为，提出一个问题，往往比解决一个问题更重要。因为解决一个问题，往往是一个技能而已，而提出一个新问题或新的可能性，从新的角度去看旧的问题，则需要创新性的想象力。教师不但自己要善于提出启发性问题，也要鼓励学生质疑问难。

第五，学法（学习方法）启发，启迪内因。教师不要教给学生死的知识，而要授之以活的方法，让学生自觉地、积极地、创新性地学习。

第六，练习启发，重在创新。在练习中不仅要培养学生的技能技巧，而且要培养学生的智力、创新力，这就要求练习多样化，既求异又求同。

三、改进教学方法，促进创新能力的发展

1. 变传统的知识传授过程为"解决问题"序列的探究过程

在教学过程中，对学生来说，他们所面对的都是经过人类长期积淀和锤炼的间接经验，让学生快捷地懂得这些成果或者沿着一条"简洁、顺畅的道路"，重复推演一下当初科学发现的过程，无疑是一条高效提高学生知识水平的途径。但是，如果在这个过程中，有意地创设一些对学生来说需要开辟新路才能消除困惑的问题情境，对于提高学生的创新技能是十分有益的。中科院王梓坤院士说，对于科学家的发明创新，我们只是看到了成功的结果，那些逐步抛弃的中间假设则从不公布，是很可惜的，因为其中蕴含了许多经验教训。为此，在教学过程中我们应有意识地将某些要揭示的概念、要证明的规律纳入待"解决问题"的序列之中，将学生学习概念、规律的过程设计成对这些问题的"再发现""再解决"的创新思维活动过程，让学生在经历了探索过程的弯路、岔路和纠偏过程后受到创新思维方法的启迪，从而增进创新技能。采用"解决问题"序列的教学过程，一要注意培养学生的问题意识，引导学生不断提出有价值的问题；二要引导学生面对问题前进，探索解决问题的新路。

2. 鼓励学生大胆幻想

以幻想目标激励学生，然后启发学生改组、迁移、综合运用所掌握的知识，架设通向幻想目标的桥梁。美国教育家杜威说过："科学的每一项巨大的成就，都是以大胆的幻想为出发点的。"对事物的未来大胆幻想是创新的起点，从某种意义上来讲，科学史上的许多事物的过去和今天都表明："不怕做不到，只怕想不到。"在课堂教学中，我们应引导学生对事物的未来进行大胆幻想，并以此幻想目标为导向，激励学生改组、迁移、综合运用掌握的知识，寻找各种将幻想目标化为现实的途径，从而增进创新技能。

3. 扩大学生信息吸纳量，激发学生产生新思想

戈登·德莱顿说，"一个新的想法是老要素的新组合""最杰出的创意者总是专心于新的组合"。由此可见，拥有丰富的信息，并且善于组合它们是创新者产生新思想的基础。因此，课堂教学中教师要摒弃狭隘的"单科"思想，确立各种知识相互贯通、渗透的意识，为学生广泛联想、移植、改组所掌握的知识，从而产生新念头，提供丰富的信息，在此基础上让学生充分尝试各种各样的新组合，激发其新思想的诞生。

4. 设计利于创新教育的课外作业

第一，作业设计应力避枯燥无味的简单重复和机械训练。作业的形式要新颖，富有趣味性，要能引起学生浓厚的作业兴趣，把完成作业作为自己的一种内在需要，形成一股强大的内在动力。只有这样，才能驱使学生主动、精细地去观察分析和思考。例如，数学的一题多解、变式训练及把纯数学问题转化为与生活密切相关的现实问题等，都是一些切实可行的措施。第二，作业设计要富有挑战性。跳起能摘到桃子的感觉是愉快的，作业设计既要源于课堂教学，对课堂教学所获得的知识、技能、技巧进一步巩固，加深印象，又要略高于教材，努力提高学生分析问题、解决问题的能力。第三，作业设计要加大实践操作的比重。动手实践能够激发学生创新的欲望和灵感，能调动其各种感官配合工作，有效刺激大脑皮层，使大脑处于一种高度的兴奋状态，有利于学生学活知识。第四，教师必须加强对课外作业的辅导，启发学生打破旧思想框框的束缚，从不同角度积极思考问题，训练发散思维，同时要鼓励引导学生对各种创新性设想进行分析、整理、判断，训练和提高思维能力。

第五节 大学生创新教学的原则

一、知识和智力并重的原则

智力的发展有助于知识的掌握。智力发展较好的学生，接受能力强，掌握知识牢固，能够举一反三，自觉地、积极主动地、创新性地学习，探索真理；反之，如果学生智力发展较差，就不能牢固地掌握知识，也不能举一反三及创新性地解决问题。

创新性教学中贯彻这一原则时要做到以下几点：

1. 认识到知识和智力同等重要，不可偏废

知识和智力互为条件，相辅相成，互相促进，两者既不可割裂对立，互相排斥，也不可彼此混淆。片面强调任何一方，必然适得其反，降低教学质量，不利于培养学生的创新能力。

2. 实行"启发式"教学，促进学生智力发展

知识不等于智力，如果教师进行"填鸭式"教学，学生只知机械记忆和搬运知识，即使他们头脑里被填满了一大堆知识，也不会发展智力，而往往会变成"书呆子"，这种"死读书，读死书"的后果是"高分低能"，与创新型人才是不沾边的。教师只有实行"启发式"教学，善于启发学生思维，引导学生自觉地、积极地进行学习，正确理解知识，掌握获取和运用知识的方法，才能有效地促进学生智力的发展。

3. 教给学生系统的科学的规律性的知识

并非所有的知识都能促进学生的智力发展，有些零碎的、不严谨的、没有系统化的知识教得过多，反而会增加学生负担，影响其智力发展。例如，识字一个一个地教，阅读一篇一篇地从范文中学，甚至学数的组成也是一句一句地背诵口诀等，都将使学生的记忆负担加重，而智力的主要要素——思维能力却得不到训练和发展。

那么，什么样的知识才是系统的、科学的、规律性的知识呢？我们认为，系统的、科学的、规律性的知识就是各门学科的基本结构。美国著名的心理学家布鲁纳说过:"不论我们选教什么学科,务必使学生理解学科的基本结构。"所谓基本结构,指的是普遍的强有力的适应性的结构。其具体表现就是每门学科的基本概念、基本公式、基本原则、基本法则等。布鲁纳认为,学科的基本知识乃是基本结构的"特例""具体化""变式""多样表现"。反过来,基本结构则是基本知识的概括、抽象、内在制约者、发源、本质……他认为学生掌握基本结构有利于知识的迁移、智力的发展。我国一些优秀教师的先进教学经验表明,让学生掌握学科知识的基本结构,确实有助于发展他们的智力。例如,有的教师利用形声字结构进行集中和分散的识字教学,极大地促进了学生的智力发展。当学生掌握了"声旁表音,形旁表意"的构字规律后,就能独立运用推理的方法来判断字的音、形、意,举一反三,认字速度提高很快。

可见,教师认真研究自己所教的学科的基本结构,教给学生系统的科学的规律性的知识,学生就可以举一反三、闻一知十、触类旁通,最大限度地发展智力。

二、博采知识与培养创新能力相统一的原则

知识与创新能力的关系如同知识和智力的关系一样,系统的知识是创新能力发展的必要条件,创新能力高的人必然博采知识,并从事更高层次的发明创新活动,两者互为条件、相辅相成、互相促进、相互提高。例如,9世纪初,病人经手术后,伤口化脓十分严重,对生命有很大的威胁。英国外科医生里斯特日夜思索化脓的原因,尽管里斯特创新能力较强,但百思不得其解。后来幸亏读到法国细菌学家巴斯德的著作,从中了解到"细菌是腐败的真正原因"的知识后,才深受启发,终于发明了用石炭酸水杀菌的消毒方法。

创新性教学中贯彻这一原则时要做到以下几点:

1. 要让学生博采知识

知识是创新能力发展的根本条件。知识贫乏,头脑中只有零碎的、低级的、自然状态的知识堆积,而没有系统的、科学的、规律性的知识,便不可能创新性地分析问题和解决问题,并做出发明创新。尤其在当代,科学在加速发展,专业分工越来越细,各学科知识信息在成倍增加,文化周期又在缩短,有人认为难以掌握大量的知识,于是局限在自己的专业圈子里,故步自封,这样做很难做出较出色的发明和创新。只有博采大量的知识,量变引起质变,思维才能

得到进一步的丰富,新联系、新设想、新观念才会在头脑中不断涌现,才会不断做出发明及创新。特别是那些具有广博的知识或掌握了许多交叉学科、边缘学科知识的人,更能做出出类拔萃的发明创新。控制论创始人维纳说:"在科学发展上可以得到最大收获的领域是各种已建立起来的部门之间的被忽视的无人区……到科学地图上这些空白地区去做适当的查勘工作,只能由这样一群科学家来担任:他们每人都是自己领域中的专家,但是每人对他邻近的领域都有十分正确的和熟练的知识。"维纳和他的同事正是在数学、生理学、神经病理学等学科的边缘交叉地区奠定了控制论的理论基础。由此可见,在创新性教学中,教师应鼓励学生博采大量的知识,"厚积才能薄发"。

2. 引导学生灵活运用知识

没有知识就很难有创新力,但是有了知识也不一定会有创新力。如果把知识当教条,死记硬背,生搬硬套,便会被知识所奴役,头脑就会僵化,即使高分也是低能,不会发明,不会创新,对人类社会不会做出什么贡献。

在教学中,教师要引导学生灵活地掌握和运用知识,加深理解,掌握规律,提高学生分析问题和解决问题的能力。

三、教师的精心教授与学生的独立思考相统一的原则

教学是师生双边的教育活动。教师要精心教授;学生要独立思考。因此,教师必须精心备课,精心讲课,精心批改作业,精心辅导学生。然而,教师教学毕竟只是给学生指明一个前进的方向,路还得学生自己去走,路途中的困难和挫折还得学生自己去克服。而这一切,都得靠学生自己独立思考,任何人都包办代替不了。

创新性教学中贯彻这一原则时要做到如下几点:

1. 教师传授的内容必须适合学生的接受能力

教师教学时必须对学生独立思考有充分的认识。学生是学习的主体、学习的主人。教学的效果最终要落实到学生的学习上。

教师教授的内容不能过难,也不能过易。过难,学生听不懂,对学习缺乏兴趣,从而失去学习的信心;过易,学生会轻视学习,失去学习的兴趣。因此,教师教授的内容要难易适当,要善于进行创新教学,要有一定的"信息差",

使学生感到教师教授的内容像树上的桃子一样"跳一跳才可以摘到"。唯其如此，才会使学生感到学习本身的趣味，才能使他们的学习由死记硬背变成富有意义的学习，才能启发学生的独立思考，培养他们的创新性思维能力。

2. 教学要生动形象，切忌平铺直叙

教师要善于创设教学过程中的问题情境，恰到好处地提出一些富有启发性的问题让学生独立思考。例如，有位特级教师教"摩擦力"一课时，精心创设了一个启发学生思考的问题情境：在非常光滑的水晶路面上，有一个静止的一吨重的大铁球，一只蚂蚁正在用力推大铁球，能不能推动大铁球呢？像这样的问题情境既新奇又有趣，能激发学生思考，使学生积极参与到教学过程中去，变被动地接受知识为师生之间的双边活动，能最大限度地培养学生的独立思考能力和创新能力。

四、全面要求与因材施教相统一的原则

创新性教学应面向全体学生，既要使他们尽可能达到统一标准并得到全面发展，又要承认学生的个别差异，针对不同学生的特点，采取不同的教学措施，使每个学生的创新性才能都得到充分发展。

对学生要有一个全面要求，必须把学生无一例外地培养成所需要的创新型人才。学生虽然有千差万别的个性，但也有共性。这种全面要求不但必要，而且可能。若没有全面要求，就会使创新教育偏离正确的轨道，降低创新教育水平。但仅仅全面要求，不因材施教也不行，两者必须统一起来。由于遗传、环境和教育错综复杂的影响，每个学生的个性特征和发展水平都有差异，若用同一个模式培养学生，必将使有特殊创新才能的学生遭到埋没，创新才能较差的学生又将遭到淘汰。所以，创新性教学中要遵循全面要求与因材施教相统一的原则，长善救失，各尽其才，不拘一格，使每个学生的创新才能都得到充分、自由的发展。

为了很好地贯彻全面要求与因材施教相统一的教学原则，有两点要求必须注意到。其一，教学要面向全体学生，兼顾两头，让所有学生都能得到发展。其二，正确对待学生间的个别差异，尤其要正确对待那些有特殊能力的学生。对优秀生可以举办科技开发、发明创新讲座，广泛介绍当代科学技术发展的新成就、新动向、新发明、新创新，以激发其学习与创新的兴趣，使其树立献身

人类发明创新事业的志向。要组织他们参加课外及校外学科活动，从事小发明、小创新活动，激发创新意识，培养创新能力。学校图书馆、实验室要向他们开放，有条件的学校可以聘请科学家、发明家，对他们进行个别指导。对后进生应适当降低教学要求。不论答问、作业、实验都设法使他们获得一定程度的成功，及时给予激励，加以表扬，使他们感受到紧张智力劳动后成功的愉快，从而激发他们强烈的学习动机及浓厚的认识兴趣。

在他们掌握一定基础知识和基本技能的基础上，教给他们发明、创新的技巧和方法，让他们从事一些力所能及的小发明、小创新。教师应针对他们的不同特点，加强指导和辅导，培养他们的创新意识和创新能力。

五、教师主导作用与学生主体作用相统一的原则

教师主导作用是指在教学活动中，教师处于主导地位，学生只有在教师的教导和帮助下，才能以最短的时间、以最高的效率掌握人类创新的科学文化知识，迅速提高自己的发展水平，成为社会所需要的创新型人才。因此，学生学习的主动性、积极性和创新性发挥得怎样，学习效果怎样，是衡量教师主导作用发挥得好坏的重要标志。

学生的主体作用是指在教学过程中，学生是学习的主体，是学习的主人，必须充分调动学生学习的积极性、主动性和创新性。在教学过程中，只有充分做到教师主导作用和学生主体作用相统一，才能获得最优化的教学效果。

创新性教学中贯彻这一原则时要做到以下几点：

1. 教师要引导学生进行探究的学习

在教学过程中，学生掌握知识技能有两种方式：接受的学习及探究的学习。学生通过教师的传授而理解并掌握知识，是接受的学习；教师引导学生探究一些问题，启发他们发现人们已经发现的真理，是探究的学习。探究学习能充分发挥学生学习的积极性、自觉性和创新性。

2. 培养学生浓厚的学习兴趣和强烈的求知欲望

兴趣是学习的动力，求知欲望是探求真理的一种富有感情色彩的心理倾向。浓厚的学习兴趣和强烈的求知欲望是提高学习积极性、自觉性和创新性的重要因素，也是学生有所发现、有所发明、有所创新的前提。

要想培养学习兴趣和求知欲望，必须激发求知的需要，使学生产生满足求知的动机。因此，教师要经常对学生进行学习目的教育，从而使他们产生正确的学习动机。同时，教学方法要多样化，要保护学生的好奇心，鼓励他们大胆地提出问题，进行创新性思维活动，培养学生主动的探求精神，激励他们把自己的学习和社会发展的需要联系起来，使学习兴趣和求知欲望向更高程度发展。

3. 发扬教学民主，实现心理相容

发扬教学民主，实现师生心理相容，是教师的主导作用和学生主体作用相统一的有力保证。教师热爱学生，学生尊敬教师，师生心理相容、关系密切是教学民主的体现。教师对学生要严格要求，尊重学生、耐心教诲、热情帮助、精心培育。在充分发挥教师主导作用的前提下，充分调动学生的主体作用，要相信学生，多方面鼓励学生大胆提出问题，发表自己的看法。

六、理论与实践相统一的原则

理论与实践相统一的原则反映了教学过程中学生认识过程的一般规律，是教学达到最优化效果必须遵循的教学原则。该原则要求：必须在理论和实践相统一的过程中传授和学习理论知识，使学生能真正理解理论，懂得理论在实际中的运用，并能形成必要的技能、技巧和实践能力。

创新性教学中贯彻这一原则时要做到以下几点：

1. 要重视理论知识的指导作用

理论和实践相统一的目的是使学生在理论知识的指导下，通过在实践中的运用，加深理解和巩固理论知识，形成创新的基本技能和技巧。因此，教学中要切实抓好理论知识的传授，打好基础。只有在理论知识指导下的创新实践中，学生才能较快地掌握有关的创新技能和技巧。

2. 要重视学用结合，加强教学中的实践性环节

教学中必须创新多种多样的实践形式，如实践、实习、练习、生产劳动、发明创新等。这些实践形式，由半独立到独立，由简单到复杂，由校内到校外，尽可能使学生动手、动口、动脑，让他们真正体会到理论知识对于实践的指导作用。要防止从理论到理论，从概念到概念的教条主义教学。

3. 根据学科特点，有计划、有目的地联系实践

教学中理论联系实际的目的有两个：一是理解和掌握基本理论知识；二是运用理论知识于创新实践活动。不同学科或同一学科的不同内容，联系创新实践的内容有所不同。例如，语文教学一般是联系创作实践，让学生创作诗歌、散文、小小说等。数学、物理、化学教学不妨让学生运用所学的理论搞一些小革新、小发明、小创新等活动。

4. 教学中理论联系实践活动，要让学生独立完成

教学中教师要创造条件，通过感性的认识活动，让学生自觉地、积极地去观察、思考，从而达到教学目的，使学生的独立探究和创新能力得到发展。

第十章 高校大学生教育教学的信息化建设创新

随着计算机技术、信息技术和通信技术的飞速发展，世界各国纷纷启动建设高速的信息化社会。进入 21 世纪的中国也逐渐加入了建设高速信息化社会的行列，各行各业也纷纷涉足"信息化"这个新概念领域。教育信息化与企业信息化、政府信息化一起，成为社会信息化发展的三个核心。尽管我国目前教育信息化得到了一定程度的发展，但是依然存在一些问题，尤其是当代大学生的教育教学信息化建设。因此，我们有必要对当代大学生教育教学信息化建设问题进行探讨。

第一节 当代大学生教育教学信息化现状探析

信息化已经在世界范围内演变成一次产业革命和社会革命，对经济社会产生了深刻的影响。全球正加速向信息社会演进。信息技术已经成为无所不在的通用技术，其在教育领域的应用正在带来教育思想、教育模式、学习内容和方式、人才培养质量等方面的全面转变和提升，教育信息化作为 21 世纪教育改革的重要内容和指标纳入世界各国新一轮教育改革方案，极大地促进了各国教育改革的进程。以教育信息化带动教育现代化、实现教育的跨越式发展已经成为我国的教育发展方针。那么，我国当前大学生教育教学信息化的现状如何？本节将针对这一问题进行深入的探析。

一、教育信息化概述

21 世纪，"信息""信息时代""信息化"等与信息相关的词汇充斥着整个社会，可见信息对整个社会的影响之深、之广、之大。如今，信息化已经成为当今世界发展潮流，是国家社会发展的趋势。

（一）信息化概述

信息化是将信息作为构成某一系统、某一领域的基本要素，并对该系统、该领域中信息的生成、分析、处理、传递和利用所进行的有意义活动的总称，是从物质生产占主导地位到社会信息产业占主导地位的社会发展的过程，这个过程是一个动态的过程。其最初是由日本学者从社会产业结构演进的角度提出来的，实际上是一种反映社会发展的新学说。1967年，日本科学技术与经济协会在研究经济发展问题时，对照工业化，正式提出了信息化。

1. 信息化的含义

信息化主要有四个方面的含义：其一，信息网络体系，即大量信息资源、各种专用信息系统及其公用通信网络和信息平台的总称；其二，信息产业基础，即信息科学技术的研究、开发，信息装备的制造，软件开发与利用，各类信息系统的集成及信息服务；其三，社会支持环境，即现代工农业生产，以及管理体制、政策法律、规章制度、文化教育、道德观念等生产关系和上层建筑；其四，效用积累过程，即劳动者素质、国家的现代化水平和人们生活质量不断得到提高，物质文明和精神文明不断获得进步。

2. 信息化的内容

从信息化内容来看，信息化主要包括信息资源，信息网络，信息资源的利用与信息技术应用，信息技术产业，信息化人才，信息化政策、法规和标准等六个要素。这六个要素是一个有机的整体，共同构成信息化的完整体系。其中，信息网络是基础，只有建设先进的信息网络，才能充分发挥信息化的整体效益；信息资源是核心，是信息化建设取得实效的关键；信息资源的利用是目的，集中体现了信息化建设的效益；信息化产业、信息化人才和信息化政策、法规及标准是信息化的支柱，是信息化有力的保障。

3. 信息化的社会意义

信息化对于当今社会的各方面发展有着重大意义，具体如下：

（1）信息化能够促使信息产业的领域快速发展并扩展，形成新的产业群和经济增长点。

（2）信息化能够促进社会产业结构的优化和升级。

（3）信息化能改变经济增长方式，使其由粗放型向集约型转变。

（4）信息化能给教育和科技带来一系列变化。

（5）信息化能使人们的生活质量得到大大的提高。

（6）信息化将改写以往的军事理论和作战方式，产生新的军事学说。

（7）信息化能够推动经济和社会的发展。

（二）教育信息化的概念

面对世界范围内扑面而来的信息化浪潮，传统的教育系统正面临着严峻的挑战，现代信息技术进入教学，引起了教育系统的一系列巨大变化。教育信息化就是将信息作为教育系统的一种基本的构成要素，并在教育的各个领域广泛地应用信息技术，促进教育现代化的过程。

教育信息化的概念是在20世纪90年代伴随着信息高速公路的兴建而提出来的。1993年9月，美国克林顿政府正式提出"国家信息基础设施"，俗称"信息高速公路"的建设计划，其核心是发展以互联网为核心的综合化服务体系和推进信息技术在社会各领域的广泛应用，特别是把IT在教育中的应用作为实施面向21世纪教育改革的重要途径，教育信息化的概念便由此产生。

目前，对于教育信息化存在着很多不同的理解。从一些学术论文和学位论文的研究来看，对教育信息化概念的理解主要有以下几种：

1. 教育信息化是教育过程中比较全面地运用以计算机多媒体和网络通信为基础的现代信息技术，促进教育的全面改革，并使之适应正在到来的信息化社会。

2. 教育信息化的过程应高度重视对教育系统以信息的观点进行信息分析，并在此基础上进行信息技术在教育中的有效应用。

3. 所谓教育信息化，是指在教育领域全面、深入地运用现代信息技术来促进教育改革与发展的过程，其技术特点是数字化、网络化、智能化和多媒体化，基本特征是开放、共享、交互和协作。

4. 所谓教育信息化，是指将信息与通信技术（ICT）充分整合应用到教育系统中，在一定程度上实现教育教学、组织管理、校园生活服务等活动的数字化、网络化、虚拟化，从而提高办学效益和教育教学质量，最终形成适应信息社会要求的新教育模式。

笔者认为，教育信息化是一个在现代信息技术广泛普及的基础上，在现代教育思想和理论指导下，以多媒体计算机和网络通信技术为基础的现代信息技术来促进教育的各个环节的改革和发展，达到教育的优化，实现教育现代化的过程。

（三）教育信息化的结果——信息化教育

信息化教育是信息技术以教育信息化的形式促进教育的结果，是一种新的教育形态，是在现代教育思想和理论的指导下，主要运用现代信息技术，开发教育资源，优化教育过程，以培养和提高学生信息素养为重要目标的一种新的教育方式。可以说，信息化教育是教育信息化的结果。从宏观和微观两个角度来分析，信息化教育具有如下特征。

1. 信息化教育微观角度的特征

从微观的角度来分析，信息化教育在教学层面上具有以下特点：

（1）教材形式多媒体化

教材形式多媒体化就是利用多媒体，特别是超媒体技术，建立教学内容的结构化、动态化、形象化表示。多媒体化的教材具有多重感官刺激、传输信息量大、速度快、使用方便、易于操作、交互性强等特点。目前，已经有越来越多的教材和工具书多媒体化，它们不但包含文字和图形，还能呈现声音、动画、录像以及模拟的三维景象。

（2）教学资源共享化

教育信息化，特别是全球教育网络的形成和发展，打破了过去教育资源种种形式的封闭和垄断，可以使全世界的教育资源连成一个信息海洋，使全球教育资源的共享程度大大提高，从而有利于全球教育资源的充分利用与效益提高，有利于缩小国家和地区间高等教育发展的差距。目前，网上的教育资源有许多类型，包括教育网站、电子书刊、虚拟图书馆、虚拟软件库、新闻组等。

（3）教学方式个性化

利用人工智能技术构建的智能导师系统，能够根据学生的不同个性特点和需求，进行教学和提供帮助。不同学习者的思维方式、学习习惯、学习条件等的不同就造成先进的学习设施并不是适合每个学习者，所以可利用信息技术，设计不同的媒体组合，构建不同的学习环境，来适合不同学习风格的学习者。为了做到这一点，学生个性的测定，特别是认知方式的检测，将成为教育研究的重要课题。

（4）学生学习自主化

随着建构主义和人本主义在教育领域的广泛应用，以教师为主导、以学生为主体的教育思想日益得到认同，利用信息技术支持自主学习成为必然发展趋向。事实上，超文本、超媒体之类的电子教材已经为自主学习提供了极其便利的条件。教师、课堂、教材等都可以成为变量，学生可以根据自己的意愿，选择适合自己的学习方式。

（5）学习活动合作化

通过合作方式进行学习活动也是当前国际教育的发展方向。信息技术在支持合作学习方面可以起重要作用，其形式包括：通过计算机合作（网上合作学习）、在计算机面前合作（如小组作业）、与计算机合作（计算机扮演学生同伴角色）。

在当今全球化的教育环境中，合作学习已经成为国际教育发展的重要趋势。它不仅能够培养学生的团队协作能力、沟通技巧和问题解决能力，还能促进学生之间的知识共享与互补。而信息技术的迅猛发展，为合作学习提供了前所未有的支持，极大地丰富了合作学习的形式和内容。

首先，通过计算机合作，即网上合作学习，学生可以利用互联网跨越地理限制，与全球范围内的同学进行实时或非实时的交流与学习。这种形式的合作学习使得学生可以接触到更广泛的知识和信息，拓宽视野，培养国际视野和跨文化交流能力。同时，网上合作学习还提供了多种互动工具，如在线论坛、聊天室、视频会议等，使得学生可以更加灵活地参与讨论，表达自己的观点，与同伴进行深入的交流。

其次，在计算机面前合作，如小组作业，是指学生在共同使用计算机或网络资源时，通过分工协作完成学习任务。这种形式的合作学习需要学生具备良好的团队合作意识和组织协调能力。在小组作业中，学生可以共同制订学习计划、分配任务、讨论问题、共享资源，通过共同努力完成学习任务。这种合作学习方式能够培养学生的团队合作精神和责任感，提高学生的协作能力和学习效率。

最后，与计算机合作，即计算机扮演学生同伴角色。这是一种新型的合作学习形式。在这种形式中，计算机可以通过人工智能技术模拟人类行为，与学生进行交互式的学习。例如，智能教学系统可以根据学生的学习进度和能力水平，提供个性化的学习资源和指导建议；虚拟实验系统可以模拟真实的实验环境,让学生进行虚拟实验操作和数据分析;智能导师系统可以模拟人类教师的角色,与学生进行问答式教学和辅导。这种合作学习方式能够为学生提供更加丰富多样的学习体验和学习资源,激发学生的学习兴趣和积极性。

(6)教学管理自动化

利用计算机管理教学过程的系统叫作 CMI(计算机管理教学)系统,包括计算机化测试与评分、学习问题诊断、学习任务分配等功能。最近的发展趋向是在网络上建立电子学档,其中包含学生身份信息、活动记录、评价信息、电子作品等。利用电子学档可以支持教学评价的改革,实现面向学习过程的评价。这种评价将促使人们注重学习的过程、思维的过程等。

(7)教育环境虚拟化

信息化教育的重要特征之一就是教育环境虚拟化,它意味着教学活动可以在很大程度上脱离物理空间、时间的限制。目前,已经涌现出一系列虚拟化的教育环境,包括虚拟教室、虚拟实验室、虚拟校园、虚拟学社、虚拟图书馆等,由此带来的必然是虚拟教育。

首先,虚拟化的教育环境极大地丰富了学习体验。虚拟教室通过模拟真实的教室环境,为学生提供了沉浸式的学习体验。在虚拟教室中,学生可以与教师进行实时的互动,参与课堂讨论,甚至进行在线测试和评估。这种虚拟化的学习方式使得学习变得更加生动、有趣和高效。

其次,虚拟实验室为学生提供了进行实验操作的全新平台。在虚拟实验室中,学生可以模拟各种实验场景,进行实验操作和数据收集。这种学习方式不仅避免了传统实验室中的安全风险,还允许学生随时随地进行实验学习,大大提高了实验教学的灵活性和效率。

再次,虚拟校园为学生创造了一个全新的学习空间。在虚拟校园中,学生可以参观各种虚拟的学术场所、图书馆、博物馆等,获取丰富的学术资源。此外,学生还可以参加虚拟的学术讲座、研讨会等活动,与来自世界各地的学者进行交流和互动。这种虚拟化的学习方式使得学习变得更加开放、多元和国际化。

从次,虚拟学社为学生提供了一个在线学习和交流的平台。在虚拟学社中,学生可以加入各种学习小组、兴趣小组等,与志同道合的伙伴一起探讨问题、分享经验。这种学习方式有助于培养学生的团队协作能力、沟通能力和创新能力。

最后,虚拟图书馆为学生提供了海量的电子书籍和学术资源。在虚拟图书馆中,学生可以轻松地搜索和获取所需的学术资料,进行自主学习和研究。这种学习方式不仅提高了学习效率,还有助于培养学生的自主学习能力和终身学习的习惯。

(8)学生学习终身化

信息化教育倡导终身学习,以人的发展为本。信息化教育环境虚拟化为学习终身化奠定了基础。现代社会知识的更新速度是相当快的,周期也较短。而且,随着科技的发展,这种速度会更快,周期会更短。因此,学校再也不是一个为学生的一生准备一切的地方,而是把学校教育当作人生学习过程中的一个基础阶段,个人从出生到死亡必须保持学习。与此同时,社会就必须提供更多的学习机会,但是由于时空的限制,传统的学校教育无法满足人们日益增长的学习需求。而对电子网络教育而言,其学习环境的虚拟化,较好地解决了这一矛盾。因此,网络教育更能适应人们未来的学习需求,符合终身学习的时代强音。网络教育将为终身学习开辟新的时代。

2. 信息化教育宏观角度的特点

从宏观角度来分析,信息化教育具有以下几个特点:

(1)信息化教育以现代化教育观念为指导

现代化教育观念是在传统教育观念的基础上发展起来的,它包括如下三点内容:

①从终身教育的广义角度来考虑整个教育问题,改变了过去学校就是教育的狭隘教育观。

②倡导人的主体性,相信学生的自主学习能力,承认、尊重和发展学生的个性,强调个别化教学与学习。

③强调教与学的辩证统一,既重视教师教的作用,也重视学生学的作用。

因此,在现代教育观念指导下的信息化教育教学将不再停留在封闭式传授知识和技能上,而是以素质教育为指向,强调创新精神与实践能力的培养。

(2)信息化教育以丰富的教育信息资源为基础

信息化教育中,教学资源是关键,特别是利用超文本、超媒体技术建立起教学内容结构化、动态化、形象化的教育资源尤为重要。因为,没有丰富的、高质量的数字化教学资源,就不能促进学生自主学习,更不可能让学生在学习中进行自主的发现和自主的探索，教师主宰课堂、学生被动接受知识的不良状态就难以得到改变。最终，使新型教学结构不能较好地创建起来，对于创新人才的培养也就不能实现。

（3）信息化教育以新型教学模式为核心

信息化教育以基于现代教育技术构建的新型教学模式为核心。该教学模式提倡以学习者为中心、在教师指导下进行学习。在信息化教育中，学生、教师、教学信息、学习环境等因素相互作用、相互联系，构成一个开放的、系统化的信息化教学模式。这个模式的最终目标是使学生学会学习、能够学习，培养和提高学生的信息素养、创新精神与实践能力。

（4）信息化教育以现代信息技术为支撑

信息技术在信息化教育过程中所起的作用是：通过多媒体技术、计算机技术和网络技术，以学习者最容易接受的方式呈现信息；以最快捷的方式传递信息；以最符合人的思维规律和思维习惯的方式处理信息。由此可见现代信息技术在信息化教育中的支撑地位。当然，上述作用是通过充分发挥信息技术的特殊技术优势，构建起有效地呈现、传递、处理信息的新型教学模式而得到充分发挥的。

（四）教育信息化的意义

教育信息化是教育事业中一个新的发展阶段，是一项跨世纪的伟大工程。它关系到国家和民族的未来兴衰，对教育和教育的发展具有重要的实践意义，具体表现在以下几个方面：

1.实现教育现代化的重要步骤

教育信息化是教育现代化的重要内容和主要标志，是实现教育现代化的重要步骤。教育现代化包括教育思想现代化、教育内容现代化、教育方法现代化、教育技术手段现代化、教育设施现代化、教育管理现代化等要素。在这些要素中，任何一个都离不开教育信息化，这是因为教育信息化一方面为教育现代化提供了方法、途径和前提，另一方面，在教育信息化的过程中，不仅会极大地丰富教育信息化的内容，同时其对教育思想、教育内容、教育方法、教育手段、教育管理等诸多方面所产生的深刻变革，将成为教育现代化研究的重要内容，也将成为实现教育现代化的主要标志。以教育信息化带动教育现代化是当今世界教育改革与发展的共同趋势，没有教育的信息化，就不可能实现教育的现代化，教育信息化极大地促进了教育现代化的进程。

2. 实现国家信息化的重要途径

首先，教育信息化是国家信息化建设的重要组成部分，甚至可以说是国家信息化建设的战略重点；其次，教育信息化还担负着信息化人才培养的重要使命，是国家信息化建设的重要支撑，为其他信息化提供技术和智力方面的基础。最后，教育信息化也是国家整个信息产业的重要构成部分，每年数百亿的市场规模拉动着对于硬件、软件及服务的需求。因而，在《2006—2020年国家信息化发展战略》中，国民信息技能教育培训计划已经被设定为我国信息化战略行动的一个重要举措。

3. 促进了创新人才的培养

教育除了应当使学生掌握一定的现成知识、信息社会要求的素质、当代应用通信技术和积累系统化、知识性的信息资源外，还应使学生懂得如何寻找工具以及利用工具去获取自己所需要的知识或信息，同时要懂得如何分拣、合成、提出新见解的判断力、表现力和创造力。

而教育信息化为培养学生创新能力创造了有效途径：第一，教育信息化利用网络和多媒体技术可以给学生提供更加自由、灵活的探索空间，拓展了人们的视野，增强了实际创造力。第二，能够打破教育环境的时空限制，打破了教师和学生间的直接交流，提供了全新的教育模式。第三，把外部世界引入课堂，使学生获得与现实世界较接近的体验，"教师+网络+学生"的新型模式，激发了学生的学习兴趣，使"要他学"变为"他要学"成为可能。

4. 全体国民素质提高的有效途径

我国是人口大国，东、西地区以及城乡之间的教育水平差距很大，教育发展速度也不平衡，因而严重阻碍了社会的发展。如何消除这种不平衡的教育格局正是我国当前急需解决的一个非常重要的教育问题。为了使教育发展与社会发展同步，必须推动教育现代化，实现教育跨越式发展，缩小地域差别，教育信息化将为解决这个问题提供基本的保障条件。而随着多媒体教学、远程教育、虚拟大学的诞生，先进的通信技术使教育资源共享的原则得到贯彻，人们开始打破时空限制，听取世界高水平教授课程，学习选择的自由度大大提高，"因需学习、因材施教"真正成为可能，传统的教和学模式正在酝酿着重大的突破，教育面临着有史以来最为深刻的变革。这就意味着把教育置于现代通信技术的平台上，克服体制上的滞后性，为大众化高等教育和终身教育体系奠定坚实的物质和技术基础，为全体国民提供了更多的受教育机会，使受教育者的学习不受时间、空间的限制，真正实现学习型社会和终身教育的内涵——人人学习、处处学习、时时学习，也为人们实现终身学习提供了有力保障。

5. 促进教育信息产业的发展

教育信息化的过程是信息技术、信息机器在教育中广泛应用的过程，在这个过程中必将极大地推动教育信息产业的发展。这是由教育的社会功能和特点所决定的。原因有两点：首先，教育的信息化为信息化技术的发展和应用积累大量的专门人才的技术储备。其次，教育信息化的建设提供了信息产业的重要市场，对启动信息产品及信息的消费市场，建设信息资源有着特殊的作用。教育信息化的发展，将为社会培养大批具有良好信息意识的社会成员，成为信息服务业的消费群体，促进信息服务业的发展。全国有60多万所学校，有上亿的学生，在这些学校全面地实施教育信息化，对我国的信息产业和经济发展孕育着一个极大的商机，提供了一个很大的发展机遇。

总之，教育信息化意味着将教育纳入战略发展重点和现代化建设的整体布局之中，真正把教育信息化作为先导性、全局性、基础性产业摆到优先发展的战略地位上，其意义十分深远。

二、当代大学生教育教学信息化现状

我国于1994年起就拨款用于教育科研网建设，1998年开始兴办网上大学，并要求国家建设高等学校所开设的必修课程，使用多媒体授课的课时比例要达到30%以上，其他高校应达15%以上。这些对高校多媒体手段在教学中的应用所提出的量的要求，说明了教育信息化在我国有着实实在在的发展。经过这些年的努力，我国无论是教育信息化基础设施的建设、教育信息资源建设、教育软件资源建设，还是教学资源的利用、信息技术的普及以及教育信息化的政策、法规的完善，都取得了较大发展。尽管这样，我国大学生教育教学信息化依然存在很多问题，具体表现在以下方面：

（一）对教育信息化的认识不够充分

虽然教育信息化在我国教育事业中的普及已经达到一定的水平，但是有些高校对教育信息化的认识还不够充分，主要表现为：第一，有些高校对教育信息化的重要性还没有充分的认识，只是觉得教育信息化建设就是建立校园网等基础设施，忽略了信息资源、教学平台等多方面的同步建设，没有将其作为一项重要的工作来抓；第二，有些高校虽然在这方面做了一些工作，但没有建立教育信息化的领导决策机构，也没有制订教育信息化的总体规划；第三，有些高校把教育信息化等同于教育管理信息化，忽视了教学信息化这一教育信息化的核心，重管理轻教学；第四，有些高校在信息化建设的机构设置、人员编制上没有到位，没有形成相应的信息化建设队伍。

从表面上看，教学信息化带来的首先是教学手段的现代化、多媒体化，实际上，深层次的变革则是教育教学观念的转变、传统教学模式的改革。据了解，大多数教师对教学信息化的理解仍然是使用多媒体进行教学、制作 PPT 课件、使用有关图片和音像资料、与学生进行邮件交流等。还有许多高校教师已经习惯了多年不变的教案和教学模式，不愿意运用新的技术和方法进行教学活动，这种守旧的观念，很大程度上制约着高校教育信息化的发展。

（二）信息资源建设严重滞后，缺乏协调与合作

教育信息化的核心是教学信息化，教学信息化的基础是信息资源建设。不管是从国家教育行政部门还是各个高校，对教学资源的信息化建设都非常重视，并不断加大教学资源信息化建设的投入，但目前我国高校的信息资源建设严重滞后，普遍存在着信息高速公路上有路无车、有车无货的现象，如教学信息资源质量不高、资源利用率低。许多教学信息资源库容量表面上很大，但是无法精确定位，教师在教学中利用资源库的次数很少，资源库的利用率很低；缺乏教学信息资源管理的概念，仅仅把各类教学内容上传到网络服务器，没有进行很好的分类整理，很难有机地结合实现信息交流与资源共享，并在资源建设的基础上开发更为智能的应用。这就造成广大师生对信息设施的使用仅限于一般的信息浏览、发送邮件等基本的应用，远不能满足其在教育教学过程中对信息资源使用的需求。

究其原因，一是在宏观上教育行政部门缺乏有力的指导和协调，推动的力度不够；二是信息资源建设缺乏相对统一的标准，在开发上大家各搞各的一套，造成重复建设，并为以后的兼容留下隐患；三是各个高校各自为政，在相对封闭的情况下开展教育信息化建设，在信息资源建设上缺乏协调和合作，造成"信息孤岛"不断产生，分散了信息资源建设的人力和物力，信息资源也大量浪费，所以建立相应的配套政策和协作机制迫在眉睫。

（三）师资队伍建设不符合教育信息化建设的要求

教师是教育信息化的实施者，教育信息化对师资队伍的素质提出了很高的要求。在信息技术构建的新型学习环境下，教师不仅要具备教师一般的基本素质，还要具备作为信息时代的新型教师所应有的素质。但目前我国高校现有的师资队伍的素质和能力，都还远远不能适应这一新的要求，如教育教学观念还没有发生深刻的变化，对教学信息化背景下高校教师对于教学过程和教学资源设计、开发、利用、管理的理论与实践知识，以及教育技术概论、学习理论、教学基本原理、教学系统设计理论等了解、掌握较少；高校教师掌握信息技术知识和应用信息技术的能力参差不齐，不同学科专业、不同年龄的人有一定差异。

究其原因，主要在于两个方面：一方面，教师的教育思想、教育观念受传统教育的影响很深，要接受新的思想观念还有一个过程。另一方面，教育信息化对教师的知识结构、综合素质、信息化能力都提出了更高的要求：高校教师必须在教学观念上具备现代教育理念，注意趣味性、知识性、实践性相结合，让学生在兴趣中学知识、在实践中练能力；在教学方法上应具备全新的方法与手段，多在课堂教学中运用现代教育信息技术；在基本素质上具备一定的信息素养，必须具备良好的信息意识，善于将信息网络上新的知识信息与课本上的知识信息有机结合起来，不断了解和掌握本学科及相关学科的新动向，以新的知识信息开阔学生视野，启迪学生思维。同时，教师还必须具有较强的获取信息、贮存信息、加工处理信息、筛选利用信息，以及更新创造信息的能力。此外，教师还要具有运用信息技术手段创造性地组织教学活动的能力。在我国高校目前的师资队伍中，上述这些信息化的素质和能力还相对薄弱，很难适应教学信息化建设的要求，这将直接影响教育信息化的建设。

（四）对教育信息化建设的经费投入不足

教育信息化建设是一项系统工程，既要对硬件等基础设施进行建设，也要对信息资源等软件进行建设，并且教育信息化在初期建设的过程中投入比较大，需要有一定的经费保障。因此，它是一个长期发展和完善的过程，需要投入大量的人力、物力和财力。然而，目前我国高校的办学经费普遍比较紧张，除少数列入国家"211"工程的高校外，大部分高校无法在信息化建设方面进行较大的经费投入，这也在相当程度上制约着高校的教育信息化建设。而且，一些学校由于经费紧张，减少了信息化建设的投入；还有学校将大量的资金投入科研建设中，学生的教育教学管理的配套设施还停留在勉强维持的状态，不仅制约了自身的发展，也影响了教育教学管理人员工作的积极性、主动性和创造性，使信息化建设停滞不前。

第二节　当代大学生教育教学信息化建设路径

教育信息化关系到整个教育改革和教育现代化的系统工程，发展教育信息化是使我国现有的教育系统适应信息时代对新一代公民教育的基本要求。尤其是对于当代大学生的教育教学工作，教育信息化是必然趋势，是对高级复合型人才培养的必然要求。因此，要大力加强当代大学生教育教学信息化建设，以培养出合格的现代化高级复合型人才。

一、教育教学信息化建设的内容

有学者根据我国教育信息化建设的指导思想总结出，教育教学信息化建设的内容主要应包括"四件"建设：硬件建设、软件建设、潜件建设和人件建设。

（一）硬件建设

硬件基础设施建设是整个教育信息化的基础性因素，没有硬件基础设施建设的发展，就根本谈不上整个教育的信息化。硬件基础设施建设的基本目标是建立能使教育者和学习者广泛受益的计算机及网络硬件环境，并能够持续地运行、维护和及时更新。硬件基础设施就是信息技术设备和设施，主要包括国家教育网、各级教育网、校网、电子图书馆、网络教室、多媒体教室、电子阅览室以及相关的仪器设备（电视机、录像机、摄像机、计算机、投影仪等）。

（二）软件建设

软件建设的基本目的是为学习者、教师及教育机构提供高质量的软件工具、教育资源和相关服务。软件建设的基本内容包括各类教学平台、学习平台、管理平台、学科资源库、素材库、电子教材、网上课程等。

（三）潜件建设

潜件就是用于组织、控制教学的理论基础和相关学科的研究成果（心理学、学习理论、教育学、传播理论、系统方法等）。潜件建设就是信息技术理论和方法的建设，理论和方法主要是指教育信息化的理论基础、教育信息化建设的基本理论和方法。潜件建设的基本目的就是保证教育信息化实践有坚强的理论指导，使之健康快速地发展。

（四）人件建设

技术是教育信息化中的关键因素，但是技术只有为人所使用才能转化为现实的教育"生产力"。人件建设的目的就是使学科教师、学生、技术统筹人员、管理者能够适应教育信息化的要求，具备信息化环境下知识技能和运用方式，教师、工作人员能充分提高自己的工作效率，树立现代化教学观念；学生能提高自己的学习效率，培养现代化学习观念；管理者的管理能够满足教育信息化的需求，更好地服务于教育教学，树立起现代化的服务观念。

教育信息化要从硬件、软件、潜件和人件四个方面同时进行，它们之间相辅相成，缺一不可。

二、当代大学生教育教学信息化建设路径探析

结合当代大学生教育教学信息化建设现状及教育教学信息化建设的内容，本书认为，当代大学生教育教学信息化建设应该按照如下路径进行。

（一）改变教育观念，提高对教育信息化的认识

教育观念与教育技术的联系是非常密切的，它们相互影响、相互促进。因此，高校必须改变教育观念，树立科学发展观，运用现代化教育技术提高教学质量，促进高等教育事业的迅速发展。同时树立"以人为本"的教育理念，充分利用现代化信息技术优化教学资源、提高教学效率、培养创新人才。

高校信息化是一个不断发展的过程，既是方法、手段的变革，又是文化的变革。对于信息化的重要性，从党和国家及教育主管部门制定的一系列推进教育信息化的相关政策与规划中可以看得出来，国务院于1999年颁布的《关于深化教育改革全面推进素质教育的决定》中明确提出要"大力提高教育技术手段的现代化水平和教育信息化程度"。作为教育部门的决策者和学校的主要领导，必须切实重视教育信息化建设，把这一工作列入学校的议事日程和发展规划，并结合学校规模、经济基础、信息化进程，以及应用信息化水平而量体裁衣，逐步加强信息化建设。

（二）加强基础设施等硬件建设以及信息资源等软件建设

教育信息化建设中，硬件建设与软件建设同样重要，因此要同步建设，共同发展。

1. 基础设施的建设

网络基础设施建设是进行高校信息化的前提，在信息化建设中具有不可替代的作用。高校的网络基础设施建设主要是指高校的校网建设。随着信息技术的迅速发展与广泛应用，校园网作为数字空间中学校与外界沟通的窗口，已经逐步成为代表学校在虚拟数字信息世界中的地位和形象的一个重要表现形式。可以说，校园网是校园信息化的重要基础设施，在校园信息化建设中具有不可替代的作用。校园网强调要在科学规划、慎重实施、通力合作的前提下，建成覆盖全校、技术先进、功能齐全的校园信息网络系统。因此，校园网的建设要注意适当的超前性和高度的可靠性，能够满足信息化教学对数字、图像、视频等大流量数据交换的需要，在信息点的分布上要考虑重要教学、科研、信息检索等空间的数据密度。同时，校园网还要具备较强的开放性，以方便师生共享教育信息资源。

2. 信息资源的建设

信息资源与材料、能源一起构成了现代文明的三大支柱，属于生产要素、无形资产和社会财富。在教育信息化领域，信息资源是信息化教育最为重要的一部分，可见教育信息化建设的重要性。教育信息资源建设是教育信息化工作的核心，也是教育信息化建设的长期任务。因此，要采取各种激励措施，鼓励教师和管理人员、技术人员开发和制作标准、规范、有特色的信息资源，建设集电子教材、课件、学术文献数据库、管理数据库等为一体的信息资源库。信息资源的开发建设要遵循统一的标准，以便广大师生通过简便的操作就能进行信息的共享和利用。同时还要统一个人软件信息采集标准和信息编码标准，实现校内、校际间信息资源的共享和互换，促进高校间的协作。

（三）加强师资队伍信息化培养等人件建设

活跃在教育领域的信息化人才，包括利用信息技术从事教育、教学、管理及其他服务的各类人员，主要包括从事教学活动的教师、管理人员、技术类人员和理论研究人员。因此，高校教育信息化需要培养四方面的师资队伍。第一是信息化教师队伍，提高教师的现代信息技术应用能力；第二是信息化管理队伍，使参与教育管理的人员掌握现代信息技术，提高工作效率；第三是信息化技术维护队伍，保证信息化基础设施的正常运行；第四是信息化理论研究队伍，对教育信息化建设中出现的新情况、新问题进行总结、研究、探索，为教育信息化建设提供理论上的支撑和指导。在高校信息化建设过程中，全体人员所具有的信息素养决定了教育信息化建设的程度。因此，要把现代信息技术教育纳入教师培训的规划之中，定期组织教师进行信息技术教育的培训，健全人才培养机制，不断提高教师、管理人员的教育技术水平和信息素养。

（四）加大教育信息化建设的投入

教育信息化需要人力、财力、物力的保证，其中经费的保证是很重要的一方面。因此，高校要时时关注教育动态，了解教育信息化发展趋势。在目前高校经费偏紧的情况下，采取政策性倾斜和社会化措施，多渠道筹集资金，加快高校教育信息化基础建设。同时，高校可充分发挥自己在信息学科方面人才和科研的优势，加快推动信息领域科研成果的转化，推动高校高科技产业的发展，建立新的经济增长点，把信息化建设引入良性发展的轨道，促进高校教育信息化持续快速地发展。

总而言之，只要我们能够紧跟社会发展形势，了解教育发展动态，不断创新观念，不断完善对教育的各种追求，抓住机遇，努力发展，当代大学生的教育教学信息化建设就会取得较大的成就，我国的教育信息化将会有一个大的发展，高等教育事业也会在变革和创新中有一个较大的飞跃。

参考文献

[1] 邱咏梅. 数字技术框架下高校教学管理模式创新探索：评《高校教育教学管理创新发展研究》[J]. 应用化工, 2023, 52 (8): 2504.

[2] 孙跃轩. 人工智能背景下高校教育教学管理的创新发展 [J]. 产业与科技论坛, 2023, 22 (13): 287—288.

[3] 王扬, 拜晓旭. 探究新时代高校教育管理的创新发展：评《高校教育教学管理创新发展研究》[J]. 中国高校科技, 2023(4): 110.

[4] 王雅辰. 高校教育教学管理信息化创新发展路径研究：评《现代教育理念下的高校教育教学管理研究》[J]. 中国高校科技, 2022(7): 103.

[5] 李效宽, 王文平. 人工智能背景下高校教育教学管理的创新发展 [J]. 科技资讯, 2022, 20 (9): 187—190.

[6] 王虹千. 黑龙江省属高校体育教学管理问题研究 [D]. 哈尔滨：哈尔滨商业大学, 2022.

[7] 石云, 张达, 王宽, 等. 高校实践教学体系研究现状与发展动态 [J]. 教育观察, 2021, 10 (21): 1—7.

[8] 王潇. 基于学生视角的全日制硕士生教学管理满意度研究 [D]. 桂林：广西师范大学, 2021.

[9] 刘晶. 信息化背景下高校教育教学管理的创新发展 [J]. 现代职业教育, 2020(49): 230—231.

[10] 郭新. 信息化背景下高校教育教学管理的创新发展 [J]. 产业与科技论坛, 2020, 19 (16): 249—250.

[11] 李秀林. 高校教育管理现状与机制的创新发展 [J]. 科教导刊 (上旬刊), 2019(22): 1—2.

[12] 肖志雄. 新形势下高校教学管理现状与机制创新探讨 [J]. 开封教育学院学报, 2019, 39 (5): 96—97.

[13] 杜婧. MOOC应用中高校教学管理存在的问题及对策研究[D]. 哈尔滨：哈尔滨师范大学, 2019.

[14] 蔡林益. 浅谈信息化平台下高校教育信息化建设与教学管理的创新发展[J]. 计算机产品与流通, 2019(4): 191.

[15] 黄山. "形势与政策"教育教学理论与实践研究[M]. 北京：中国文史出版社, 2018.

[16] 刘芳. 创新创业教育背景下民办高校学分制实施现状与改革政策[J]. 黑龙江科学, 2018, 9(8): 90—91.

[17] 陈伊人. 谈信息化平台下高校教育教学管理的创新发展[J]. 才智, 2018(8): 146.

[18] 蒋锦健. 信息化平台下高校教育信息化建设与教学管理的创新发展[J]. 中国成人教育, 2017(5): 41—43.

[19] 孙傲蕾. 高校教育教学管理制度翻译实践报告[D]. 天津：天津大学, 2016.

[20] 潘露. MOOC对高校教学管理的影响研究[D]. 南京：南京师范大学, 2016.

[21] 北京市高等学校师资培训中心. 现代教育技术教程[M]. 北京：人民邮电出版社, 2016.

[22] 任静蓉. 教育公平视野下的高校教学管理制度研究[D]. 中原工学院, 2015.

[23] 易帆. 以生为本理念下学生参与高校教育教学管理工作的研究[D]. 长沙：湖南农业大学, 2014.

[24] 马玲. 普通高校的成人教育教学管理现状及创新[J]. 科教文汇(上旬刊), 2008(28): 6—9.

[25] 宫小明. 普通高校教学管理问题研究[D]. 长春：东北师范大学, 2007.

[26] 江萍. 重庆市高校体育教育专业教学管理现状研究[D]. 重庆：重庆大学, 2007.

[27] 邹吉高. 浅析高校选修课的作用及其教学管理现状[J]. 湖南科技学院学报, 2005(10): 228—230.